역사 선생님이 들려주는
친절한
동아시아사

역사 선생님이 들려주는

친절한
동아시아사

글 전국역사교사모임

북멘토

동아시아사, 넌 누구니?

처음 만난 낯선 친구

'동아시아사'는 2012년, 고등학교 선택 과목으로 처음 만들어졌습니다. '한국사'와 '세계사'가 있는데 왜 또 하나의 역사 과목을 만들었을까요? 그 이유는 2000년대 들어 지역 국가 간의 역사·영토 갈등으로 동아시아 전체가 몸살을 앓고 있기 때문입니다. TV나 인터넷 매체 등을 통해 독도 영유권, 일본군 '위안부' 등에 대한 일본의 주장, 고구려·발해 역사에 대한 중국의 왜곡을 보고 있자면 '한국인'으로서 억울하고 화가 많이 나기도 합니다. 이 억울함과 분노는 상대 국가에 대한 비방으로 이어지고 국민 감정을 자극하여 외교·문화 등 국내외 정책에도 큰 영향을 미칩니다.

'동아시아사'는 이런 갈등 상황에서 무턱대고 화를 내기에 앞서 우리가 다음 질문들의 답을 생각해 보고 이에 대한 해결의 실마리를 찾아보고자 만들어졌습니다.

- 동아시아 지역의 과거 사람들은 어떻게 살았을까?
- 국가 간의 갈등은 왜 생기게 되었을까?
- 이 갈등을 해결하는 방법은 무엇일까?

우리의 현재를 비춰 주는 거울

앞의 두 질문에 대한 답은 동아시아의 지난 역사 속에서 찾을 수 있습니다. 선사 시대부터 이 지역에서는 농사를 짓고 가축을 기르며 살았습니다. 국가가 등장한 이후에는 인구 이동과 전쟁을 통해 율령, 한자, 유교, 불교 등의 문물과 사상이 오고갔으며 책봉과 조공이라는 동아시아 지역만의 독특한 외교 형식이 탄생하였습니다. 그 속에서 동아시아 국가들은 정치·사회적인 측면에서 닮아 가기도 했지만 동시에 그들 나름대로의 독자적인 시스템을 만들어 갔습니다.

　그러나 서구 제국주의 국가들의 침략은 동아시아 각국에 큰 충격을 주었습니다. 동아시아 여러 나라들의 항구가 열리고, 서구 문물과 사상이 들어오면서 각국은 여러 변화를 겪게 되었습니다. 이 과정에서 일본은 서구 제국주의 국가들과 같은 행태를 보이면서 주변 국가들을 침략하였습니다. 조선을 비롯한 여러 국가들이 일본의 식민지가 되었고, 많은 사람들이 일본의 제국주의 전쟁에 강제로 동원되거나 전쟁으로 목숨을 잃어야 했습니다.

　일본이 일으킨 아시아·태평양 전쟁은 결국 그들의 패배로 끝났습니다. 그러나 전쟁의 끝이 곧 평화를 가져오지는 않았습니다. 전쟁 이후 일본은 미국과 소련이 주도하는 냉전 체제 아래에서 공산주의의 확산을 막는다는 구실로 미국을 등에 업고 피해국들에 대한 사과와 배상 문제를 회피해 버렸기 때문입니다. 한편 냉전 체제 아래에서 중국, 한국, 베트남 등의 동아시아 국가들도 공산주의 진영과 자본주의 진영으로 나뉘어 비극적인 내전을 겪어야 했습니다. 또한 근대화 과정에서 발생한 갈등 해결에 여전히 어려움을 겪고 있습니다.

앓고 있는 동아시아 사회를 위한 처방전

세 번째 질문에 대한 답은 '현재'에서 찾을 수 있습니다. 수많은 갈등 속에서도 동아시아 지역의 인적·물적 교류는 날로 늘어나고 있습니다. 우리나라의 10대 수출국에는 중국, 일본, 베트남, 타이완이 모두 포함됩니다. 우리나라에서 베트남 쌀국수를 먹을 수 있고, 일본 애니메이션을 볼 수 있으며, 중국 TV에 출연하는 우리나라 연예인들도 적지 않습니다. 결혼이나 취업을 위해 이주하는 사람들도 많이 생겨나고 있습니다. 이뿐만이 아닙니다. 미세먼지나 방사능도 자유롭게 국경을 넘나들며 동아시아 각국에 영향을 미치고 있습니다. 이러한 문제는 더 이상 한 국가의 문제로만 볼 수 없으며, 도미노처럼 연쇄적인 영향을 미칠 수밖에 없습니다. 각국의 발전을 위해서는 동아시아 전체를 하나의 지역 공동체로 인식해야 할 필요성이 점점 커지고 있습니다.

그러기 위해서는 먼저 자국사를 넘어선 동아시아 전체의 역사와 문화에 대한 이해가 필요합니다. 그러한 이해 속에서 갈등의 원인도 찾을 수 있고, 해결책을 만들어 나갈 수 있을 것입니다. 나아가 상호 협력과 역사 화해를 통해 동아시아 지역의 평화를 이룩할 수 있을 것입니다.

'동아시아사'가 세상에 나온 지도 5년의 시간이 지났습니다. 그러나 '동아시아사'라는 제목이 붙어 있는 책들은 많지 않고, 그나마도 학술적인 내용을 담고 있어 학생들로선 접하기 힘들었습니다. 그래서 동아시아에 관심을 갖고 공부하고자 하는 청소년들을 위해 학교에서 '동아시아사'를 가르치는 몇몇 교사들이 모여 이 책을 만들게 되었습니다.

이 작은 책에 동아시아사의 모든 내용을 다 담을 수는 없었습니다. 가능한 한 고등학교 '동아시아사' 교과에서 다루는 내용을 따르되, 수업을 하면서 아쉬웠던 부분을 중심으로, 학생들이 '동아시아사'를 생생하게 그려 보는 데 도움이 될 수 있는 이야기들을 담으려 하였습니다. 이 책의 '이야기'들이 동아시아를 보다 넓은 시야로 바라보는 데 마중물이 되기를 기원합니다.

2017년 3월

글쓴이들

동아시아 주요 지역과 지명 변화

오른쪽 지도에서는
동아시아 주요 도시 위치를
볼 수 있어. 지명 변화도
정리해 두었지.

동아시아에서
강남은 저기구나!

동아시아 주요 지역

몽골 고원

만주

연해주

고비 사막

내몽골

랴오둥

티베트 고원

화북

혼슈

화중

강남

규슈

화남

사할린

울란바토르

카라코룸

하얼빈

남쿠릴 열도
(북방 4도)

❶ 선양

라오허 강

❷ 베이징
텐진

만리장성

오르도스

라오둥 반도

평양
서울
울릉도
독도

엔안

산둥 반도

부산

황허 강

❸ 시안

❹ 뤄양

카이펑

시모노세키

히로시마
교토
오사카

❶

도쿄

나가사키

가고시마

화이허 강

양쯔 강

❺ 난징

상하이
항저우

❻ 닝보

충칭

❼ 센카쿠 열도
(다오위다오)

❿ 오키나와

푸저우

광저우

주장 강

홍콩

타이베이

마카오

❽ 하노이

후에
다낭
호이안

시사 군도
(파라셀 제도)

마닐라

❾ 호찌민

난사 군도
(스프래틀리 군도)

믈라카

동아시아 주요 지명 변화

❶ 선양
만주국: 펑톈

❷ 베이징
금: 중도 | 원: 대도 | 명 · 청: 베이징

❸ 시안
서주: 호경 | 진: 함양 | 전한: 장안 | 수 · 당: 장안

❹ 뤄양
동주 · 후한 · 서진 · 북위: 낙양

❺ 난징
동진: 건강

❻ 항저우
남송: 임안

❼ 닝보
당 · 명: 밍저우 | 청: 영파

❽ 하노이
12세기: 탕롱 | 17세기 이후: 통킹

❾ 호찌민
사이공(~1975년)

❿ 오키나와
류큐(~1879년)

❶ 도쿄
에도(에도 막부)

• 일러두기

– 이 책에 사용한 인명과 지명은 표준국어대사전 외래어 표기법을 따랐습니다. 근대 이전의 중국
  인명과 지명은 한자음으로, 일본 인명과 지명은 일본어 발음으로 표기하였습니다.

– 그 외의 용어와 내용 체계는 교육부 역사 편수 자료를 참고하였습니다.

01 _ 오늘날 동아시아에는 어떤 나라들이 있을까?

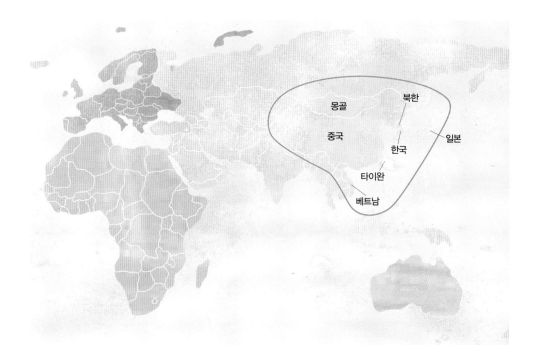

이제 본격적으로 동아시아의 역사 이야기를 시작하겠습니다. 앗! 그런데 동아시아는 도대체 어디를 가리키는 걸까요? 우선 동아시아가 어디를 말하는지 알아야겠습니다. 동아시아는 말 그대로 아시아의 동쪽을 뜻하지만 사실 어디까지가 동아시아인지 확정하기는 어렵고 의견도 여러 가지입니다. 하지만 '동아시아'라는 말을 들었을 때 많은 사람들이 공통적으로 떠올리는 나라들이 있는데요. 어떤 나라들일까요? 지금부터 오늘날 동아시아 세계를 구성하고 함께 살아가고 있는 나라들을 소개합니다.

남과 북, 분단된 한반도

한반도는 아시아 대륙의 동쪽 끝에 위치하여 대륙과 해양으로 나아갈 수 있는 중요한 위치에 있습니다. 그래서 종종 국제적 갈등의 중심지가 되기도 하였습니다. 1950년에 있었던 6·25 전쟁은 한반도에서 일어난 전쟁이 국제 전쟁으로 확대된 것입니다.

현재 한반도는 남과 북으로 나뉘어 있습니다. 언제, 왜 분단된 것일까요? 한반도는 1910년부터 일본 제국주의의 식민 지배를 받다가 1945년에 해방되었습니다. 이후 미국과 소련의 분할 주둔으로 남북이 나뉘었으며 1948년 남쪽에는 대한민국 정부가 수립되고, 북쪽에는 조선 민주주의 인민 공화국(이하 북한)이 세워집니다.

이후 양국은 6·25 전쟁을 겪으면서 서로 적대적인 관계를 유지해 왔습니다. 2000년을 전후하여 화해 분위기가 무르익으면서 6·15 남북 공동 선언과 이산가족 상봉, 금강산·개성 관광이 이루어지기도 하였습니다. 하지만 2000년대 후반부터 남북 관계가 다시 얼어붙었고 북핵 문제*를 비롯한 군사적 긴장이 커졌습니다. 남북 간의 교류가 거의 모두 중단되었으며 2017년 3월 현재 남북 협력의 상징이던 개성 공단마저 폐쇄된 상태입니다.

*북핵 문제: 북한은 1990년대 초반부터 체제 안전 보장을 이유로 핵무기를 개발해 왔으며 이를 미국과의 협상 수단으로 활용해 왔다. 이에 미국은 한반도 비핵화를 요구하면서 동시에 중국을 견제하기 위해 전략적으로 북핵 문제를 활용하기도 하였다.

남북공동경비구역(JSA) 내 남측에서 바라본 북측 판문각.

내몽골의 고비 사막(왼쪽)
윈난 성 다랑이논(가운데)
톈진 공업 지대(오른쪽)

넓디넓은 대륙, 중국

중국은 세계에서 인구가 가장 많은 나라로, 2015년 기준으로 13억 6천여 만 명 정도입니다. 그런데 중국 사람이라고 해서 모두 같은 민족은 아닙니다. 중국에는 한족이 제일 많지만 55개 소수민족도 함께 거주하고 있습니다. 소수민족이라고는 하지만 이들을 모두 합치면 1억 4천여 만 명이나 됩니다.

중국은 영토도 한반도의 43배 정도로 매우 큽니다. 그러다 보니 중국 내에서도 지역에 따라 사는 모습이 많이 다릅니다. 북부 지방은 겨울에 영하 30도까지 내려가지만 남부 지방의 겨울 기온은 평균 15도 정도로 봄처럼 따스합니다. 또 논이 있는가 하면 모래가 흩날리는 사막도 있습니다. 이 모두가 중국입니다. 서로 다른 자연환경처럼 역사와 문화 또한 다양한 모습으로 발전해 왔습니다.

오늘날 'Made in China' 제품은 낮은 가격 덕분에 전 세계에서 널리 이용되고 있습니다. 우리가 일상에서 사용하는 물품을 자세히 보면 중국에서 생산된 것이 매우 많습니다. 중국은 최근에 기술력까지 향상되면서 세계 시장에서 입지가 강해지고 있으며 미국과 함께 세계 주요 2개국(G2)으로 불리고 있습니다.

내몽골은
몽골이 아니라
중국이야.

'지진'의 나라, 일본

일본은 아시아 동쪽 끝에 있는 섬나라입니다. 4개의 큰 섬과 수많은 작은 섬이 길게 활 모양으로 열을 지어 있어서 일본 열도라고 부릅니다. 일

무너진 구마모토 성의 성벽. 2016년 일본 규슈 구마모토 현을 강타한 지진으로 피해를 입은 모습이다.

본 열도는 화산 폭발과 지진이 자주 발생합니다. 2011년 후쿠시마 지역에 규모 9.0의 지진과 쓰나미가 발생하여 엄청난 피해가 발생했습니다. 이때 폭발한 원자력 발전소의 방사능이 바다로 흘러들었습니다. 방사능 누출은 지금도 계속되고 있어 태평양 바다와 주변국에 심각한 영향을 주고 있습니다. 2014년 온타케산 화산 폭발과 2016년 구마모토 지역 대지진으로 큰 피해를 당하기도 하였습니다.

일본은 동아시아 각국 관계에 갈등 요인으로 작용하고 있습니다. 근대 동아시아 여러 민족과 국가들은 일본의 식민 지배와 제국주의적 침략 전쟁으로 큰 고통을 받았으며 아직도 그 상처를 안고 있습니다. 그럼에도 일본 정부는 이때의 역사 문제 해결에 여전히 미온적인 태도를 보이고 있습니다. 이는 동아시아 국가들 간의 관계에 나쁜 영향을 미치고 있습니다.

일본은 1945년 아시아·태평양 전쟁 패전으로 경제 위기를 겪었지만 6·25 전쟁과 베트남 전쟁으로 인한 특수와 미국의 동아시아 정책으로 눈부신 경제 부흥을 이루었으며, 아시아 국가 중에서 G8*에 들어가는 유일한 국가로 성장하였습니다. 하지만 1990년대 들어 버블경제가 붕괴한 뒤

*G8: 세계 정치와 경제를 주도하는 주요 8개국(독일, 러시아, 미국, 영국, 이탈리아, 일본, 캐나다, 프랑스)의 모임이다.

로는 경제가 침체되었으며 현재에 대한 불안이 커지면서 우경화* 경향이
점차 심화되고 있습니다.

*우경화: 일본의 우익 세력은
역사 교과서 왜곡, 평화 헌법
개정 등 국가주의를 내세우
며 일본의 군사 대국화를 청
사진으로 제시하여 지지를
얻고 있다.

작지만 탄탄한 타이완

타이완은 공식 명칭이 '중화민국'이며 국제회의, 국제 경기 등에서는
차이니스 타이베이(Chinese Taipei), 중화라고 불리지만, 국제 사회에서
공식적으로 국가 대접을 받지 못하고 있습니다. 국기가 따로 있지만 국
제 무대에서는 '중화타이베이올림픽위원회기'를 사용해야 합니다. 왜 그
럴까요?

타이완 국기

중화타이베이올림픽위원회기

1949년 이후 지금껏 중국 본토의 중화 인민 공화국 정부와 타이완의
중화민국 정부는 서로 자신이 합법 정부임을 내세우며 대립해 왔습니다.
그런데 전 세계 대부분의 나라가 우리가 흔히 중국이라고 부르는 중화 인
민 공화국 정부만을 유일한 합법 정부로 인정했습니다. 중국과 수교를 맺
을 때 각 나라는 중국 측이 내세우는 '하나의 중국'이라는 원칙에 의해 중
국과 타이완 중에서 선택할 것을 요구받는데 대부분의 국가가 중국을 택
했기 때문입니다. 그래서 타이완은 국제 무대에서 정식 국가로 인정받지
못하는 것입니다.*

하지만 타이완은 면적이 남한의 약 3분의 1, 인구는 약 2천 300만 명으
로 결코 작은 나라가 아닙니다. 게다가 2017년 현재 세계 22위 정도의 경
제력을 가지고 있습니다. 이러한 타이완의 탄탄한 경제력은 극심한 외교
적 고립을 견디어 낼 수 있는 원동력이라고 할 수 있습니다.

*투발루·솔로몬 제도 등 태평
양 연안의 섬나라, 부르키나
파소와 같은 아프리카 국가,
파나마·아이티 등 중남미 국
가, 유럽의 바티칸 시국 등
총 21개국(2017년 3월 현재)
이 타이완과 공식 외교 관계
를 맺고 있다.

칭기즈 칸의 후예, 몽골

몽골은 러시아와 중국에 둘러싸인 내륙 국가입니다. 북쪽에는 주로 산
지, 남쪽에는 고비 사막이 있지만 이곳을 제외하면 대부분 초원입니다.

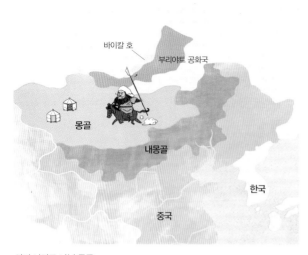

여러 나라로 나뉜 몽골.

몽골의 겨울은 일 년의 절반을 차지할 정도로 매우 길고 혹독하게 춥습니다. 비도 많이 내리지 않아 농사짓기가 어렵기 때문에 영토는 넓지만 인구가 300만 명 정도로 적은 편입니다.

'몽골'은 처음에는 하나의 부족을 가리키는 말이었지만, 테무친이 부족을 통합하여 대몽골국을 세우고 칭기즈 칸으로 추대되면서 민족을 대표하는 이름이 되었습니다.

위 지도에서 보듯이 몽골은 현재 여러 나라로 나뉘어 있습니다. 청의 강희제 때 내몽골과 외몽골로 나뉘었는데, 내몽골(네이멍구 자치구)은 현재까지도 중국에 속해 있습니다. 반면 외몽골은 소련의 지원을 받아 독립을 선포하고 1924년 몽골 인민 공화국을 세웠습니다. 또 러시아 동시베리아 지역에 부리야트 공화국*도 있습니다.

*부리야트 공화국: 바이칼 호수 동남부의 부리야트 공화국은 현재 러시아 연방 내의 자치 공화국이다. 예로부터 몽골인들의 거주지였고 지금도 몽골 문화를 간직하고 몽골어를 쓰는 사람들이 살고 있다. 하지만 러시아인들에게 주도권을 빼앗긴 상태이며 이들과의 혼혈이 진행되고 있다.

최근 몽골에서 볼 수 있는 풍경은 가난한 사람들이 일자리를 찾아 수도 울란바토르로 끊임없이 밀려들어 오는 모습입니다. 이러한 과정에서 도시를 넓히고 난방을 하기 위해 나무를 많이 베어 냈기 때문에 숲이 파괴되고 사막화가 더 심각하게 진행되고 있습니다. 무분별한 채굴 산업으로 토지와 물 오염도 심각한 상태입니다. 환경 오염은 몽골뿐만 아니라 동아시아 여러 지역에 영향을 미치고 있습니다. 이 문제를 해결하기 위해 동아시아 국가들의 협력이 필요합니다.

떠오르는 아시아의 용, 베트남

베트남은 우리에게 월남이라는 이름으로 많이 알려져 있습니다. 베트남은 아래 지도에서 보듯이 인도차이나 반도를 길게 감싸는 모양입니다. 북위 18도선 이북은 중국과 맞닿아 있고, 참족과 크메르족이 살았던 이남은 인도와 가깝습니다. 북부의 인구는 점차 남쪽으로 이동하여, 18세기 말경 남부를 완전히 장악하였습니다. 그러므로 동아시아 전근대사에 등장하는 '베트남'은 주로 북위 18도선 이북 지방을 가리킵니다.

한편 베트남은 54개 민족으로 구성되어 있습니다. 대다수는 중국의 영향을 많이 받은 비엣족이고, 크메르족과 참족, 중국 화교 등이 평야 지대에 살고 있습니다. 산간 지대에는 이전 베트남인들이 경멸조로 '모이(moi)'라고 불렀던 소수민족이 상당히 많이 거주합니다.

베트남 남부 지역은 1년에 벼농사를 3번 짓는 지역이 있을 정도로 비옥합니다. 쌀뿐만 아니라 커피, 후추, 천연고무 등과 같은 농작물도 풍부하게 생산됩니다. 최근에는 석유, 가스와 같은 천연자원 개발도 활발히 이루어져 베트남 경제 발전의 발판이 되고 있습니다.

또한 적극적인 개방 정책을 실시하면서 2000년대 들어 수출이 급증하고 외국인의 투자가 확대되어 고도성장을 지속하고 있습니다.

현재 한국에는 국제결혼으로 이민 온 베트남 여성들이 상당히 많습니다. 결혼 이민자들이 한국 사회의 주요한 구성원으로 자리를 잡았지만, 한국인의 배려 부족, 의사소통의 어려움 때문에 원만하게 적응하지 못하는 경우가 있습니다. 따라서 동아시아 국가들 사이의 문화 다양성을 이해하고 소통하려는 노력이 더욱 필요합니다.

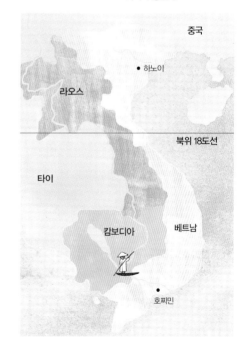

남북으로 길게 뻗은 베트남. 북위 18도선 이북은 중국의 영향을 많이 받고, 이남은 인도의 영향을 받아 두 지역의 문화적 차이가 생겼다.

중국 안에서 독립을 요구하는 사람들

　중국에는 독립을 원하지만 그 뜻을 이루지 못한 사람들이 있다. 위구르인과 티베트인이 대표적이다. 터키 계통의 위구르인들은 이슬람교를 믿고 위구르어를 사용하는 등 여러 면에서 중국 한족과는 다르다. 위구르는 청나라의 지배를 받기 시작한 후 계속 독립운동을 벌였으나 1949년에 중국에 완전히 편입되었다. 그 이후 위구르인들은 무장 독립운동 단체 등이 주도하여 독립운동을 지속하고 있다.

　한편 오랜 기간 중국의 지배 아래 있던 티베트는 1913년에 독립을 선언했지만, 1950년 중국 정부의 침공으로 중국 영토에 편입되었다. 현재 티베트의 지도자 달라이 라마가 인도 다름살라에 망명 정부를 세워 독립 투쟁을 벌이고 있으며 약 13만 명의 티베트인들이 세계 각지에서 난민 생활을 하고 있다. 티베트 지역에서는 무장 투쟁과 격렬한 저항이 계속해서 일어나고 있다.

　하지만 중국 정부는 이들의 독립 요구를 수용하지 않고 예민하게 대응하고 있다. 왜냐하면 소수민족들의 분포 지역이 중국 영토에서 차지하는 비중이 높을 뿐만 아니라 석유·가스·석탄과 같은 지하자원이 풍부하고 주변 국가와 인접하여 지정학적으로 중요한 곳이기 때문이다. 중국 소수민족의 독립 문제를 어떻게 하면 좋을지, 우리도 동아시아의 일원으로서 고민해 볼 필요가 있다.

신장위구르 자치구와 티베트 자치구는 중앙아시아와 인도, 파키스탄과 접해 있다. 중국 정부 입장에서 경제·정치·군사적으로 매우 중요한 의미가 있는 지역이다.

02 __ 동아시아 사람들은 언제부터 쌀을 먹었을까?

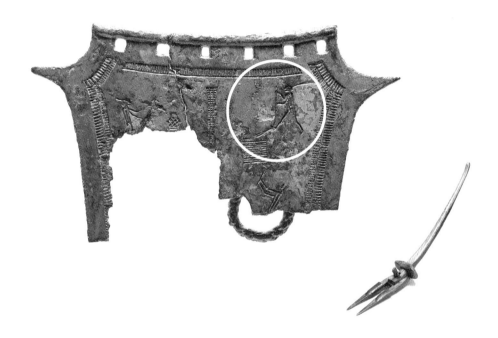

위 사진은 1970년 대전에서 발견된 청동기입니다. 기원전 3세기경, 청동기 시대 후기에 만든 것으로 보입니다. 청동기의 그림을 잘 살펴보면 한 남자가 두 손으로 도구를 잡고 한쪽 발을 얹고 밭을 갈고 있습니다. 끝이 두 가닥으로 갈라진 이 도구는 오른쪽의 따비와 같습니다. 청동기의 그림은 이것이 만들어진 청동기 시대에 이미 따비나 괭이 같은 농기구를 이용해 농사를 지었다는 사실을 말해 줍니다.

그렇다면 동아시아 지역에서 농경은 언제 시작되었을까요? 그리고 농경은 동아시아 사회에 어떠한 영향을 끼쳤을까요?

먹을거리를 생산하다

초창기 인류는 긴 시간 동안 채집과 사냥, 물고기잡이를 해서 먹고살았습니다. 이 방법들은 자연이 만들어 놓은 야생의 먹을거리를 그대로 가져오는 것입니다. 하지만 수천 년 전, 동아시아에는 새로운 변화가 시작되었습니다. 자연 상태의 동식물을 가져오는 것이 아니라 곡식을 재배하고 가축을 사육하면서 스스로 식량을 '생산'할 수 있게 된 것입니다.

동아시아에서 농경이 가장 먼저 시작된 곳은 어디일까요? 현재로서는 중국의 황허 강 유역으로 알려져 있습니다. 이 지역에서 자라던 여러 종류의 야생 기장이 사람들에 의해 오랜 시간에 걸쳐 새로운 품종으로 거듭납니다. 그것이 동아시아에서 중요한 작물인 수수와 조입니다. 수수와 조는 인간의 식량으로도 쓰이고 가축의 먹이로도 유용하였습니다.

하지만 현재 동아시아 나라들의 주식은 수수와 조가 아니라 쌀입니다. 세계의 벼 재배 면적 가운데 90퍼센트가 아시아에 분포되어 있으며, 쌀 생산이 가장 많은 나라는 중국으로 무려 세계 쌀 생산량의 30퍼센트가량을 차지합니다.

동아시아 사람들이 쌀을 주식으로 하는 이유는 여러 장점이 있기 때문입니다. 첫째, 농사를 지었을 때 다른 곡물에 비해 면적당 생산량이 많습니다. 평균적으로 밀보다 5배 이상 많이 생산된다고 합니다. 둘째, 옥수수, 조, 밀보다 열량이 높고 필수 아미노산 함량이 많습니다. 그렇기 때문에 쌀은 다른 곡물에 비해 더 많은 인구를 부양할 수 있고, 벼농사 지대는 똑같은 면적의 다른 땅에 비해 인구가 많습니다.

그렇다면 동아시아에서 벼농사를 가장 먼저 시작한 곳은 어디일까요? 현재는 중국의 양쯔 강 중하류 지역이라고 보는 의견이 가장 유력합니다. 후난 성 양쯔 강

	생산 열량(kcal)	부양 가능 인구(명)
쌀	16,190	17.7
보리	8,560	9.4
콩	7,298	8.0

1헥타르 당 작물별 열량과 부양 가능 인구

• 쌀로 만든 동아시아 먹을거리

동아시아 지역은 대부분 쌀을 주식으로 한다. 대개는 쌀알을 그대로 익혀 밥을 지어 먹는다. 보통 쌀과 1~2배의 물을 가마솥이나 냄비에 넣고 뚜껑을 덮어 조리한다. 최근에는 전기밥솥을 주로 사용한다. 밥 이외에도 지역마다 다양한 방법으로 쌀로 만든 먹을거리를 즐기고 있다. 한국과 일본은 쌀로 떡을 만들어 먹는다. 떡은 찹쌀을 쪄서 뜨거울 때 치대서 만들거나 멥쌀가루를 시루에 쪄서 만드는 것으로 지역적으로 추가해서 넣는 재료나 모양이 다양하다.

쌀국수(퍼)는 베트남에서 흔히 볼 수 있는데 특히 아침식사로 많이 먹는다. 또 쌀가루를 물에 끓인 후 얇게 펴서 건조시켜 만든 반짱(라이스페이퍼)은 주로 월남 쌈(위 사진)을 싸는 재료로 쓴다. 월남

쌈은 반짱 안에 돼지고기, 새우, 갖가지 채소를 넣어 만든다. 쌀은 술의 재료가 되기도 한다. 한국의 막걸리, 일본의 청주, 중국의 소흥주가 대표적이다. 이외에도 쌀로 죽, 빵, 과자 등을 만들어 먹기도 한다.

최근 문화 간 교류가 활발해지고 다른 지역으로 이주하는 사람들이 늘어나면서 각국의 특색 있는 음식이 여러 나라에서 사랑을 받고 있다. 우리나라에서도 베트남 쌀국수나 일본의 스시(아래 사진)와 같은 음식이 큰 사랑을 받고 있다.

유역에서 많은 양의 볍씨가 발견되었는데 약 9천 년에서 7천 년 전의 것으로 추정됩니다. 이는 세계적으로도 이른 시기입니다. 그런데 왜 양쯔 강 중하류 지역일까요? 이곳은 강우량이 풍부해 습지대와 연결된 호수가 많았고 야생 벼가 자라고 있었습니다. 벼는 자라는 동안에 물이 많이 필요한 작물인데 양쯔 강 유역은 늘 물이 넉넉하게 공급되었습니다. 이렇게 시작된 벼농사는 5천 년 전 무렵 양쯔 강 하류에 있는 허무두 유적을 중심으로 점차 주변 지역으로 퍼져 나갔습니다.

한반도 지역에서 벼농사는 어떻게 시작되었을까요? 우리나라는 야생 벼가 자란 흔적이 아직까지 발견되지 않았기 때문에 아마도 다른 지역에서 전래된 것으로 여겨집니다. 산둥 반도와 랴오둥 반도에서 탄화된 볍씨가 발견되고 있는데 이곳을 통해 한반도 서북부로 벼농사가 전해졌다는 견해가 있습니다. 또 양쯔 강 하구에서 황해를 거쳐 직접 한반도 중서부에 전해졌다는 주장도 있습니다. 한편 기원전 3세기경 한반도에서 일본 열도로 벼농사가 전해졌다고 합니다.

베트남에서도 벼농사의 흔적이 발견됩니다. 베트남에서 출토된 벼 중에서 가장 오래된 것은 5천 년 전의 것이며 베트남의 벼농사 문화는 중국에서 전파되었을 가능성이 높다고 알려져 있습니다.

한 대 화상석에 그려진 그림. 농사의 신 신농이 밭을 갈고 있다.

신화에 농경 문화가 드러나다

동아시아 각국의 신화를 자세히 살펴보면 오래전 농경 문화의 흔적을 찾아볼 수 있습니다.

중국의 경우 전설의 3황 가운데 하나인 신농의 이야기가 전해집니다. 신농은 몸은 사람, 얼굴은 소의 모습으로 태어났습니다. 그는 쟁기를 만들어 사람들에게 농사짓는 법을 가르쳤으며 소를 길들이고 말(馬)에 멍에를 씌워 농경 사회로 나아가는 데 도움을 주었다고 합니다. 우리나라의

일본 신화 속 태양의 여신 아마테라스가 밖으로 나오면서 세상이 다시 빛을 되찾았다는 이야기를 그린 그림이다.

경우 단군신화에 하늘의 자손인 환웅이 풍백·우사·운사와 더불어 천기를 다스림으로써 농경 문화를 일으켰다고 합니다.

일본의 경우는 신화와 전설을 중심으로 한 건국사가 담긴 가장 오래된 역사서 『고사기』에서 농경 문화를 엿볼 수 있습니다. 『고사기』에 따르면 제국을 지키는 태양의 여신인 아마테라스 오미카미가 손자인 니니기노 미코토(瓊瓊杵尊)에게 벼 이삭을 주어 땅에 내려보냈다고 합니다. 니니기노 미코토는 일본 신화에서 천신의 아들로 아버지를 대신하여 지상을 지배한 신입니다. 그의 증손자가 일본의 초대 천황인 진무라고 알려져 있습니다.

이처럼 동아시아 여러 나라의 신화에는 농경 문화를 일구던 당시 사람들의 이야기가 담겨 있습니다. 농사로 얻은 생산물은 누구에게나 소중합니다. 특히 자연환경, 천재지변에 따라 그 생산량이 달라지기 때문에 더욱더 그러합니다. 그래서 사람은 농산물이 하늘이나 신에게서 비롯되었다는 식으로 나름대로의 신화를 만들어 치켜세우게 된 것으로 보입니다.

농경으로 삶이 변하다

인간 생활에서 차츰 농경의 비중이 커지면서 많은 것이 변합니다. 수렵·채집을 하던 사람들이 이제 농부가 된 것입니다. 이들은 계절의 변화에 맞추어 씨를 뿌리고 곡식이 익기를 기다렸다 추수를 합니다. 그러기 위해 경작지 근처에 마을을 이루고 정착 생활을 합니다. 채집을 할 때는 먹을거리를 찾아 이동하는 경우가 많았지만 이제는 농경지를 두고 다른 곳으로 떠날 수 없습니다. 정착과 농경 생활로 식량 생산이 늘어나자 인구가 증가하기 시작합니다.

농사를 지으면서 생활에도 큰 변화가 찾아옵니다. 토기를 사용하게 된

중국의 다원커우 토기(위), 한국의 빗살무늬 토기(가운데), 일본의 조몬 토기(아래). 동아시아 사람들은 다양한 모양의 토기를 사용하였다. 토기는 주로 음식을 조리하고 저장하기 위해 만들었는데 나중에는 제사와 같은 의식에 사용하는 용도로 제작되었다.

조선 후기 모심는 풍경을 그린 그림. 논을 갈고, 모를 심고, 쟁기질을 하는 사람들, 북을 치며 흥을 돋우는 사람들까지 모두 힘을 합쳐 일하고 있다.

것입니다. 토기에 음식을 담아 보관할 수도 있고 물과 음식물을 끓일 수도 있었습니다. 동아시아 사람들은 지역마다 다양한 모양의 토기를 만들어 사용하였습니다. 토기를 사용하면서 이전보다 더 풍요로운 삶을 누리게 되었습니다.

농사는 일손이 많이 필요한 작업이기 때문에 혼자 모든 것을 해내기가 매우 어렵습니다. 특히 벼농사는 씨뿌리기, 논물 대기, 수확하기 등 함께 할 작업이 많습니다. 그래서 농사를 지을 때 여럿이 함께 힘을 모아 토지와 물을 공동으로 관리하고 이용하였습니다. 그러자 자연스럽게 대가족 문화, 협동 문화, 공동체 의식이 생겨났습니다. 사회 조직도 변화하였습니다. 이러한 변화는 도시가 나타나고 권력 집중이 심화되는 데 영향을 미쳤으며 더 나아가 국가의 형성으로 이어졌습니다.

곰방대를 물고 있는 사람은 누굴까?

03 __ 유목민은 왜 이동하며 살아갈까?

──── 사진은 모두 동아시아 사람들이 사는 집의 모습입니다. 위는 유목민들의 집인 게르입니다. 게르는 이동하는 삶에 적합하도록 나무, 양털로 만든 펠트 같은 가벼운 재료로 만듭니다. 아래는 우리나라의 전통집인 초가집으로 나무와 흙, 볏짚 등을 이용하여 지었습니다. 집의 모습이나 집을 짓는 데 사용한 재료가 다른 이유는 지역마다 생업과 삶의 방식이 다르기 때문입니다. 그렇다면 유목민은 어떻게 살아가는 사람들일까요?

초원에서 이동하며 살아가다

농경의 시작과 발전이 인류 역사에서 갖는 의미는 매우 큽니다. 하지만 지구상의 모든 땅이 농경에 적합한 것은 아닙니다. 강수량이 매우 적은 건조 지역은 토양 안에 수분이 적어 농경에 맞지 않습니다. 풀 정도만 자라기에 적당한 땅입니다. 이러한 초원 생태계에서 가축을 키우며 살아온 사람들이 바로 유목민입니다.

유목민은 '5축'이라고 부르는 양, 염소, 소, 말, 낙타 등의 가축을 키우며 목축으로 얻은 생산물로 살아가는 사람들입니다. 가축이 근방의 풀을 다 먹으면 풀이 있는 곳으로 이동합니다. 하지만 이들의 이동 생활은 결코 목적지 없는 방랑이 아닙니다. 계절의 변화와 생태계의 흐름에 따라 일정 구역 내에서 생활 터전을 옮기는 이동이었습니다.

유목민은 앞서 사진으로 본 '게르'에서 생활하였습니다. 게르는 나무 막대를 세운 뒤 가죽이나 밝은 색의 펠트*를 덮은 가옥으로 중국에서는 '파오', 터키에서는 '유르트'라고 합니다. 이동이 잦았던 까닭에 한 시간이면 간편하게 분해해서 들고 다닐 수 있는 집을 만들었던 것입니다.

이들의 생활 방식은 단출하였으며, 몸에 지니고 다닐 수 있는 것 이외의 많은 것을 소유하지 않았습니다. 물이 귀하기 때문에 목욕은 쉽지 않

*펠트: 양털에 물을 뿌리며 문질러 서로 엉키도록 하여 만든 천이다. 유목민의 이동 생활에서는 베틀 같은 기구 사용이 어려웠으므로 실을 엮어 짠 천은 귀했다.

게르를 만드는 몽골인들.

았고 세수를 할 때도 물을 허비하지 않았습니다. 이동하는 데 불편한 돼지와 닭, 오리 같은 가축은 기르지 않았습니다.

또 하나의 가족, 가축

유목민이 가장 소중히 여기는 가축은 말입니다. 조상 때부터 불러 온 노래에는 말을 칭송하는 내용이 많습니다. 그 이유는 말이 주요한 이동 수단이면서 전쟁에서 매우 유용했기 때문입니다. 칭기즈 칸이 세계를 제패할 수 있었던 것도 말 덕분이었습니다. 과거 몽골에서는 부유함의 정도를 키우는 말의 숫자로 표현하였다고 합니다. 오늘날에도 유목민의 가장 핵심적인 재산은 말입니다.

말과 더불어 중요한 가축은 양입니다. 유목민은 봄에 양이 새끼를 낳으면 여름에 살을 찌우고, 가을에 도축을 하고, 겨울에 새끼를 갖게 하였습니다. 임신부터 출산, 도축까지 정해진 순서에 따라 관리한 것입니다. 양의 고기와 젖은 중요한 식량이며 털·가죽은 의복과 집 지을 때 쓰는 펠트의 재료가 되었습니다. 소와 낙타는 주로 운송용으로 이용하였습니다.

유목민은 가축이 식량이자 운송 수단이라는 필수적 차원을 넘어서 가족이라는 개념을 가지고 있습니다. 가축을 잡을 때는 가능한 한 고통스럽지 않게 죽이며 함부로 도살하는 자는 그같이 도살당할 것이라는 법령이 있었을 정도입니다.

유목민, 동아시아를 호령하다

유목민은 유라시아 대륙 내부에 넓고 길게 펼쳐진 초원에 살면서 때로는 농경 지역을 약탈하기도 했고, 때로는 농경 지역을 포함하는 거대한 제국을 건설하기도 하였습니다. 한과 치열한 경쟁을 벌인 강력한 유목 국가를 세운 흉노, 세계 최대 제국을 건설하고 동서를 하나로 통합하여 역

몽골 최대 민속 축제인 나담 축제에 참가해 말을 타는 사람들의 모습에서 옛 유목민들의 역동성을 느낄 수 있다.

사를 바꾼 몽골족이 대표적입니다. 그 밖에도 돌궐(투르크), 위구르 등 여러 유목민 집단이 역사에 엄청난 영향을 끼쳤습니다. 유목민의 활동은 문화를 전달하고 새로운 문화를 만들어 내는 역사의 분수령이 되었습니다.

하지만 유목민에게 힘의 기반이었던 군사력과 기동력은 시간이 지나면서 점차 그 위력이 예전만 못 하게 되었습니다. 총포와 같은 새로운 무기가 출현하고 철도와 자동차 같은 새로운 교통수단이 만들어지면서 기마병의 전투력이 상대적으로 힘을 잃었기 때문입니다. 그에 따라 유목민이 주변의 농경민을 압도하는 시대는 지나가고, 세계사 무대에서 그 역할도 작아졌습니다.

농경과 유목, 우열을 논할 수 있을까?

유목민의 생활은 우리가 주로 살아온 방식과 많이 달라 낯설면서도 흥미롭습니다. 유목 경제의 최대 약점은 무엇일까요? 아마도 곡식과 여러 가지 생활 필수품이 충분하지 않다는 것이겠지요. 그렇다면 초원 생활의 위기를 유목민들은 어떻게 극복하였을까요? 우선 농경민들과 공존·공생 관계를 맺어 도움을 주고받았습니다. 서로 남는 물자를 바꾸는 교역을 가장 우선시하였습니다. 교역이 안 되면 약탈을 하였는데 유목민은 추위가 시작되기 전에 식량을 구하러 남쪽을 찾곤 하였습니다. 정착 생활을 하던 농경민은 이러한 유목민을 어떻게 바라봤을까요?

문자가 없어 말로써 서로 약속하고 … 가축을 따라다니고 사냥을 하는 것을 생업으로 하지만 급해지면 사람들은 싸우고 공격하는 것을 익히고 침략하는 것이 그 천성이다. … 예의를 알지 못하고 … 건강한 사람이 좋은 음식을 먹고 늙은 사람은 그 나머지를 먹는다. 젊고 튼튼한 것을 귀하게 여기고 늙고 쇠약한 것을 천하게 생각한다.

중국 한나라 때 사마천이 쓴 『사기』에 실린 '흉노전'의 일부입니다. 사마천이 유목민을 바라보는 시각이 어떠한가요? 이 글 속에는 유목민이 야만스럽고 상종하지 못할 부류라는 부정적인 인식이 들어 있습니다. '잔인한 약탈자', '무서운 정복자'. 이것은 사마천 혼자만이 아니라 당시 농경민 대부분의 생각이었습니다. 아마도 당시 농경민들은 빈번히 말을 타고 나타나 물품을 약탈한 후 바람처럼 사라지는 유목민들 때문에 골머리를 앓았을 것입니다.

유목민이 부족했던 생필품을 농경민에게 빼앗기 위해 변경 지역을 침략했던 사실들은 여러 역사 자료에 남아 있습니다. 그런데 이러한 자료는 대부분 농경민의 입장에서 기록한 것이기 때문에 농경민에게 유리하게 쓰인 것이 많습니다. 유목민에 대한 부정적인 생각은 대부분 농경 사회의 경험에서 비롯되었을 것입니다.

그렇다면 반대로 유목민은 농경민을 어떻게 바라봤을까요?

네 놈은 네 땅이 있는 데서 계속 뒹굴며 살아라.
성을 쌓고 사는 자는 반드시 망할 것이며
끊임없이 이동하는 자만이 살아남을 것이다.

위 글은 톤유쿠크 장군 비의 비문 중 일부입니다. 글에서 보듯이 유목

흉폭한 것들!

소심한 것들!

흥!

쳇!

톤유쿠크 장군 비. 톤유쿠크는 돌궐 제국을 부흥시킨 명장군 이며, 현재 그의 비석은 몽골의 수도 울란바토르 근교에 위치 해 있다.

민은 농경민을 자기의 똥이 있는 곳에서 사는 존재로 여겼고, 그들의 그런 생존 방식을 멸시하였습니다. 유목민들은 이동 생활만을 살아 있는 것으로 여겼으며, 살아 있기 때문에 이동하는 사람들이었던 것입니다.

하지만 농경민과 유목민 사이에 항상 침략과 갈등만 있었던 것은 아닙니다. 유목민과 농경민은 필요한 것을 얻기 위해 서로 교역을 하였습니다. 농경 지대의 곡식, 차, 비단 등과 유목 지대의 말을 교역하며 서로에게 부족한 점을 보완하였습니다. 우리가 알고 있는 중요한 교역로들은 유목민에 의해 개척된 것이 많습니다. 지리적 특성에 따라 생활에 필요한 것을 얻기 위해 초원을 따라 먼 지역으로 이동하고, 이동에 용이한 가축을 데리고 다니며 자연을 거스르지 않고 살아가는 유목민의 삶의 방식 덕분이었습니다.

농경과 유목, 우열을 논할 수 있을까요? 생업을 결정하는 것은 굉장히 중요한 일입니다. 그 지역 사람들의 삶과 문화의 양상을 결정짓기 때문입니다. 그 과정에서 가장 중요한 것은 각자가 처한 자연환경에서 살아남는 것이었습니다. 그러므로 환경에 적응하며 결정한 생업 방식으로 인해 나타난 특징을 어느 쪽이 더 우월하다고 말할 수 없습니다. 초원이라는 환경에서는 가축을 키우는 것이야말로 당연한 일입니다. 마찬가지로 충분한 강수량과 비옥한 평야가 뒷받침되는 지역에서는 농사를 짓는 것이 가장 알맞은 삶의 방식입니다.

진격의 만리장성, 왜 만들었을까?

만리장성은 2천 700킬로미터에 이르는 거대하고 긴 성벽으로 중국을 상징하는 역사적 건축물이다. 인류 최대의 토목 공사로 불리는 만리장성 건축은 진 시황제 때 이루어졌다고 생각하는 사람이 많지만 실제로는 기원전 4세기 말부터 전국 시대의 여러 나라들이 쌓기 시작하였다. 이후 계속 보수를 거듭하여 현재 장성의 모습은 명나라 때 완성되었다.

만리장성은 왜 만든 것일까? 지금까지는 유목민, 특히 흉노와 관련 있는 것으로 알려졌다. 중원 왕조가 북쪽의 흉노를 막기 위해 만들었다는 것이다. 하지만 최근에는 중원 왕조가 유목민들을 몰아내고 새로 차지한 땅을 지키기 위해 만들었다는 의견이 나오고 있다. 즉, 만리장성은 방어의 목적보다는 팽창의 결과로 나타났다는 것이다. 아직 어느 한쪽의 의견이 맞는다고 확실하게 말하기는 어렵지만 만리장성은 농경민과 유목민이 수천 년간 지속해 온 대결의 결과인 것만은 분명하다.

한편 2009년 중국 정부가 만리장성의 동쪽 시작 지점을 새로 선포함으로써 만리장성의 길이가 그전보다 2천여 킬로미터나 늘어났다. 이 주장대로라면 고구려의 성이었던 박작성(현재의 단둥)이 사실은 호산장성이며 거기서부터 만리장성의 동쪽이 시작된다는 것이다. 이렇게 되면 만리장성은 압록강까지 뻗게 된다. 동쪽 시작이 산해관이었던 중국의 만리장성은 여전히 진격하고 있는 것처럼 보인다.

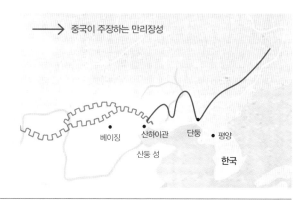

중국이 주장하는 만리장성

베이징　산하이관　단둥　평양
산둥 성
한국

04_ 동아시아에
처음 등장한 국가는 무엇일까?

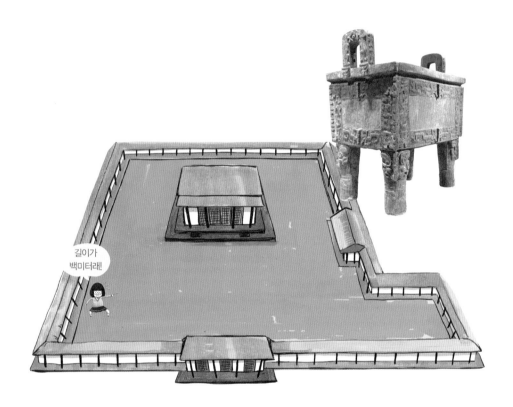

길이가
백미터래!

위 그림은 중국 허난 성 얼리터우에서 발견된 왕성 유적을 복원한 것입니다. 동서와 남북의 길이가 각각 100여 미터에 이르는, 당시로서는 거대한 규모입니다. 오른쪽 위의 사진은 상나라 때 주조된 대형 사각 솥인 방정입니다. 높이가 무려 1미터, 무게가 875킬로그램에 달합니다. 거대한 규모의 왕성과 솥은 아무나 만들 수 없습니다. 이것은 강력한 권력을 가진 존재가 있어야 가능합니다. 우리는 그 강력한 존재를 왕이라고 합니다. 이 당시 왕은 귀한 금속인 청동기로 권위를 세웠습니다.

국가와 왕은 어떻게 등장하였을까요? 동아시아 지역에는 어떤 국가들이 생겨났을까요?

국가가 탄생하다

석기를 사용하던 사람들이 청동기를 만들기 시작하면서 급격한 변화를 겪게 됩니다. 그전보다 농기구와 농업 기술이 발달하여 농업 생산력이 증가하고 잉여 생산물이 늘어납니다. 이렇게 되니 사유 재산이 생기고 빈부의 차이도 나타났습니다. 이전까지는 서로 평등하게 지냈지만 그런 관계가 사라지면서 계급이 발생하였습니다. 그중에서도 가장 힘이 센 사람은 지배자나 강력한 정치 세력으로 등장하였습니다.

잉여 생산물을 더 갖기 위한 갈등과 싸움도 일어났습니다. 이 싸움은 마을 안에서도 발생하지만 마을과 마을 사이에도 자주 발생하였습니다. 그래서 사람들은 방어를 위해 마을을 둘러싼 도랑(환호)을 파고 말뚝을 박아 울타리(목책)를 만들었습니다. 울타리는 시간이 지나면서 토성으로 바뀌기도 하였습니다. 이러한 성채는 주변의 여러 마을을 총괄하는 정치적 중심지가 됩니다.

마을의 지배자는 자신의 권력과 재산을 계속 유지하고 싶어 했습니다. 그래서 그들은 자신의 권력과 재산을 지키기 위해서 법률을 만들어 사람들을 다스리기 시작하였습니다. 또한 관리와 군대를 두고 사람들이 법을

요시노가리 역사 공원. 일본 야요이 시대 마을의 모습을 복원해 놓은 약 39만 제곱미터 규모의 청동기 시대 유적이다. 외적으로부터 마을을 지키기 위해 만든 환호와 목책을 찾아볼 수 있다.

지키는지 감시하고 법을 어기면 처벌하였습니다. 이 구조가 체계화되면서 동아시아 여러 지역에서 국가가 등장하였습니다.

중원에 왕조가 등장하다

중원 최초의 국가는 하나라입니다. 앞서 본 얼리터우 유적은 하나라와 관련이 있을 것으로 보이지만 아직까지는 고고학적으로 확실히 인정받지 못하였습니다. 지금 연구가 진행 중이므로 시간이 더 흐르면 하나라의 실체를 보다 자세히 알 수 있을 것입니다.

기원전 1600년경에 상나라가 등장합니다. 기록에 따르면 탕왕이 나서서 하나라의 폭군 걸왕을 물리치고 상을 건국했다고 합니다. 상나라는 은나라로도 불리는데 상나라의 마지막 수도였던 은에서 유래된 것입니다. 1920년대에 은허에서 청동과 비취, 돌로 만든 수많은 유물을 발견했는데 이를 통해 상나라가 청동기 문화를 바탕으로 형성된 국가라는 것을 알 수 있었습니다.

예전에는 하나라처럼 상나라도 실제 존재했는지 논란이 있었지만, 1899년에 발견된 갑골문이 상나라에서 만들어졌다는 사실이 밝혀지면서 그 실체가 인정되었습니다.

상나라의 갑골문

그런데 갑골문은 왜 만든 것일까요? 갑골은 주로 거북의 배딱지나 소의 어깨뼈를 말합니다. 갑골의 안쪽 면을 불에 달군 나무로 누르면 갑골 표면에 균열이 생깁니다. 그 균열의 상태로 점을 친 후 주변에 점을 친 날짜, 점을 친 사람, 점친 내용과 결과를 새겨 넣은 글을 갑골문이라고 합니다. 점을 쳤던 내용은 주로 비가 언제 올까, 올해 농사는 잘될까, 이번 전쟁에서 이길 수 있을까 등이었습니다. 상나라는 국가의 중요한 일을 점을 쳐서 결정하는 제정일치의 신정 국가였습니다.

만주·한반도에 고조선이 등장하다

만주·한반도 지역 최초의 국가는 고조선입니다. 『삼국유사』에는 고조선 건국이 기원전 2333년이라고 기록되어 있으나 초기 역사는 아직 명확하게 드러나지는 않은 상태입니다. 하지만 고조선은 기원전 108년 한나라에 멸망할 때까지는 존속하였습니다. 고조선 사람들은 농사를 짓고 정착 생활을 하였는데 『삼국유사』에 실린 단군신화를 통해 고조선이 발전된 농경 문화를 바탕으로 탄생하였음을 엿볼 수 있습니다. 이후 철기를 사용하면서 국가의 모습이 크게 달라졌기 때문에 고조선은 청동기를 주로 사용하였던 전기와 철기를 주로 사용하였던 후기로 나눌 수 있습니다.

중원에서 한나라가 국가 체제를 정비하고 있을 때 연나라에서 위만이 고조선으로 와서 준왕의 신하가 되었습니다. 이후 위만은 자신을 따르는 사람들의 힘을 빌려 준왕을 몰아내고 정권을 잡는데 이를 위만조선이라고 부릅니다. 이렇게 집권한 위만 정권의 지배층에는 중국에서 이주해 온 사람들이 많았습니다. 이들을 통해 중국의 앞선 철기 문화를 받아들이면서 고조선 사회는 더욱 발전할 수 있었습니다.

고조선이 크게 성장하자 중국을 통일한 한나라가 5만 대군을 이끌고 침략하였습니다. 한나라는 정면 대결을 하면서도 다른 한편으로는 고조선의 지배층을 분열시키는 방법을 썼습니다. 고조선은 화친을 주장하는 세력과 끝까지 싸울 것을 주장하는 세력으로 분열하였고 결국 수도인 왕검성이 함락되면서 멸망하였습니다. 이후 한반도에 부여, 고구려 등과 같은 초기 국가가 등장하였습니다.

야요이 토기. 조몬 토기와 달리 모양이 단순하고 무늬가 거의 없는 것이 특징이다.

일본과 베트남에도 국가가 형성되다

일본 열도의 기원전 3세기부터 기원후 3세기까지를 야요이 시대라고

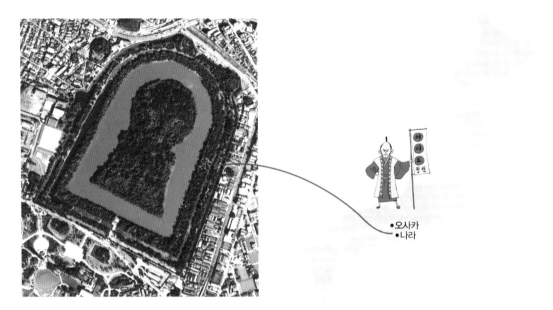

일본에서 가장 큰 무덤인 오사카 부 사카이 시의 다이센 고분이다. 길이 486미터, 너비 350미터에 달하며 무덤 주변에 3중으로 해자를 파고 물을 채웠다. 무덤의 둥근 부분에는 시신을 묻었고 네모난 곳에서는 제사를 지냈다고 한다. 이렇게 열쇠 구멍처럼 생긴 무덤을 전방후원분이라 하는데, 왜의 근거지였던 나라·오사카 지역에 집중적으로 분포해 있다.

합니다. 이 시기의 토기가 도쿄의 야요이 마을에서 처음 발견되었기 때문입니다. 농경의 시작과 금속기 사용은 야요이 문화의 특징이며 이는 주로 한반도 남부 지역에서 전해진 것입니다. 이 시기에 농경을 하게 되면서 몇 개의 세대가 모인 '무라(村, 촌락)'가 성립하였는데 무라의 규모는 수 채에서 수십 채까지 다양하였습니다. 야요이 시대는 점차 계급 사회로 바뀌었고 그 결과 일본 열도에는 정치적 공동체인 '구니(國, 국)'들이 출현합니다.

3세기 무렵 이들 사이에 싸움이 벌어졌고 통합과 몰락의 과정을 거치면서 살아남은 30여 개국의 수장들은 히미코 여왕을 중심으로 연맹왕국 야마타이국을 세웠습니다. 히미코 여왕은 중국의 위나라에 조공을 바쳐 '친위왜왕'이라고 새겨진 금인도 받았다고 합니다.

이후 3세기 말부터 4~5세기에 걸쳐 나라(奈良) 지역을 중심으로 거대한 권력이 출현합니다. 이 권력을 야마토 정권이라고 합니다. 나라를 중심으로 분포하는 거대 고분군은 권력자의 존재를 보여 주는데, 다이센 고분과 같은 거대한 무덤의 주인은 정권의 우두머리로 보입니다. 야마토 정권은 5세기 무렵에는 규슈에서 도호쿠 지방 남부까지 세력 판도를 넓혔습니다.

베트남 지역 최초의 국가는 반랑인데 신화와 역사가 섞여 있는 왕조입니다. 기원전 3세기까지 청동기 문화를 발전시키면서 북베트남 지역에 존속했으며 이 시대를 대표하는 유물은 청동 북입니다. 그러나 반랑은 체계적인 국가 형태를 가졌다고 하는 증거가 아직 없으며 그 중심지가 어딘지도 모호한 상태입니다.

야요이 시대에 만들어진 동탁(왼쪽)은 방울 소리를 내는 의식용 도구로서 풍요로운 생산을 기원하는 용도로 보인다. 베트남의 청동 북(오른쪽)은 제사를 지내거나 마을 사람들을 모을 때 사용하였다.

반랑보다 존재 형태가 좀 더 명확한 국가는 어우 락입니다. 어우족이 북쪽에서 내려와 반랑을 누르고 새로 권력을 잡았는데 이를 어우 락이라고 부릅니다. 이 말은 어우족과 그 전에 살던 락족의 결합을 상징하는 명칭으로 보입니다. 하지만 어우 락은 창건자인 안즈엉브엉 대로 끝이 나고 새로운 지배자가 등장하는데 그가 바로 찌에우다입니다.

광저우 지역에 파견된 진나라의 관리였던 찌에우다는 시황제 사망 후 진나라가 급속도로 붕괴되자 독립 세력을 이루어 기원전 207년에 광저우과 광시 지역을 아우르는 남비엣*을 수립하였습니다. 아직 청동기 단계에 머물러 있던 어우 락은 철제 무기를 사용하는 찌에우다를 이길 수가 없었습니다. 찌에우다는 스스로를 황제라 칭하면서 중국의 한나라와 대능한 국가임을 과시하고 수시로 한나라와 전쟁을 벌여 긴장 관계를 유지하였습니다. 남비엣과 한나라의 세력 균형이 깨지기 시작한 것은 찌에우다가 사망한 이후부터입니다. 결국 기원전 111년 한나라 무제*에 의해 남비엣은 멸망하고 이후 북베트남 지역은 오랜 기간 동안 중원 왕조의 지배를 받게 됩니다.

*남비엣: 월남(越南)에서 온 말로 베트남(Việt Nam)이라는 이름의 유래가 되었다.

*무제: 활발한 대외 정복 활동 이외에도 유교를 통치이념으로 채택하였으며 군현제를 실시하는 등 중앙 집권 체제를 확립하였다. 진의 시황제, 청의 강희제 등과 더불어 중국의 대표적 황제로 꼽힌다.

• 동아시아 최초의 유목 국가, 흉노

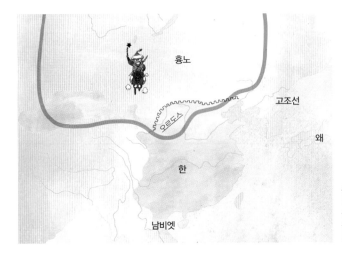

흉노는 묵특 선우 시기에 만리장성 이북의 초원 지역을 통합하였으며 만리장성을 넘어 한나라를 공격하여 굴복시키는 등 한을 위협하는 강력한 세력으로 존재하였다.

동아시아의 일원인 유목민들도 여러 국가를 건설하였다. 동아시아 최초의 유목 국가는 흉노이다. 흉노는 진 시황제 시기에 강력한 세력으로 부상하였다. 흉노는 시황제의 공격으로 큰 타격을 입었지만 묵특 선우가 등장한 이후 위기를 극복하고 유목 지역을 통합하여 최초의 유목 국가가 되었다. 이후 흉노는 중원의 새로운 통일 제국인 한나라와 치열한 세력 다툼을 벌였는데, 한 고조가 이끈 대군을 물리칠 만큼 그 위세가 대단하였다. 전투에서 대패한 한 고조는 흉노에 사신을 보내 화친을 맺었는데, 그 내용은 일방적으로 한나라가 흉노에 공주와 물자를 바치는 것이었다.

흉노는 만리장성 이북의 유목민을 모두 통합하였으며 한나라로부터 식량·비단 등을 받아 안정적인 재정을 확보하여 제국으로서의 기틀을 확고히 갖추었다. 흉노는 중국 지역뿐만 아니라 유라시아 서부 지역과도 문화적으로 교류하였다.

흉노 무덤에서 나온 그리스 신상. 흉노와 유라시아 서부 지역의 교류를 보여 준다.

05 _ 인구 이동은 동아시아 세계를 어떻게 변화시켰을까?

주몽이 북부여에 있을 때 낳은

아들이 찾아와 태자가 되자,

비류와 온조는 태자에게

용납되지 못할 것을 두려워하였다.

마침내 오간, 마려 등 열 명의 신하와 더불어

남쪽으로 떠나자 따르는 백성들이 많았다. …

온조는 하남의 위례성에 도읍해

열 명의 신하를 보좌하고

나라 이름을 '십제(十濟)'로 하였다.

———— 위 글은 『삼국사기』, '백제 본기'에 쓰인 백제의 건국 설화입니다. 설화의 내용을 보면 주몽의 아들인 온조가 하남 위례성(현재의 서울)에 내려와 십제(훗날의 백제)를 건국한 것을 알 수 있습니다. 이는 온조를 중심으로 한 세력이 부여에서 위례성으로의 인구 이동을 통하여 새로운 나라를 건국한 것을 잘 보여 주는 사례입니다. 고대 동아시아 인구 이동은 어떠한 양상으로 일어났고, 그 결과 어떠한 변화가 일어났을까요?

인구 이동은 왜 일어났을까?

동아시아에서의 인구 이동은 기원 전후 시기부터 활발하게 나타납니다. 이를 통해 새로운 정치 세력이 형성되기도 하고, 한 지역의 문화가 다른 지역으로 전파되기도 하였습니다. 정치적인 변동과 전쟁, 기후 변화 등 인구 이동의 요인은 다양하였습니다.

중국에서는 기원전 3세기 초 중원을 최초로 통일한 진(秦)이 무너지고 한(漢)이 수립되기까지의 혼란기에 전란을 피한 대대적인 인구 이동이 있었습니다.

살려면 한반도로 튀어라!

> 진(秦)의 난리에 고통을 받고 동쪽으로 오는 자가 많았는데 대부분 마한의 동쪽에 거처하면서 진한과 더불어 섞여 살았다. 이때에 이르러 점차로 성해지므로 마한이 이를 꺼렸다.
>
> — 『삼국사기』, '신라 본기'

사료에서 보듯 진 멸망 후 중원 지역의 많은 사람들이 한반도로 건너왔고, 그 일부가 다시 아래로 내려가 마한 지역(오늘날 한강 유역에서 충청·전라도 지역에 분포)에 정착하였습니다. 위만도 이 시기에 이주해 온 대표적인 인물입니다. 위만은 많은 유이민을 이끌고 고조선으로 이동하여 중원 지역의 발달된 철기 문화로 고조선의 준왕을 몰아내고 스스로 왕이 되었습니다. 또 중원 지역 유이민들 중 일부는 일본으로 건너가기도 하였습니다. 9세기에 편찬된 『신찬성씨록』에 일본의 성씨들이 보이는데, 이 문헌에는 진 시황제의 후손임을 자처하는 사람들이 비단 짜는 기술을 가졌다고 기록되어 있습니다.

중국 역사에서 전례가 없을 정도로 대규모 인구 이동이 일어난 때는 4세기 초 5호 16국* 시대 전후였습니다. 그래프에서 보듯 기온 저하로

*5호 16국: 중국 화북 지방을 중심으로 5호(흉노, 갈, 선비, 저, 강)와 한족이 세운 16개의 나라가 분립해 있던 시대 (304~439). 선비족이 세운 북위가 화북을 통일하면서 막을 내렸다.

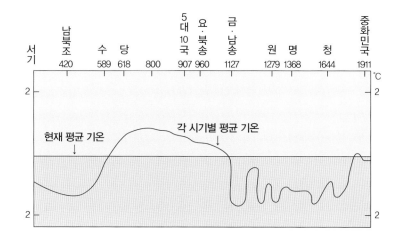

| 서기 | 남북조 420 | 수 589 | 당 618 | 800 | 5대10국 907 | 요·북송 960 | 금·남송 1127 | 원 1279 | 명 1368 | 청 1644 | 중화민국 1911 |

현재 평균 기온

각 시기별 평균 기온

5세기 이전에는 현재의 평균 기온보다 기온이 낮았다. 이 시기에 북방 민족이 추위를 피해 남쪽으로 이동하였다.

인해 초원 생활이 어려워진 북방의 유목 민족이 따뜻한 지역을 찾아 남쪽으로 이동하였습니다. 이들은 만리장성을 넘어 화북 지역으로 대거 이동하여 새로운 국가들을 세웠고, 쫓겨난 한족들의 상당수도 양쯔 강 남쪽인 강남 지역으로 이주하였습니다. 북방 민족의 이동은 한족과 북방 민족이 융합되는 계기가 되었습니다.

한반도에서는 인구 이동에 의해 삼국이 성립되었습니다. 백제뿐 아니라 고구려와 신라의 건국 설화는 모두 외부에서 이동해 온 유이민들과 토착민들의 결합으로 국가가 성립하였음을 보여 줍니다.

한반도나 중원 지역에서 정치적으로 큰 변화기 일어날 때마다 일본으로의 인구 이동도 빈번하게 나타났습니다. 한반도나 중국 강남 지역에서 일본 열도로 건너간 사람들을 도왜인*이라고 하는데, 이들은 일본으로 건너가 새로운 문화를 이식시켰을 뿐 아니라 일본의 국가 형성과 발전에 있어 매우 중요한 역할을 하였습니다.

특히 5세기 후반에서 7세기에는 삼국의 정치적 격변에 따라 인구 이동이 활발했습니다. 5세기에 고구려는 수도를 국내성에서 평양성으로 옮기

*도왜(渡倭)인: 왜(일본)로 건너왔다는 의미로 도래(渡來)인이라고도 불림.

약광을 기리기 위해 세운 고마
(고려) 신사의 현판. 사이타마
현 히다카 시에 있다.

면서 본격적으로 백제와 신라, 가야를 압박하였습니다. 이때 많은 백제인, 신라인, 가야인이 일본으로 건너가 자리를 잡고 토착민들과 교류하면서 기술과 지식을 전달해 주었습니다.

7세기 후반에도 삼국이 통일(676)되면서 대규모 이동이 있었습니다. 특히 고구려·백제의 왕족을 비롯한 고위층들이 일본으로 망명하였고, 이들은 상류층이 즐기던 문화를 전파하였습니다. 대표적 인물인 약광(若光)은 고구려의 마지막 왕인 보장왕의 아들로 고구려가 멸망하자 사이타마 현으로 이주하였습니다. 그곳에서 주변에 흩어져 살고 있던 약 2천 명의 고구려 유민들을 모아 '고려(고구려)군'을 세우고 금은 세공, 철기 제작 등 여러 분야의 기술로 지역을 개척하였습니다. 이들을 통해 철제 농기구 사용이 보편화되고 종이

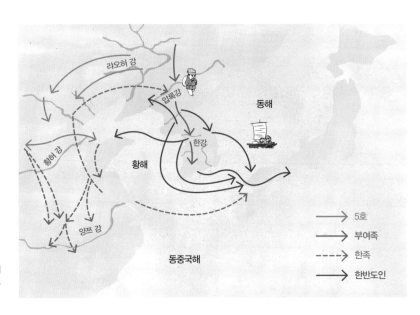

7세기의 인구 이동. 동아시아의
인구 이동은 다양한 이유로 오
랜 기간 동안 지속되었다.

제조 기술이 전파되기도 하였습니다.

인구 이동에 따른 문물의 전파와 교류

약광의 예에서 보듯이 동아시아 각 지역은 인구 이동에 따라 다른 지역
의 문화를 받아들이면서 문화적인 다양성을 갖추게 되었습니다.

5호 16국 시대의 중국에서는 북방 민족의 문화가 유입되면서 한족의
문화와 뒤섞였습니다. 추운 북쪽 지역은 기온 차에 따라 쉽게 입고 벗을
수 있는 조끼와 숄을 입었는데, 이것이 한족에게 전해지면서 조끼와 유사
한 형태의 옷이 유행하였습니다. 식생활에서도 북방 민족의 영향으로 육
류와 유제품을 즐기게 되었고, 원래 바닥에 방석을 깔거나 낮은 평상에서
생활하던 풍습도 추위 탓에 차가운 바닥에 앉지 않았던 북방 민족의 영향
으로 의자에 앉아 생활하는 방식으로 변하였습니다. 그런가 하면 북방 민
족도 한족의 문화를 접하면서 관료 조직이나 학문 등에 영향을 받아 새로
운 문화를 발전시켜 나갔습니다.

다호리 유적에서 출토된 오수
전(위)과 붓(아래).

한반도에는 위만 집단의 이동으로 본격적으로 철기 문화가 보급되었
고, 한자나 칠기 같은 한족 문화가 확산되었습니다. 경남 창원 다호리 유
적에서는 한나라의 화폐 오수전과 붓이 출토되기도 하였습니다. 한나라
때의 유물들이 한반도 남부 여러 곳에서 발견되어 중국과 교역이 이루어
졌음을 보여 주고 있습니다.

일본에는 도왜인들에 의해 청동기와 철기 등의 금속기, 벼농사 기술,
토기 등 많은 문물이 전래되었습니다. 특히 도왜인 도공 집단은 한반도의
토기 제작 기술을 전해 주었습니다. 일본의 토기는 800도 이하의 온도에
서 구웠기 때문에 잘 깨지는 단점이 있었습니다. 도왜인들은 언덕의 경사
면에 가마를 만들고 1,000도 이상의 고온에서 토기를 굽는 기술을 전파하
였고, 이로 인해 일본에서는 기존의 토기와 다른 '스에키(쇠처럼 단단한)' 토

스에키 토기

기가 생산되었습니다.

삼국 중 일본과 교류가 가장 활발했던 나라는 백제였습니다. 백제의 아직기는 일본으로 건너가 오진 태자의 스승이 되었고, 왕인은 천자문 한 권과 논어를 가지고 건너가 우치노와 태자에게 한

백제왕신사. 백제 국왕의 후손을 신으로 모신 신사로, 오사카의 히라카타 시에 있다.

학을 가르쳤습니다. 왕인은 '와니'라고 불리며 일본 문화의 시조로 추앙받았고, 지금도 오사카 히라카타 시에는 왕인의 묘라고 전해지는 무덤이 남아 있습니다. 백제 이주민들에 의해 수준 높은 문화가 전래되면서 일본에서 백제의 문물이 크게 유행하였습니다. 백제사, 백제왕신사, 백제대교, 백제소학교 등 아직도 일본에는 백제의 흔적을 엿볼 수 있는 지명들이 남아 있습니다.

문물 교류를 통해 동아시아 문화권이 형성되다

6~7세기 중국에서는 통일 제국인 수·당이 수립되고 한반도에서는 삼국 통일이 완성되면서, 동아시아 세계는 안정기에 접어들었습니다.

당은 개방 정책을 취하여 동아시아 각국뿐 아니라 서역과도 문물 교류를 활발히 했기 때문에 국제적이고 다양한 성격의 문화가 발달하였습니다. 외국인을 상대로 실시한 과거 시험인 빈공과에 합격하면 외국인도 당의 관료가 될 수 있었습니다. 일본의 아베노 나카마로는 18세에 유학을 떠나 당 최고 학부인 태학에서 공부하였으며, 과거에 급제해 당 현종의 총애를 받았습니다. 그는 안남도호부*의 장관을 맡아 2년간 베트남 지역을 통치하는 등 50여 년을 당에 머물며 공로를 쌓았습니다.

*안남도호부: 현재의 베트남 하노이에 설치되었던 당 대의 지방 통치 기구.

화북 지방을 9년 동안 전란의 소용돌이에 휩싸이게 한 안녹산은 중앙아시아의 이란계 민족인 소그디아나(현재의 사마르칸트 지방) 계통의 혼혈인으로 당 전체 병력의 약 40퍼센트를 장악하고 세 곳의 절도사를 겸임하였습니다. 백제 멸망 후 부흥 운동을 하였던 흑치상지는 부흥 운동이 실패한 후 당으로 건너가 양주자사의 자리에 올랐습니다.

귀화를 원하는 사람들은 당의 호적에 이름을 올릴 수 있었고, 그에 따른 세금도 납부하였습니다. 또 수많은 외국 상인들에 의해 유입된 조로아스터교·마니교·이슬람교·경교* 등 각종 외래 종교가 유행하여 종교 의식이 행해지기도 하였습니다. 인도나 페르시아 등지의 악기와 곡조가 새로이 도입되어 당의 음악에 큰 영향을 끼쳤습니다.

이처럼 다채롭고 세계적인 당 문화는 당을 오가던 사람들에 의해 주변 지역으로 확산되었습니다. 신라와 발해, 일본은 개방적인 자세로 당의 문물을 수용하였습니다. 그리고 유학생과 유학승, 사절단을 파견하여 당의 문물을 흡수하였고 자신들의 특성에 맞게 변화시켰습니다. 특히 삼국 중 신라가 가장 많은 사람을 보내 한때는 그 인원이 200명을 넘기도 하였습니다. 당의 수도였던 장안은 여러 지역의 사람들이 왕래하면서 새로운 문화가 들어오기도 하고 다시 주변 지역으로 전파되기도 하는 동서 문화 교류의 중심지 역할을 하였습니다.

*경교: 기독교 종파 가운데 하나인 네스토리우스교를 중국에서 부르는 명칭이다.

06 _ 동아시아에서는 왜 불교가 유행하였을까?

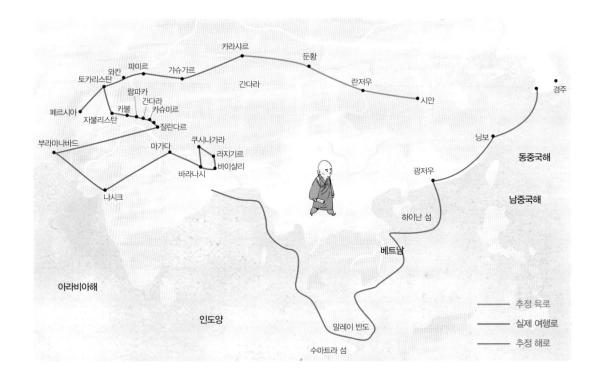

1908년 프랑스의 폴 페리오는 둔황의 막고굴에서 누가 썼는지 모를 앞뒤가 떨어진 책을 발견하였습니다. 페리오의 연구로 그 책은 신라의 승려 혜초가 쓴 『왕오천축국전』으로 밝혀졌습니다. 혜초는 일찍이 당으로 건너가 대승 불교의 한 갈래인 밀교를 배운 후 불교의 본국 인도로 갔습니다. 그가 14년 동안 인도와 서역을 돌아다니며 보고 들은 것을 기록한 여행기가 바로 『왕오천축국전』입니다. 그의 여행 거리는 무려 2만 킬로미터에 달한다고 하는데, 가족과 고국에 대한 그리움도 부처의 말씀을 배우고자 하는 의지를 꺾지는 못했습니다. 혜초를 인도로 떠나게 만든 불교는 언제, 어떻게 동아시아에 들어오게 되었을까요?

불교는 비단길을 타고

불교는 기원전 6세기경 인도의 석가모니에 의해 탄생한 종교입니다. 당시 인도에는 카스트*라는 엄격한 신분제가 유지되고 있었는데, 불교는 특권 계급이었던 브라만의 계급 차별에 반대하면서 인간의 평등을 주장하였습니다. 이러한 특성으로 불교는 바이샤와 크샤트리아 계급에게 환영받았고 점차 대중화되었습니다. 이후 불교는 동아시아 각국에 전파되어 그 지역의 토착 종교로 자리매김하였고, 여러 국가들을 사상적·문화적으로 묶는 매개체가 되었습니다.

동아시아에서 불교가 가장 먼저 유입된 지역은 중국입니다. 67년 후한(後漢)의 명제가 귀인이 오는 꿈을 꾸고 기다렸더니 승려가 나타났다는 이야기가 전해지는데, 이때 불교가 전래된 것으로 알려져 있습니다. 후한 시대에는 비단길을 통해 서역과 교류가 활발하였는데, 바로 이 길을 왕래하던 상인 또는 승려에 의해 자연스럽게 불교가 전래되었습니다.

외래 종교였던 불교는 교리가 복잡하고 어려워서 처음부터 중국인들이 이해하기는 어려웠습니다. 또 중국인들의 사고방식과 맞지 않는 부분도 많았습니다. 가족을 떠나 결혼하지 않고 살아가는 승려의 모습은 자식을 낳고 조상의 제사를 받드는 것을 중시하는 중국의 전통으로는 이해하기 어려운 부분이었고, 만민 평등을 주장하는 교리 자체도 신분제 사회였던 중국과는 어울리지 않았습니다.

그럼에도 불교는 위·진·남북조 시대에 접어들면서부터 최고의 종교로 자리 잡게 되었습니다. 이 시기는 북방 민족들이 중국으로 본격적으로 진출하면서 전란이 끊이지 않았습니다. 사람들은 죽음의 공포와 혼란 앞에서 종교에 더욱 의지하게 되었지만, 당시의 유교는 그에 대한 답을 제시하지 못했습니다. 반면 불교는 누구나 염불을 외고 착한 일을 하면 고통스러운 현실 세계에서 벗어나 불교에서 말하는 이상 세계인 '극락'에 도

*카스트: 인도의 세습적 신분 제도. 승려 계급인 브라만, 귀족과 무사 계급인 크샤트리아, 평민인 바이샤, 노예인 수드라로 나뉜다. 계급에 따라 결혼, 직업, 식사 따위의 일상생활에 엄중한 규제가 있다.

윈강 석굴. 북위 시기에 만들어진 중국 최대의 불교 석굴 사원. 거대한 불상으로 황제의 권위를 높이려고 했다.

달할 수 있다는 희망을 심어 주면서 대중에게 사랑받기 시작하였습니다.

더구나 북방 민족이 세운 북조 왕실은 불교를 적극 후원하였습니다. 그들은 스스로가 중국 내에서는 이민족이었기 때문에 외래문화인 불교에 대한 편견이 적었고, 황제는 '왕즉불(왕이 곧 부처)'을 앞세워 자신의 지배를 정당화하였습니다. 북위 시기에 만들어진 불상에 '황제 폐하를 위하여'나 '국가를 위하여'와 같은 글자가 보이는 것은 이러한 모습을 잘 보여 줍니다.

불교는 백성을 다스리는 데 이용되기도 하였습니다. 지배층은 불교의 '윤회*'를 이용하여 현세의 신분이 전생의 업에 따라 정해진 것이라는 논리를 내세웠습니다. 하층민의 고단한 삶이 지배층의 억압과 착취 때문이 아니라 전생에 저지른 잘못된 행동 때문이라고 설명하여 그들의 불만을

*윤회: 불교 교리 중 하나로 중생이 죽은 뒤 살아생전에 이루어 놓은 행동의 결과. 즉 업(業)에 따라서 다른 세계에 태어난다는 것을 말한다.

무마하였습니다. 불교가 지배층의 통치 도구로 사용되면서 불교는 황제권과 손잡고 국가 불교의 모습을 갖추어 가기 시작하였습니다.

동아시아 여러 나라가 불교를 수용하다

한반도의 고구려, 백제, 신라는 4~6세기에 걸쳐 강력한 통치 체제를 확립하려는 왕실 주도로 불교를 수용하였습니다. 왕은 불교의 왕즉불 사상으로 자신의 권력을 절대화하고 부족 통합을 추구하였습니다. 신라에서 불법을 흥하여 번성하게 한다는 뜻의 법흥왕, 불경에 나오는 부처인 선덕여래에서 유래한 선덕여왕과 같은 불교식 왕명을 사용한 것은 불교의 사상이나 이론을 이용하여 국왕의 권위를 높이려는 시도였습니다. 특히 진흥왕은 전륜성왕*의 이념을 가장 적극적으로 받아들인 군주입니다. 그는 가야를 병합하고 한강 유역으로 영토를 넓히면서 분열된 나라를 통합하기 위해 전륜성왕과 자신을 동일시하였습니다.

그러나 삼국 모두가 불교를 순탄하게 수용한 것은 아니었습니다. 고구려와 백제는 왕실이 불교를 공식적으로 수용하기 이전에 이미 중국 출신 이주민들이나 중국과의 교류 과정에서 자연스럽게 받아들인 것으로 보입니다. 반면 신라에는 5세기 초부터 고구려를 통해 불교가 전해졌지만 지배층의 반발로 인해 6세기 법흥왕 때 가서야 이차돈의 순교로 공인되었습니다.

*전륜성왕: 고대 인도에서 말하는 이상적인 군주로 지상을 무력이 아닌 정법(正法, 부처의 바른 가르침)으로 다스리는 군주이다.

법흥왕을 가까이에서 모시는 사인(신라 때 하급 벼슬 중 하나)의 직책에 있던 이차돈은 왕이 불력으로 국운의 번영을 꾀하고자 불교를 공인하려 했지만 토착 신앙에 젖은 신하들의 반대로 뜻을 이루지 못하자, 그 뜻을 헤아리고 스스로 순교를 자청, 왕의 허락을 청하였다. … '만일 부처가 있다면 내가 죽은 뒤 반드시 이적(異蹟)이 일어날 것'이라 예견한 대로 그의 목

을 베자 머리는 멀리 날아 금강산 꼭대기에 떨어졌고, 잘린 목에서는 흰

젖빛 피가 솟아오르고 천지가 진동하며 … 임금은 슬퍼하며 눈물을 흘렸

고 놀란 신하들은 근심하여 진땀을 흘렸다.

-『삼국사기』

유독 신라에서만 갈등이 심했던 것은 6세기 초까지 왕권이 확립되지 못

한 상태였기 때문입니다. 민간 신앙의 영향력이 강하고 보수적인 귀족 세

력의 반대로 불교가 쉽게 공인되지 못하였습니다. 때문에 신라의 불교 공

인은 왕권을 강화하고 중앙 집권 체제를 정비하기 위한 정책으로 시행되

었다고 볼 수 있습니다.

일본도 왕실의 후원 아래 백제를 통해 불교를 수용하였습니다. 당시 왕

권을 강화하고자 하였던 왕실뿐 아니라 왕실과 결합하고 있던 귀족 소가

씨* 또한 적극적으로 불교를 후원하였습니다. 하지만 토착 신앙을 중시

하였던 일부 귀족들이 불교를 거부하고 탄압하면서 갈등이 발생하였습니

다. 결국 불교 수용파와 배척파의 무력 대결이 벌어졌고 여기서 소가 씨

가 반대파인 모노노베 씨 등을 진압하면서 불교가 공인되었습니다. 소가

씨는 자신의 근거지였던 아스카에 호코 사를 건설하였고, 스이코 천황도

명을 내려 불교를 후원하였습니다. 스이코 천황의 조카였던 쇼토쿠 태자

도 대형 사찰인 호류 사를 건설하고 불교를 진흥시켜 아스카 문화라는 불

교문화를 이룩하였습니다.

그런데 일본에는 불교가 들어오기 훨씬 전부터 신토(神道)가 자리 잡고

있었습니다. 신토는 수많은 신을 섬기면서 인간의 복을 빌고 재앙을 물리

치던 일본 고유의 토착 신앙입니다. 불교가 전래되면서 일본인들은 부처

를 초월적이고 뛰어난 힘을 지닌 신토의 '신'으로 해석하여 자신들이 섬기

는 여러 신 중 하나라고 생각하였습니다. 나라 시대에 이르러 불교와 신

*소가 씨: 백제 도왜인 출신의 귀족 가문. 한반도 출신의 이주민들과 긴밀한 관계를 맺었다.

토의 융합은 더욱 진전되는데, 이러한 현상을 신불습합(神佛習合)이라 합니다. 이때부터 불교 사원 안에 신사가 건립되고, 신사에서 불경이 낭송되는 등 신사와 사원의 구분도 모호해졌습니다.

동아시아를 무대로 활동한 승려들

일본 나라 현에 있는 사찰 도다이 사는 8세기 중엽 쇼무 천황이 국가의 번영을 기원하며 세운 것으로, 백제의 기술자들이 사찰 건설에 많이 참여하였다고 합니다. 대불전 불상 완공 기념식은 신라, 발해, 당, 인도, 캄보디아 등 각지의 승려들도 참석한 동아시아의 국제 행사였습니다. 왜 일본 사찰의 완공식에 다른 나라의 승려들이 참석하였을까요?

일본 나라 현 도다이 사 대불전의 불상.

불교가 확산되면서 불상과 불경 등 불교를 바탕으로 한 문화도 함께 유입되었습니다. 이 과정에서 중요한 역할을 한 것은 바로 각지를 돌아다니며 부처의 말씀을 전파한 승려들이었습니다. 그들은 불법(佛法)을 배우거나 불경을 구하기 위해서라면 험난한 여정도 마다하지 않고, 멀리 불교의 본고장인 인도까지 건너가기도 하였습니다.

중앙아시아 소그디아나의 강국(康國, 현재의 동 투르키스탄) 출신 승려 강승회는 강남의 오나라에 들어가 당시 왕 손권을 불교에 귀의시켰습니다. 또 당나라 승려 감진은 일본인들의 초청을 받고 일본으로 건너가려 하였으나 당시 당은 민간인들이 국외로 나가는 것을 허용하지 않았고, 이를 어길 경우에는 중벌에 처하였습니다. 그럼에도 불구하고 감진은 일본에 가서 계율을 전하겠다는 결심을 하였습니다. 바다 멀리 나갔다가 조난을 당

하기도 하고 실명까지 하는 등 이러한 시도는 번번이 실패하였지만 그는 의지를 굽히지 않았습니다. 결국 12년 만인 753년, 그의 나이 65세에 여섯 번째 시도 끝에 일본에 도착하였습니다. 감진은 일본에 천태종을 처음 전파한 승려가 되었습니다.

승려들은 국경을 뛰어넘어 교류하기도 하였는데, 일본 승려 엔닌의 모습에서 이러한 사례를 엿볼 수 있습니다. 엔닌은 천태종의 본고장이던 당에서 교리를 배우고자 세 번의 시도 끝에 겨우 당에 들어갔습니다. 그 후 천태종의 중심지였던 오대산에서 공부한 후 847년 신라의 상선을 타고 일본으로 돌아가 많은 책을 저술하였습니다. 그는 일본으로 돌아올 때 560여 권에 달하는 불교 문헌을 가져왔으며, 일본 불교에 염불을 도입하여 불교 확산에도 기여하였습니다. 그 덕분에 왕실로부터 덕이 높은 승려를 의미하는 '대사(大師)' 칭호를 받기도 하였습니다.

9년 6개월에 걸친 당 체류기를 정리한 『입당구법순례행기』에는 9세기 당의 풍습과 문화, 민중들의 생활 모습이 생생히 기록되어 있어, 엔닌의 구법(求法) 활동뿐 아니라 당의 역사 연구에도 중요한 자료가 되고 있습니다. 신라의 해상 교역 활동과 산둥 반도에 있던 신라인들의 활동 모습도 담겨 있는데, "신라인 장보고의 통치 아래 있던 중국 내 신라방이 내게 베풀어 준 배려가 아니었으면 돌아가기 힘들었다."라는 기록으로 보아 엔닌이 신라인과도 관계를 맺었음을 알 수 있습니다. 불교를 매개로 하여 국경을 뛰어넘는 국제인들의 활동과 교류는 동아시아 세계를 보다 긴밀하게 연결하는 요소가 되었습니다.

• 일상에 남아 있는 불교 용어

교회에서 열심히 기도하고 있는 한 신자에게 장로가 다가가 물었다.

"무엇에 대해 기도하고 있습니까?"

그러나 그 남자는 눈물을 흘리며 대답하였다.

"저는 건달이었는데 저의 잘못을 생각하면 가책을 느끼고 면목이 없어 회개하고 있었습니다."

불교와 전혀 관련이 없어 보이는 이 대화에도 불교 용어가 있다. 몇 개나 될까?

교회(敎會), 장로(長老), 건달(乾達), 가책(呵責), 면목(面目)은 모두 불교에서 유래한 용어이다. '교회'는 현재 크리스트교의 교리를 가르치는 건물이나 장소를 의미하는 용어이지만 본래 '부처의 가르침을 믿는 사람들이 법문을 듣는 모임'에서 유래하였고, '장로' 역시 교회에서 목사를 도와 교회 운영에 참여하는 직분을 가진 사람이라는 뜻이지만 본래는 '지혜와 덕행이 높고 나이가 많은 출가한 남자 승려인 비구(比丘)'를 통칭하는 말이었다.

돈 없이 빈둥빈둥 노는 사람을 가리키는 '건달'은 건달바(乾達婆)에서 나온 용어로 불교에서 말하는 상상의 산인 수미산 남쪽의 금강굴에 살며 불교의 수호신인 제석천(帝釋天)의 음악을 맡아 보는 신을 의미하였다. 또 '가책'은 자기나 남의 잘못을 책망하는 뜻을 가지고 있지만 스님들이 수행을 하다가 잘못한 경우 여러 스님들 앞에서 죄를 고하고 거기에 합당한 벌을 받는 것을 의미하였다. 낯을 의미하는 '면목' 또한 불교에서는 참사람의 참모습이라는 뜻이다. 야단법석이나 아수라장, 이심전심, 찰나, 아비규환과 같이 우리 주변에서 쓰이는 많은 용어도 모두 불교에서 유래된 말이다.

삼국 시대 이래 불교는 동아시아 사람들의 종교이자 전통문화로 자리 잡게 되었다. 이로 인해 불교는 자연스럽게 일상에서 사용하는 용어 속에 스며들게 되었고, 오늘날 우리는 알게 모르게 불교 용어를 많이 사용하게 된 것이다.

07 _동아시아 지배자들은 백성을 무엇으로 다스렸을까?

위 사진은 왼쪽부터 당나라의 『당률소의』, 조선의 『경국대전』, 프랑스의 『나폴레옹 법전』입니다. 모두 당시의 법률을 기록한 책입니다. 시대와 공간을 달리하는 지역에서 각각 내용은 다르지만 법전을 편찬한 이유는 무엇일까요? 아마 인간 사회에서 법이 시대와 지역의 구분 없이 모두 필요했기 때문일 것입니다.

동아시아에서 법은 언제부터 등장하였을까요? 또 그것이 미친 영향은 무엇일까요?

율령을 만든 이유는 무엇일까?

율령은 전근대 법률을 통칭하는 용어이지만 단순히 법이라는 한 글자로 요약하기에는 상당히 복잡하고 세분화되어 있는 제도입니다. 율령은 수·당 대에 걸쳐 완성되어 동아시아 각국에 전파되며 국가 통치의 기본법으로 기능하였습니다.

율령은 율령격식(律令格式)의 체제를 가지고 있습니다. 율(律)은 형법으로, 국가를 통치하고 황제의 권위를 세우기 위해 하지 말아야 할 일을 제시하고 이를 어겼을 경우 처벌 기준을 정립한 법입니다. 도둑질을 하거나 사람을 죽였을 때 곤장을 때리거나 사형을 시키는 것 등이 율에 해당합니다. 영(令)은 국가를 운영하기 위해 필요한 제도와 규범입니다. 관리 선발 방법이나 세금을 걷는 방식, 국가의 각종 의례 등을 정리한 것이 바로 영에 해당합니다. 격(格)과 식(式)은 율령을 보조하는 것으로 격은 율령을 개정·추가·보완한 법령이고, 식은 율·령·격을 시행할 때 필요한 구체적인 시행 규칙입니다.

율은 형법,
영은 행정법이야.

율령은 중국의 춘추 전국 시대에 등장한 것으로 알려져 있습니다. 이 시기는 중국의 분열 시대로 영토 확장을 위한 전쟁이 빈번하였고, 제후들은 전쟁에서 이기기 위해 앞다투어 뛰어난 인재를 등용하였습니다. 이때 등장한 다양한 사상가와 학파를 제자백가라 부르는데, 그중 법가 사상을 바탕으로 율령이 등장하였습니다. 법가는 넓은 지역과 수많은 인구를 효과적으로 지배하기 위해 엄격한 법치와 강력한 군주권이 필요하다고 주장하였습니다. 이러한 필요에 부응하여 국가 통치 수단으로써 율령이 탄생한 것입니다.

율령은 시대를 거치면서 여러 차례 변화를 거듭하였습니다. 율령격식에서 제일 처음 생긴 것은 율로, 진의 시황제는 춘추 전국 시대의 혼란을 통일한 후 확대된 영토와 늘어난 인구를 효과적으로 통제하기 위해 진율

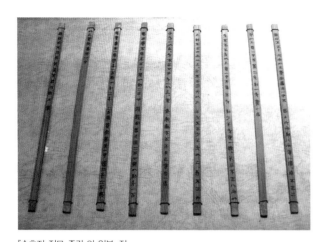

『수호지 진묘 죽간』의 일부. 진율이 기록되어 있는 죽간으로, 1975년 중국 후베이 성의 무덤에서 발굴되었다. 이 죽간을 통해 진 시황제 시대에 정부가 백성을 어떤 법에 따라 어떻게 통치하였는지 생생히 알 수 있다.

(秦律)이라는 법률을 제정하였습니다.

영은 율을 보조하는 성격이 강하였고 법률은 주로 형법인 율을 중심으로 정비되었습니다. 그 후 서진(西晉) 시대에 이르러 영이 율에서 분리되었고, 수·당 시대에 이전의 율령에 격과 식이 추가되면서 율령격식의 체제가 완성되었습니다.

그렇다면 전근대 사회의 율령은 오늘날의 법과 어떤 차이가 있을까요?

첫째, 율령과 비교하면 현대법은 인권을 보다 존중한다는 점에서 진전된 측면이 있습니다. 율령은 국가를 효과적으로 운영하고 통치하기 위한 규칙을 제정하는 것이 주목적이었습니다. 즉 기본적으로 왕조 체제에서는 왕과 지배 계층이 자신들의 통치 권력과 기득권을 유지하고 강화하기 위해 법을 제정하였기 때문에 통치 수단으로서의 의미를 강하게 가질 수밖에 없었습니다. 따라서 지배층의 이익에 반하는 법은 제정될 수 없었습니다. 하지만 현대법은 인권 존중 사상에 바탕을 두고 있기 때문에 인간의 기본권을 가장 중요하게 다루고 있고, 국가가 개인의 기본권을 함부로 제한할 수 없게 하였습니다. 물론 현대법도 법을 제정하는 기득권층과 일반 국민들이 원하는 것이 대립하기도 하여 완전한 선(善)의 개념을 가지고 있다고 말할 수는 없습니다. 그러나 많은 사람의 기본권을 보장하려는 측면이 있는 것은 분명합니다.

둘째, 전근대 사회의 율령은 유교적 질서를 유지하기 위해 성별과 신분에 따라 법을 다르게 적용하였습니다.

부곡(양민과 노비 사이의 상급 천민)이나 노비가 옛 주인에게 욕한 때는 도형 2년, 구타한 때는 유형 2천 리에 처하며, … 죽인 때는 모두 참수형에 처한다. … 주인이 옛 부곡이나 노비를 구타하여 골절상을 입힌 때는, 부곡의 경우 일반인범에서 2등을 감하고, 노비의 경우 또 2등을 감한다. 과실로 죽인 때는 논죄하지 않는다.

― 『당률소의』

위에서 보듯이 과거 동아시아의 율령은 신분 차별을 당연시하는 유교적 이념이 강하게 반영되어 있었기 때문에 누구나 법 앞에서 평등하다는 현대법의 기본 원칙과는 다르게 운영되었습니다.

율령과 유교의 만남

유교는 공자가 체계화한 사상으로 한 무제 때 국가의 통치 이념으로 채택되면서 크게 성장하였습니다. 다양한 사상 중에 무제가 유교를 통치 이념으로 택한 이유는 무엇일까요?

'현실도 잘 모르는데 귀신을 어떻게 알겠는가?'라는 공자의 말처럼 유교는 나라를 잘 다스리고 평안하게 하는, 현실 사회를 통치하는 데 초점을 맞춘 학문이었습니다. 무제가 통치할 시기에 중국은 오랜 혼란기가 끝나고 중앙 집권 체제가 완성되면서 이에 걸맞은 통일된 사상이 요구되었습니다. 유학자였던 동중서*는 무제에게 당시의 시대적 요구에 부응할 수 있는 유교를 통치 이념으로 채택할 것을 건의하였습니다. 동중서는 "임금은 신하의 근본이며, 아버지는 아들의 근본이며, 남편은 아내의 근본이다."라는 논리를 내세워 인간 사이의 역할은 정해져 있고, 그에 따른 차별 또한 당연하다고 주장하였습니다. 이러한 차별은 하늘에 의해 결정된 것이기 때문에 절대적인 것이고, 군주는 천명(天命, 하늘의 명령)을 받아 나라

*동중서: 한(漢) 대의 유학자. 무제에게 유교를 국가의 학문으로 삼을 것을 건의하였다.

61

를 통치하는 존재이므로 추앙받아야 한다고 주장하였습니다. 또 황제는 모든 백성의 부모가 되고 백성들은 황제의 자식이 된다 하여 효(孝)의 이념을 국가적인 충(忠)의 개념으로 확대하여 적용하였습니다. 그리하여 백성들은 황제를 부모로 생각하면서 복종을 자연스럽고 당연한 것으로 생각하게 되었습니다. 무제는 바로 이러한 유교의 매력에 끌려 유교를 통치 이념으로 택하게 되었던 것입니다.

그러나 유교는 어디까지나 국가 통치의 이념이었고, 유교의 덕치주의는 너무 이상적이었기 때문에 실질적인 통치에는 법이 필요하였습니다. 그래서 법가로 백성들의 일상생활을 통치하고 유교의 충효 사상으로 군주의 절대적인 권력을 뒷받침하면서 백성들의 자발적인 복종을 이끌어 냈습니다. 법가는 실질적으로 백성들을 통치하는 데는 유효했지만 황제권이 강해야 하는 이유를 설명하지 못했기 때문에 이를 보완하기 위해 유교의 천명사상을 이용하였던 것입니다.

율에 유교 이념이 결합된 것은 여러 사례에서 찾아볼 수 있습니다. 앞서 언급한 것처럼 율이 신분에 따라 차등적으로 적용되었던 것이나, 강상죄*나 반역죄와 같은 유교 윤리를 어긴 죄를 가장 가혹하게 처벌하였던 것이 대표적 사례입니다.

*강상죄: 군신. 부자. 부부. 붕우. 형제 간에 지켜야 할 윤리를 어긴 죄를 말한다.

> 율에서 대역부도를 범한 경우 부모·처자·형제는 모두 기시에 처한다.
>
> ―『한서』

일반적으로 부도(不道)죄는 국정을 혼란하게 만드는 언행, 거액을 횡령하고 관비를 낭비하는 부정행위, 황제의 은혜를 저버리는 행위 등을 말합니다. 특히 황제와 국가에 대한 반역, 황제를 속이거나 황제와 국정을 비방하는 행위, 국가 전복을 도모하는 행위 등은 대역부도(대역무도)라고 칭하여 요참형(몸통 또는 허리를 절단하는 형벌)에 처하였습니다. 요참형은 대역부도죄를 범한 경우에만 적용되는 사형으로 황제에게 복종하지 않거나 충성하지 않는 것을 얼마나 엄히 처벌했는지 알 수 있습니다. 또한 죄인의 가족까지 처벌을 받았는데, 가족의 경우 목을 자르는 기시형에 처했습니다.

중국 청 대에 기시형을 집행하는 모습. 기시형은 공개된 장소에서 죄인의 목을 베어 길거리에 내버리는 형벌이다.

나라마다 서로 다르게 받아들인 율령

한 대에 유교와 결합하고 수·당 대에 완성된 율령 체제는 당과 교류하던 주변국으로 전파되었습니다.

한반도에서는 중앙 집권 국가를 형성해 가던 삼국 시대에 왕권을 강화하고 관료제를 정비하기 위해 율령을 수용하였습니다. 특히 신라는 삼국을 통일한 후 고구려와 백제 주민을 국가 체제 내로 통합시키기 위해 당의 제도를 수용하여 중앙과 지방의 행정 조직을 체계적으로 정비하였습니다.

사해점촌(현재의 충북 청주 부근)을 조사하니, 마을 크기가 5,725보이다. 호수(戶數)는 11호이다. 마을의 모든 사람의 숫자를 합하면 147명이고, … 가축으로는 말 25마리, 소 22마리가 있고 그중 전부터 있던 것이 17마리, 3년 동안 늘어난 것이 5마리이다. … 뽕나무는 1,004그루였으며 3년간 심은 것이 90그루, 전부터 있던 것이 914그루이다.

－『신라 촌락 문서』

신라는 3년에 한 번씩 촌락 문서를 작성하여 집과 사람 수 등을 파악하였으며, 이를 통해 국가의 재정 수입을 안정적으로 확보하고 백성들에 대한 지배를 보다 철저히 할 수 있었습니다.

*다이카 개신: 7세기 일본에서 당의 율령 체제를 받아들여 중앙 집권적인 정치 체제를 확립한 개혁.

일본은 645년 다이카 개신*을 시작으로 당의 율령 체제를 수용하였고, 이후 다이호 율령을 반포하였습니다. 율 6권, 영 11권으로 구성된 다이호 율령은 7세기 중반 이래 진행된 율령 제정 사업의 완결판이라 할 수 있으며, 이후 여러 차례 변화를 거치지만 기본적인 틀은 이때 완성되었다고 볼 수 있습니다.

다이호 율령의 제정은 7세기 동아시아 정세의 영향을 받았습니다. 7세기는 동아시아의 격동기로 중국에서 당이 강대한 제국을 건설하여 세력을 확장하면서 동아시아의 긴장이 고조되던 시기였습니다. 한반도에서도 삼국 항쟁이 격화되는 중에 백제와 고구려가 멸망하고 신라에 의해 삼국이 통일되었습니다. 일본은 이러한 상황에서 중앙 집권화를 추진하고 국제적 긴장에 대처하기 위해 당으로부터 율령을 적극적으로 받아들여 이를 토대로 중앙 집권적 통일 국가 형성을 꾀했던 것입니다.

먼저 천황을 중심으로 한 2관 8성제의 중앙 집권 체제를 수립하고, 지방의 통치 조직을 정비하였습니다. 백성을 크게 양민과 천민의 두 신분으로 나누었고, 전국의 토지는 국가의 일원적인 지배 아래에 있다는 원칙에 따라 반전수수제를 시행하였습니다. 반전수수제는 당의 균전제를 본따 만든 제도입니다. 이 제도는 국가에서 모든 양민에게 토지를 나누어 주고 사망하면 국가에 반환하게 한 것입니다. 양민은 토지를 받는 대가로 조·용·조* 및 여러 가지 부역의 의무를 졌습니다. 율령 반포로 일본은 비로소 중앙 통치 기구와 지방 행정 조직을 갖춘 나라가 되었습니다. 율령제가 시작되면서 관청과 관리의 수가 증가하게 되었고, 이들의 주거 공간이 필요해짐에 따라 새로운 도시를 건설하였습니다. 바로 당의 장안성을 모방하여 건설한 헤이조쿄로, 이곳을 새로운 도읍으로 삼았습

*조·용·조: 조(租)는 농작물, 용(庸)은 노동력, 조(調)는 토산품을 징수하던 조세 제도를 말한다.

니다. 헤이조쿄의 건설은 일본이 명실상부한 율령 국가의 모습을 갖추었다는 상징이었습니다.

그러나 일본은 당과 다른 환경과 문화를 가지고 있었기 때문에 율령을 적용하는 데 차이를 보였습니다. 사회적으로 독자적인 사회 규범과 관습법이 강하게 작용되고 있었기 때문에 일반 백성들은 율령보다 관습법을 따랐습니다. 당률에서 금지하였던 근친혼이 인정되었고, 친족제에서도 어머니 쪽의 핏줄이 중시되었습니다. 또 천황은 귀족 세력으로부터 많은 제약을 받았기 때문에 중국 황제와 같은 강력한 권한은 갖지 못하였습니다. 중앙 관제 역시 독자적으로 운영하였습니다. 2관 8성제가 당의 3성 6부의 영향을 받았으나, 당과는 달리 천황의 조상신 및 기타 여러 신들의 제사를 관장하고 전국의 신사를 관리하는 신기관을 두었습니다. 또 최고 행정 기관이었던 태정관 아래 좌변관, 우변관을 두어 각각 4성씩 나누는 등 세부적인 내용들은 일본의 실정에 맞게 운영하였습니다.

• 일본의 중앙 관제

08 _ 동아시아 외교의 특징은 무엇일까?

'한왜노국왕'이라고 새겨진 위 금인(金印)은 일본 규슈의 하카다(현재의 후쿠오카) 지역에서 발견되었습니다. 금인의 손잡이가 어떤 모양 같나요? 보통 금인을 받는 인물의 신분이나 지위에 따라 손잡이의 재질과 형태가 달랐다고 합니다. 한의 황태자나 고위 관리는 거북, 흉노 같은 북방 민족의 왕은 낙타나 양, 남방 민족의 왕은 뱀 모양이었습니다.

"건무 중원 2년에 왜의 노국 왕이 조공을 해 왔다."는 『후한서』기록과 뱀 모양 손잡이를 보건대, 57년 한의 광무제가 남방 민족인 왜의 노국 왕을 책봉할 때 준 것으로 보입니다. 왜의 노국 왕이 머나먼 한나라까지 사신을 보내 조공을 하고 책봉을 받은 이유는 무엇일까요?

책봉·조공, 동아시아의 외교 형식으로 자리 잡다

책봉·조공은 기원 전후 중국 한나라에서 시작된 것으로, 19세기 서양 세력에 의해 근대적 조약 체제가 수립되기 이전까지 중원 왕조와 주변 국가가 맺던 대표적인 외교 형태를 가리키는 말입니다.

처음 책봉·조공이 시작된 것은 주(周)나라 때였습니다. 주의 왕은 제후들에게 지방의 땅을 나누어 주고 그 지역의 통치권을 인정해 주는 봉건제를 시행하였는데, 여기에서 바로 책봉·조공이 나타났던 것입니다. 책봉이란 왕이 제후에게 벼슬을 내려 일정 영토의 지배를 인정해 준다는 의미이고, 조공이란 그러한 책봉의 대가로 제후가 왕이 있는 조정에 찾아와 공물을 바친다는 의미였습니다. 이러한 절차를 통해 왕과 제후는 군신 간의 의리를 돈독히 하고 보다 강한 결속력을 유지할 수 있었습니다. 그러나 이 시기의 책봉·조공은 주의 영역 안에서만 이루어졌고, 이 제도가 국제 관계로까지 확대된 것은 한 대에 이르러서였습니다.

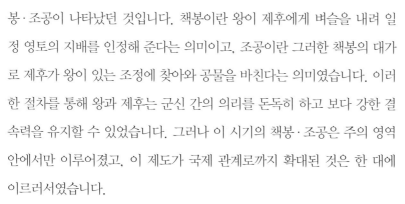

춘추 전국 시대를 통일한 진(秦)은 주의 봉건제를 폐지하고 중앙 집권적인 군현제를 실시하면서 책봉·조공을 실시하지 않았습니다. 봉건제 아래에서는 시간이 지날수록 왕과 제후의 관계가 멀어지면서 제후가 세력을 키워 왕에 대항하는 경우가 많았기 때문입니다.

그러나 한 고조는 자신을 도와준 부하들에 대한 보답으로 이들을 제후로 책봉하는 봉건제를 부활시켰고, 이 제도가 주변 국가와 관계를 맺는 과정에도 영향을 끼쳤습니다. 이러한 대외 관계는 흉노라는 강대국을 상대로 한 화친 조약에서 비롯되었습니다. 한은 초기에 몽골 고원을 통일하고 북방의 강자로 등장하였던 흉노에게 전혀 맥을 못 추었습니다.

기원전 200년 현재 산시 성의 백등산에서 한과 흉노의 전투가 벌어졌습니다. 이 전투에서 한 고조는 흉노의 대군에게 포위되었고, 뇌물을 주어 겨우 목숨을 부지하여 도망쳐 왔습니다. 이후 한은 흉노의 지배자인 선우(單于)에게 공주를 시집보내고 비단, 술, 곡식 등 많은 선물을 보내는 한편 선우와 형제의 관계를 맺기도 하였습니다. 한이 흉노에게 "황제가 삼가 흉노 대선우에게 묻노니, 평안하신가."라고 썼던 것에 대해 흉노가 "하늘이 세운 바의 흉노 대선우가 삼가 황제에게 묻노니, 평안하신가."라고 답변한 것으로 보아 당시 한과 흉노는 서로가 대등하다고 인식했던 것으로 보입니다.

그러나 흉노에 대한 자세는 한 무제가 즉위한 이후부터 변화하였습니다. 무제는 유교를 통치 이념으로 삼았고, 유교의 천명사상을 바탕으로 주변 국가를 대하였습니다. 또 한의 지배층 사이에서 자신의 나라는 문명의 중심인 중화(中華)가 되고, 그 밖의 지역은 문명이 뒤떨어진 오랑캐, 즉 이(夷)라 하여 낮추어 보는 화이관(중화사상)*이 자리를 잡았습니다. 이들은 한의 황제가 주변국에 대한 통치권을 가지고 그 나라의 왕을 책봉하는 형식을 요구하였습니다. 이러한 유교적 통치 이념과 중국 중심의 화이론적 질서가 국제 관계에 적용되어 동아시아 세계의 정치적인 구조가 책봉·조공의 형식으로 자리매김하였습니다.

물론 이러한 자신감은 무제 때 이루어진 탄탄한 국력이 뒷받침되었기 때문입니다. 무제는 강력한 군사력을 바탕으로 흉노를 공격하기 시작하였고, 그들에게 책봉·조공을 요구하였습니다. 전쟁 후 투항한 흉노의 장군들에게 작위를 수여하고 일부 부족의 군장들에게도 책봉을 통해 그들의 지위를

*화이관(중화사상): 자신들을 세계의 중심으로 생각하는 것으로, '중화'는 특정한 국가를 가리키는 말이 아니라 세계의 중심에 있는 나라(중원)라는 의미이다. 중원이 세계 문명의 핵심이며 주변 민족은 동이·서융·남만·북적 등의 오랑캐로 불렀다.

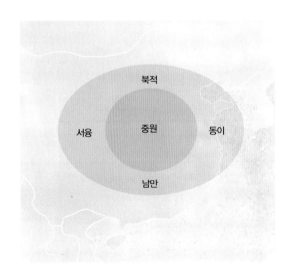

인정해 주었습니다. 한의 적극적인 공세로 흉노 세력이 크게 약화되고 분열되면서 일부 세력들은 한에 투항하였습니다. 기원전 55년 흉노의 호한야 선우가 한의 신하가 되고자 하였을 때 무제는 군신 관계에 바탕을 둔 책봉·조공 관계를 맺고 서로 공격하지 않는다는 약속을 주고받았습니다.

이로 인해 책봉·조공은 한 대 이후 중원 왕조와 주변 국가 간의 관계를 규정하는 제도로 자리 잡았고 그 의미도 확장되었습니다. 이때부터 책봉은 황제가 주변국의 통치자에게 특정의 관직과 작위, 이에 상응하는 물품을 수여하여 그 자격을 공인하는 것을 의미하게 되었습니다. 조공역시 주변국이 황제에게 사신을 보내어 예물을 바치는 것으로 변화하였습니다.

그러나 한 대의 책봉·조공 관계는 결코 한의 직접적인 지배가 아니라한 중심의 세계에 들어가는 형식적인 외교의 틀이었습니다. 무제는 흉노에게 선우라는 본래의 칭호를 유지하고 '흉노선우새*'라는 인장을 사용하도록 하였습니다. 또한 "호한야는 나라를 들어 귀화하고 엎드려 신이라칭하였다. 그러나 또한 이를 기미(羈縻, 굴레와 고삐라는 뜻으로 속박하거나 견제함)할 뿐 통제하지 않았다."라고 하여 황제가 직접 흉노를 지배하지는않았습니다.

*새(璽): 황제, 황후, 왕족의 도장. 인장(도장)은 중국의 황제가 이민족의 왕에게 그 지역의 지배권을 인정한다는 표시로 내려 주는 것으로, 황제를 정점으로 하는 질서에 편입된다는 의미이다.

실리를 추구한 동아시아의 외교

그렇다면 주변 국가들은 중원 왕조가 요구하는 책봉·조공 관계를 왜받아들였을까요? 중원 왕조의 현실적인 힘에 굴복하여 억지로 책봉을 받고 조공을 바친 것일까요?

흔히 책봉·조공 관계를 국가적 힘의 우열 관계로 파악하여 굴욕적인외교 방식이라고 생각하는 경우가 많습니다. 그러나 이는 책봉·조공 관계를 제대로 파악하지 못한 것입니다. 책봉·조공 관계는 시기마다 다른 모습으로 나타났을 뿐 아니라 조공국도 자신들의 필요에 따라 유리한 방식으로 이를 이용하였습니다.

이러한 변화가 나타난 시기는 위·진·남북조 시대입니다. 당시 중원에서는 북방 민족이 화북 지역으로 들어오게 되면서 중원 왕조 중심의 국제 질서가 무너지고 있었습니다. 한족 중심의 통일 국가가 사라지고, 북방 민족들이 세운 여러 나라들이 세력을 다투고 있었기 때문에 절대적인 강자가 존재하지 않았습니다.

한반도에서도 고구려가 만주와 한반도 북부를 통합하며 성장하였고, 백제와 신라, 가야 등 다양한 세력들이 각축을 벌이고 있었습니다. 당시 동아시아 여러 국가들은 이러한 국제 정세를 자국에 유리하게 만들고자 적극적인 외교 활동을 벌였는데, 이로 인해 한 대의 책봉·조공 관계도 많이 달라졌습니다.

이 시대의 책봉·조공 관계는 상호 우호 관계를 확인하기 위해 맺는 현

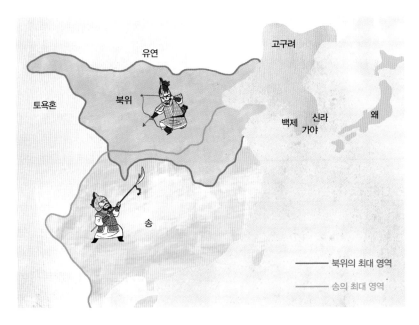

중국에서는 남조(송)와 북조(북위)가, 한반도에서는 고구려, 백제, 신라, 가야가 세력을 다투고 있었다.

실적이고 다원적인 관계로 변화하고 각국의 이해관계가 반영된 실리적인 측면이 부각되었습니다. 중원 왕조들은 외교 관계에서 주도적인 권한을 행사할 만큼 강하지 못했기 때문에 주변 세력을 견제하기 위한 목적으로 여러 나라를 책봉하여 우호적 관계를 유지하고자 하였습니다. 또 주변국 들도 자신들의 이해관계에 따라 책봉국을 정하는 등 조공국의 주체적인 입장을 보다 강하게 드러냈습니다.

당시 고구려는 화북 지역을 통일한 북위에 사신을 보내는 한편 북위를 견제하기 위한 목적으로 남조에도 사신을 파견하여 북조·남조 모두와 책봉·조공 관계를 맺었습니다. 고구려는 스스로를 천하의 중심으로 여겨 필요에 따라 이들과의 관계를 자유롭게 조정하였습니다. 광개토대왕 릉비문에 "백잔(百殘, 백제)·신라는 옛날에 속민(屬民)이어서 조공하였다." 라고 기록하였고, 충주고구려비에 신라 왕을 '동이의 매금*'이라고 부르는 등 독자적인 천하관을 가지고 있었습니다. 이로 미루어 볼 때 고구려는 남북조 모두에 조공하여 만주와 한반도 북부에서 독자적인 세력권을 유지하려는 실리 외교를 실행하였던 것으로 보입니다.

이러한 사례를 통해 조공국 입장에서도 자신들에게 유리하게 책봉·조공 관계를 이용했던 것을 알 수 있습니다. 책봉국은 책봉을 통해 대국으로서의 위신을 세우고 변경의 평화를 유지할 수 있었습니다. 조공국 또한 선진 문물을 수용하는 통로로 삼거나 국내에서의 정치적 지위를 확보하고 국제 사회에서 안정적인 지위를 유지하는 방편으로 여겼습니다.

책봉·조공 관계의 다양한 모습

책봉·조공 관계는 각국이 처한 환경에 따라 다르게 적용되기도 하였습니다. 7세기 중원에는 남북조의 혼란기를 정리하고 수·당이라는 통일 제국이 등장하였습니다. 수·당은 주변 국가들을 무력으로 제압하면서 중국

조공국도
이익에 따라
움직였어.

*매금(寐錦): 고구려에서 신라 왕을 일컫는 호칭. 고구려가 신라를 대등한 국가로 보지 않고 자신들보다 한 단계 낮은 국가로 여기고 있음을 보여 준다.

흉노의 호한야 선우에게 시집
간 한 대의 화번공주 왕소군.

중심의 일원적인 책봉·조공 관계를 요구하였습니다. 그러나 주변국의 세력이나 이해관계가 다양했기 때문에 이들의 요구가 모두 받아들여진 것은 아니었습니다.

화번공주의 사례를 살펴보면 당시의 외교 관계를 보다 쉽게 이해할 수 있습니다. 화번공주는 중원 왕조가 이민족에게 활용하던 정책으로 궁궐의 여성을 주변국의 왕에게 시집보내는 것이었습니다. 이는 주변의 민족과 화친하고 이들을 회유하기 위함이었습니다. 수·당이 화번공주를 보냈던 곳은 중국과 국경을 접한 국가들로 중국을 위협할 수 있는 위치에 있던 돌궐, 토번, 위구르 등 북방의 유목 국가들이었습니다. 실제로 8세기 이후에 군사적 열세에 놓인 당은 이들과 화친을 추진하면서 군사적 침략을 막는 데 노력하였습니다. 바로 그 노력의 일환이 화번공주를 보내고, 부족장들에게 직위와 금품을 주는 방식이었습니다.

반면 통일 신라와 발해, 일본 같은 농경민 국가에는 당 중심의 책봉·조공 관계를 요구하였습니다. 이들은 당의 선진 문물을 수용하고 군사적 위협에 대비하기 위해 당의 요구를 수용하였습니다. 신라는 사신·유학생 등을 보내 당의 문화를 받아들였고, 발해도 문왕 이후 당의 제도와 문물을 수용하기 위해 노력하였습니다. 일본은 섬이라는 지리적인 특성으로 직접적인 책봉을 받지는 않았으나, 7세기에 견수사를 파견한 이후 200년이 넘는 기간 동안 견당사를 파견하여 중원 왕조의 문물을 받아들였습니다. 이처럼 책봉·조공 관계는 늘 일정한 형태로 유지되었던 것이 아니라 시대적 환경과 자국의 이해관계에 맞게 탄력적으로 운영되었습니다.

문화 전파자, 화번공주

　화번공주(和蕃公主)라는 명칭은 당 대에 등장한 것이지만 제도의 시작은 한 대였다. 최초의 화번공주는 한 고조가 흉노에게 포위되었다가 풀려났을 때 흉노의 묵특 선우에게 '장공주'라는 여인을 보내면서 행해졌는데, 이러한 정책은 이후 오랫동안 지속되었다.

　화번공주는 북방 민족의 지배자에게 시집을 가면서 많은 문물을 가지고 가기도 하였다. 당 대에 토번의 송첸캄포에게 시집간 문성공주는 각종 곡식과 채소, 공예품, 차, 약재 및 진귀한 보석과 경전 360여 권 등을 예물로 지참하여 문화 전파자의 역할을 하였다. 또 석가모니상도 가지고 간 것으로 전해지는데, 이 과정에서 티베트에 불교가 전파된 것으로 알려져 있다.

　화번공주 파견은 주로 중원 왕조의 세력이 열세에 처했을 때 주변국과 평화를 유지하기 위한 방책으로 사용되었다. 북방 민족의 입장에서도 화번공주는 중원 왕조와의 관계 유지뿐 아니라 선진 문물의 수용이라는 측면에서 매우 중요한 의미가 있었다.

중국 쓰촨 성 쑹판에 있는 송첸캄포(가운데)와 문성공주(오른쪽)의 조각상. 송첸캄포는 대군을 이끌고 쑹판까지 진격하였고, 당 태종은 토번의 세력을 무시할 수 없음을 깨닫고 문성공주를 토번으로 보내 화친을 도모하였다.

09 _ 만리장성을 넘은 유목 민족은 어떻게 살았을까?

──── 이 그림은 중국 허베이 성에서 발견된 11세기 요나라 귀족의 무덤 벽화입니다. 그림 중앙의 붉은 옷을 입은 사람은 찻잎을 갈고, 흰옷을 입은 사람은 화로에 물을 끓입니다. 주름치마를 입은 여인들은 찻잔을 나릅니다. 이들의 머리 모양을 보면 거란인임을 알 수 있습니다. 드라마나 영화에서 묘사되는 유목 민족은 털가죽으로 만든 투박한 옷을 입고, 머리는 산발을 한 모습입니다. 말투나 행동도 거칠게 그려지는 경우가 많지요. 그런데 이 그림 속 여인들의 모습은 어떤가요? 유목민이나 농경민이나 지배층의 생활 모습은 크게 다르지 않은 것 같지요?

거란과 여진, 중원으로 세력을 넓히다

거란과 여진은 예전의 흉노나 유연, 돌궐과는 달리 농경민까지 모두 지배하는 나라를 세웠습니다. 유목과 농경을 모두 포함한 거란과 여진의 경제 수준은 예전에 비할 수 없을 만큼 높아졌고, 각각 송과 남송에게서 받은 은과 비단으로 이슬람 상인들이 주도하던 은 기반의 교역망에 참여하여 막대한 이익을 올렸습니다.

이들은 어떤 방식으로 세력을 키우고 농경민까지 다스렸을까요?

거란은 몽골계의 유목민으로 시라무렌 강 유역의 초원 지역에 살았습니다. 당의 지배력이 약화되자 혼란을 피하여 관리부터 일반 농민까지 적지 않은 한족들이 거란의 영역으로 들어와 함께 살았습니다. 거란의 한 부족장이던 야율아보기는 경제적 우위를 바탕으로 군사권을 장악한 뒤, 다른 8부의 족장들을 잔치에 초대하여 모두 죽이고 스스로 칸의 자리에 올랐습니다.

거란은 5대 10국* 시기 중원 지역의 세력 다툼에 관여하여 연운 16주를 차지하고 농경민들까지 직접 지배하게 되었습니다. 동아시아 역사에서 처음으로 하나의 국가가 유목민과 농경민을 모두 통치한 것입니다. 거란의 통치 제도를 북면관제와 남면관제*라고 하는데, 남면관에는 거란인뿐만 아니라 많은 한족들이 과거를 거쳐 등용되었습니다. 거란은 이 제도를 통하여 자신들보다 약 3배 많은 한족들과 별 갈등 없이 국가를 운영할 수 있었습니다. 그러나 거란인들은 대부분 초원 지역에 계속 거주하며 유목 생활을 하였고, 왕실도 5개의 수도를 두고 정기적으로 이동하는 유목민의 전통을 버리지 않았습니다. 거란의 지배층은 유학을 받아들이고 한자를 사용하였지만 한편으로는 문화적 독자성을 유지하기 위해 한자와 위구르 문자를 참고하여 거란 문자를 만들었습니다. 또 왕권을 강화하기 위해 불교를 받아들이고, 왕실이 앞장서 탑과 사찰을 세웠으며

*5대 10국: 907년 당 멸망 이후 화북 지방에 5개 왕조가 이어지고, 강남에는 10국이 분립하고 있었던 시기로, 960년 송이 통일할 때까지를 말한다.

*북면관제와 남면관제: 북면관제는 거란의 고유한 부족제를 그대로 유지하고 군사, 행정, 의례 등을 맡는 관청을 설치하였고, 남면관제는 당의 지방 통치 제도인 주현제를 그대로 받아들여 운영하였다.

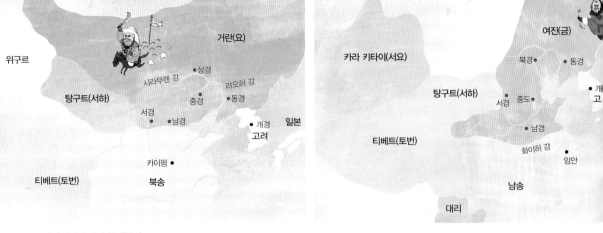

11세기 거란의 세력 확장(왼쪽)
12세기 여진의 세력 확장(오른쪽)

거란대장경을 만들기도 하였습니다.

한편, 요동과 만주 일대를 지배하던 발해는 거란에게 멸망한 뒤 다수의 지배층이 고려로 망명하였습니다. 남은 사람들은 수렵, 목축 및 농경을 하며 살았고, 고려에서 말과 모피 등을 팔고 곡식과 농기구, 그릇 등의 생활용품을 사들였습니다.

11세기 말에 등장한 완안부의 지도자 아구타는 여진의 여러 부족을 통합하여 금나라를 세우고 스스로 황제의 자리에 올랐습니다. 그는 맹안모극제*를 정비하여 강력한 군사력을 확보하면서 중원으로 세력을 확장하였습니다. 금은 거란을 멸망시키고 이어 송을 공격하여 수도 변경(현재의 카이펑)을 점령하였습니다. 금이 만리장성 남쪽에서 화이허 강에 이르기까지 새로 확보한 100여 주는 거란이 연운 16주를 지배했던 것에 비하면 엄청난 규모라 할 수 있습니다.

화북을 차지한 금은 '부족장들의 합의'라는 전통적 통치 방식을 버리고 황제권 강화를 위해 다양한 노력을 펼쳤습니다. 중국식으로 3성 6부를 설치하고 적극적으로 과거를 시행하여 한족들도 관료로 등용하였습니다. 이어 도읍을 상경(현재의 하얼빈)에서 중도(현재의 베이징)로 옮기면서 왕실 전체가 화북 지방으로 이주하였습니다. 또 만주 지역에 살던 여진인들을 화북 지방에 이주시키고 농사에 부릴 소(牛)를 지급하였습니다. 그러나 현지

*맹안모극제: 300호를 1모극이라 하여 100명의 군사를 내었고, 10모극을 1맹안이라 하였다. 평소에 밭일과 사냥 등으로 훈련을 하다가 전쟁이 나면 책임자인 모극, 맹안의 지휘 아래 전쟁에 출전하는 병농일체의 조직이다.

적응에 실패하여 빈곤해지는 여진인들이 늘어나면서 병농일체의 맹안모극은 점차 해체되고 중국식의 중앙 집권적 제도로 바뀌어 갔습니다.

한편 왕실과 지배층 가운데는 그림, 글씨 등의 중국 문화에 푹 빠진 사람들이 많았습니다. 물론 한자 서적을 여진 문자로 번역하여 가르치고, 여진 문자로 과거 시험을 치르는 등 고유한 문화를 유지하기 위해 노력하였으나, 결국 금 멸망 이후 여진 문자는 빠르게 사라지고 말았습니다.

송, 은과 비단으로 평화를 얻다

송은 거란이 차지한 연운 16주를 되찾기 위해 몇 차례 공격을 하였지만 거란의 힘에 밀려 실패하고 결국 화친을 맺었습니다. 흔히 '전연의 맹약'이라 불리는 문서의 내용은 다음과 같습니다.

> 경덕 원년(1004) 12월에 대송 황제(진종)가 삼가 거란의 황제 폐하(성종)에게 맹약의 서신을 보냅니다. 믿음으로 맹약을 굳게 지키며, 거란에게 매년 비단 20만 필과 은 10만 냥을 보낼 것입니다. … 지금의 국경을 지키며 양쪽 지역의 사람들이 서로 침범해서는 안 됩니다. … 이 맹약을 오래 유지합시다.

여기서 중요한 점은 국경선을 현재 상태로 유지하겠다고 선언한 것입니다. 송이 전쟁을 한 이유가 연운 16주를 되찾으려던 것인데 그 점에서는 실패한 것입니다. 게다가 매년 엄청난 비단과 은을 거란에 보낸다고 한 걸 보면 이 전쟁의 승자가 누구인지 알 수 있습니다. 이 글에서는 예전처럼 중원 왕조가 유목 민족을 업신여기던 태도는 찾아볼 수 없습니다. 또 거란을 북조라 불렀는데 이는 남조인 송과 대등한 나라로 본다는 의미입니다. 그래도 송은 비단과 은을 보낼 때 사신을 파견하는 격식도 갖추지 않고 하급 관리를 시켜 전달함으로써 체면을 지켜 보려 하였습니다. 이후 두 나라 사이에는 100년 이상 비교적 평화로운 관계가 지속되었습니다.

한편 오르도스 지역에 살며 비단길의 요지를 차지한 탕구트인들도 11세기 중반 대하(大夏. 송에서는 서하(西夏)라고 부름, 이하 서하로 표기)를 세우며 송의 지배에서 벗어나려 하였습니다. 송은 100만에 가까운 군대를 동원하여 이에 맞섰지만 대부분의 전투에서 패배하고 5년 만에 강화 조약을 맺었습니다. 서하는 송에 신하의 예를 행하고 그 대신 송은 매년 비단 13만 필, 은 5만 냥, 차 2만 근을 보낸다는 조건이었습니다. 송은 체면 유지에 성공하였지만 그 대가는 컸습니다. 막대한 전쟁 비용과 해마다 보내는 은과 비단이 나라의 재정을 매우 어렵게 만들었던 것입니다.

송은 왕안석*이 중심이 되어 대지주와 대상인의 횡포를 막고 중소지주와 상인, 농민을 보호하여 국가 재정 수입을 확보하기 위한 개혁책을 시행하기도 합니다. 그러나 기득권 세력의 반발로 5년 만에 개혁이 중단되고 이후 송은 개혁을 지지하는 신법당과 기득권층을 중심으로 하는 구법당 간의 정치적인 대립이 더 극심해지게 되었습니다.

12세기 초 만주의 여진인들이 금을 세우자 송은 연운 16주를 되찾기 위해 함께 거란을 공격하자는 제안을 하였습니다. 그 대가로 거란에 보내던 비단과 은을 금에 주겠다는 조건이었습니다. 그러나 거란을 멸망시킨 뒤 양국은 모두 약속을 지키지 않았습니다. 결국 금은 송의 수도 변경을 점령하고(정강의 변, 1126) 황제와 그 친척들을 막대한 재물과 함께 북만주로 끌고 갔습니다.

송은 이렇게 멸망하였지만 때마침 지방에 있다가 난을 피한 황제의 아우가 왕조를 다시 열고 임안(현재의 항저우)을 수도로 정하였습니다. 이 나라를 남송이라 부릅니다. 남송은 금과 화이허 강을 경계로 하는 국경을 확정하고 금의 황제에게 신하의 예를 갖추며 매년 일정액의 비단과 은을 보낸다는 내용으로 평화 조약을 맺었습니다. 20여 년 후 남송은 금을 공격하여 신하의 예를 없애고 비단과 은의 액수를 줄이는 데 성공하지만 국경선을 바꿀 수는 없었습니다. 이후 남송은 일시적인 번영을 누렸으며, 13세기에 몽골이 금을 멸망시킬 때까지 금과 공존 상태를 유지하였습니다.

고려, 국익을 저울질하다

중국에서 당이 멸망하고 절도사(무인 세력)들이 제각기 나라를 세웠던 시기(5대 10국)에 한반도에서는 고려가 세워졌습니다. 고려는 중국의 몇 나라와 교역을 하며 과거제 등을 받아들였고, 많은 중국인들이 혼란을 피해 고려에 와서 살기도 하였습니다. 송이 5대 10국을 통일하자 고려는 선진 문물을 안정적으로 받아들이기 위해 송과 책봉·조공 관계를 맺었습니다. 그러나 이 관계는 20여 년 만에 끝나고 말았습니다. 고려가 거란과 책봉·조공 관계를 맺으면서 송과의 외교 관계를 끊었기 때문입니다. 이후 고려와 거란의 외교 관계는 130여 년간 이어집니다.

고려는 거란을 태조 왕건이 '짐승의 나라'라고 할 정도로 적대적으로 대하였습니다. 거란이 발해를 멸망시켰다는 것이 큰 이유였습니다. 그 당시에는 직접적인 충돌이 없었지만 10세기 말 거란이 여진을 몰아내고 고려와 국경이 맞닿게 되면서 두 나라 사이에 몇 차례에 걸쳐 전쟁이 일어나게 됩니다. 한국사에 등장하는 서희의 강동 6주 획득이나 강감찬의 귀주 대첩이 모두 이 무렵의 일입니다. 이 전쟁을 치르면서 고려는 거란에 조공하고 거란의 연호를 사용하는 공식적인 외교 관계를 맺었습니다. 그러나 교역을 확대하자는 거란의 요구에는 응하지 않았습니다.

한편 전쟁 이후 많은 거란인 포로들이 고려에서 살게 되었는데 고려 왕

거란이 발해를 멸망시켰어.

실은 그들 중 기술이 뛰어난 장인들을 뽑아 왕실을 위한 공예품들을 만들게 하였습니다. 이 무렵부터 거란에 대한 적대적인 인식은 점차 없어지고 귀족들 사이에서 화려한 거란 문화가 유행하기도 하였습니다. 심지어 거란의 멸망 이후에도 고려 왕실이 거란 비단을 구하려 했다든지, 왕이 거란을 본받은 사치스러운 풍속을 금지하는 명령을 내렸다는 기록이 있을 정도였습니다.

고려의 외교 정책은 대단히 현실적이었습니다. 송과 금이 힘을 합쳐 거란을 공격하자 고려는 거란의 연호 사용과 사신 왕래를 바로 중단하였습니다. 거란이 멸망한 뒤 송이 외교 관계를 다시 맺자고 하자 이를 거절합니다. 그러나 그 이듬해에 금이 고려에 조공을 요구하였을 때는 이를 받아들여 이후 100여 년에 걸쳐 외교 관계를 유지하였습니다.

사실 금이 세워지기 전, 고려는 여진인을 '문자도 없고 성곽도 없이 산

엄청
복잡하네.

10~12세기 동아시아의 여러 나라들은 명분과 실리를 적절히 조화시키며 대체로 평화로운 국제 관계를 형성하였다.

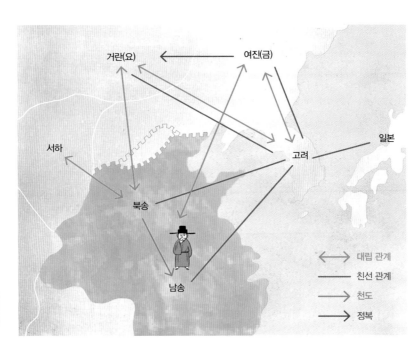

과 들에 흩어져 살며, 예의범절도 배우지 못한 야만인'이라고 여겼습니다. 11세기 후반 거란의 세력이 약화되면서 거란의 지배를 받던 여진인들 중에 고려의 백성이 되기를 바라는 사람들이 늘어나자 고려 정부는 그들이 사는 지역에 고려의 행정 구역을 설치하여 지배권을 행사하였습니다. 여진 부족 가운데 제일 세력이 컸던 완안부는 이에 거부감을 보이며 고려와 싸움을 벌였습니다. 윤관이 별무반을 편성하여 동북 9성을 확보하였으나 1년여 만에 돌려주었다는 사실은 당시 완안부의 힘이 약하지 않았음을 보여 줍니다. 완안부는 이를 계기로 여진 사회의 주도권을 확립하고 전체적인 통합에 성공하였으며 이후 10년도 안 되어 거란과의 싸움에서 이기고 금을 건국하였습니다.

고려는 금이 현실적으로 강하다는 것을 인정하여 외교 관계를 맺기는 했지만 거부감도 무척 강하였습니다. 당시 실권자였던 이자겸과 척준경 등을 제외한 대부분의 관료들이 조공을 바치는 것에 반대하였고, 묘청 등으로 대표되는 세력은 금나라를 정벌하자는 주장을 하였습니다. 그러나 묘청 세력이 진압당한 이후에는 금이 강대국이라는 사실을 받아들여, 금을 '야만인'으로 보는 인식은 점차 없어지게 되었습니다.

책봉·조공 관계는 중단되었지만, 송과 남송은 고려의 가장 중요한 무역 상대국이었고 민간 상인들 간에 활발한 교류가 이루어졌습니다. 고려가 송을 '중국', '중화'라고 표현한 것도 거란이나 금에 비해 문화적으로 우위에 있다는 것을 인정하였기 때문입니다.

결론적으로 이 당시 동아시아는 어느 한 나라가 특별히 강력한 힘을 가진 것은 아니었습니다. 가끔 전쟁이 일어나기는 하였지만 여러 나라가 힘의 균형을 이루는 가운데 대체로 평화가 유지되는 다원적인 국제 관계가 형성되었던 시대였습니다.

연운 16주, 작지만 중요한 땅

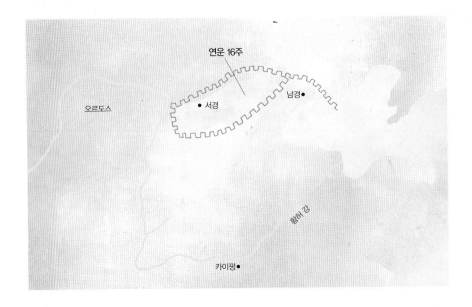

위의 지도를 보면 황허가 서에서 동으로 흐르면서 북쪽으로 크게 굽어진 지역이 있다. 그곳을 오르도스 지역이라 하는데 이 부근에 연운 16주가 있다. 예전에 흉노가 살던 곳으로, 진 시황제는 이들을 몰아낸 자리에 만리장성을 쌓았다.

그 후 1천 년 가량 만리장성 북쪽은 유목민, 남쪽은 농경민이 사는 지역으로 여겨졌기 때문에 거란이 연운 16주를 차지한 것은 한족에게는 충격적 사건이었다. 사실 연운 16주가 넓은 지역은 아니지만 한족에게는 자존심과 체면이 걸린 지역이었다. 유목민이 장성 남쪽을 차지했다는 사실을 인정하기 어려웠던 것이다.

한편 거란의 입장에서는 연운 16주가 결코 작은 땅이 아니었다. 유목민이 생산하기 힘든 곡식, 도자기, 비단 같은 물품들을 안정적으로 공급해 주는 아주 중요한 생산지였기 때문이다. 거란은 5군데의 수도 가운데 2곳(서경과 남경)을 이 지역에 둘 만큼 연운 16주를 중요하게 생각하였다.

10 _'예케 몽골 울루스'는 어떤 나라였을까?

초상화의 주인공은 몽골의 5대 칸 쿠빌라이입니다. 그는 1260년 칸의 자리에 올랐고, 1271년 '대원'이라는 나라 이름을 신포하였습니다. 그렇다면 원나라는 중국 역사일까요? '그렇다'고 답하는 사람들은 원이 중원 왕조의 영역을 차지했고, 인구의 90퍼센트 이상이 한족이며, 명나라가 『원사』를 편찬하여 정통 왕조로 인정했다는 것을 근거로 듭니다. 반면 '아니다'라고 답하는 사람들은 원은 한족이 세운 나라가 아니고 몽골의 일부이며, 쿠빌라이도 중원 왕조의 전통을 잇는 황제가 아니라 유라시아 대륙에 걸쳐 있는 '예케 몽골 울루스'의 '칸'이라는 의식을 갖고 있었다고 주장합니다. 여러분의 생각은 어떤가요?

초원에 새롭게 등장하는 울루스들

우리는 모두
울루스!

10세기 후반이 되면서 지구의 평균 기온이 약 2도 가량 떨어지자 초원의 자연환경이 변하였습니다. 풀이 잘 자라지 않자, 유목민들은 좀 더 따뜻하고 풀이 많은 곳을 찾아 대거 이동을 하였습니다. 그러다 보니 힘센 집단이 약한 자들의 가축을 약탈하고, 좋은 풀밭을 차지하기 위해 집단끼리 벌이는 전쟁이 잦았습니다. 많은 유목민들은 스스로 생명과 재산을 지켜 낼 수가 없었습니다. 그들은 무장을 갖춘 전사 집단에 보호를 요청하는 대신 노동력과 물자를 바쳤습니다.

이 시기의 유목민 사회는 평등하지 않았습니다. '귀족-평민-노예'라는 계층이 존재하였습니다. 그리고 몇 개의 귀족 가문이 연합하여 커다란 정치 집단을 이루었는데 당시 몽골인들은 이런 집단을 '울루스'라고 불렀습니다. '울루스'는 '백성, 나라'라는 의미의 몽골어입니다. 즉, 울루스는 '한 사람의 지도자가 통치하는 사람들의 집단'이라고 보면 됩니다. 아래 지도에 12세기경 활약한 여러 울루스들이 나타나 있는데, 몽골 울루스는 그중에서도 힘이 약한 편이었습니다.

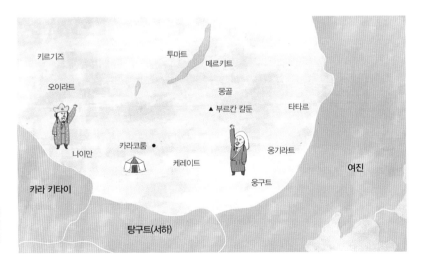

12세기 몽골 고원의 주요 부족들. 부르칸 칼둔 산은 몽골인이 조상의 근거지로 신성하게 여기는 곳이다.

84

칭기즈 칸의 제국, 예케 몽골 울루스

칭기즈 칸은 몽골 울루스에 속한 한 귀족 가문에서 태어났습니다. 아버지가 타타르족에게 독살당한 후 그의 가족은 친족들로부터 버림받았습니다. 칭기즈 칸은 혈연은 아니지만 서로를 혈연 이상의 특별한 존재로 여기는 동맹자들의 헌신적인 도움*으로 칸의 자리에 올랐습니다. 그리고 다른 울루스들과 교역로 주변의 도시 국가들을 정복하여 지배 영역을 점차 넓혀 갔습니다. 이 과정에서 자행된 몽골군의 학살과 도시 파괴는 매우 잔혹하였습니다. 몽골군에게 맞서는 도시는 약탈의 대상일 뿐이었습니다.

유목민에게 화려한 건물은 가치가 없었고, 기술자들이나 건장한 청년들을 제외한 도시 주민들은 유목 생활에 쓸모없는 사람에 불과했습니다. 칭기즈 칸의 교역 요청을 거부하고 사신을 모욕한 호라즘 왕국은 철저하게 파괴당하였습니다. 이슬람 기록에 따르면 칭기즈 칸은 부하라에 입성한 뒤 수비군은 모두 죽이고 기술자들을 제외한 일반 백성들은 이웃 도시를 공격할 때 화살받이로 동원했다고 합니다. 니샤푸르에서는 도시 주민들의 목을 가지고 세 개의 탑을 쌓았다는 기록도 있습니다. 이러한 기록에는 과장된 면이 있으나, 칭기즈 칸이 자신의 요구를 거부한 곳에 보복을 가하고, 공포 분위기를 조성하여 주변 도시들의 항복을 받아 내기 위해 수많은 사람들을 학살했다는 것은 사실입니다.

정복 전쟁을 통해 만들어진 칭기즈 칸의 '울루스'는 우리에게 익숙한 '국가'의 모습과는 조금 달랐습니다. 농경민의 국가는 토지를 중시하여 울타리를 치고 성을 쌓아 외부 세력이 들어오지 못하게 막았던 폐쇄적인 공동체였습니다. 그렇지만 유목민들은 성도 울타

*유목 사회에는 다양한 형태의 동맹이 있었다. 혼인을 통한 동맹. 의형제를 맺는 동맹. 친구 관계의 군사 동맹. 주인과 세습 노비와의 끈끈한 관계 같은 것들이다.

호라즘을 공격하는 몽골군. 13세기 페르시아의 기록을 바탕으로 그린 16세기 인도 무굴 제국의 그림이다.

리도 없는 초원에서 적을 만났을 때 같은 편이 되어 줄 수 있는 사람을 토지보다 더 중요하게 여겼습니다. 그래서 유목 국가는 사람을 기준으로 행정 조직을 만들었습니다. 몽골 제국의 천호제가 바로 그러한 조직이었습니다. '천호'는 글자 그대로 1천 명의 군사를 배출할 수 있는 집단을 의미합니다.

칭기즈 칸은 몽골 울루스에 95개의 천호를 만들고 천호장을 임명하였습니다. 칭기즈 칸의 조상들로부터 칭기즈 칸의 아들이자 몽골의 2대 칸인 우구데이 칸에 이르는 역사를 서사시로 읊은 연대기인 『몽골비사』에 이름이 기록된 천호장은 88명인데 그중 두 명만이 칭기즈 칸과 같은 집안 출신이고 나머지는 혈연 관계가 아닌 동맹 관계입니다. 일반적으로 지배자는 자신의 혈족을 중심으로 지배 구조를 만드는 데 비해 칭기즈 칸은 혈연보다 충성심을 기준으로 했다는 점이 독특합니다. 나중에 칭기즈 칸이 정복지를 동생들과 아들들에게 나누어 줄 때도 토지가 아니라 '호(戶)'를 단위로 나누었습니다. 이렇게 나누어진 지역들도 역시 '울루스'라 부르는데, 그곳 지배자의 이름을 붙여 'OO의 울루스'라고 부릅니다.

칭기즈 칸은 자신의 나라를 칭하는 새로운 이름을 짓지 않고, '몽골 울루스'를 그대로 썼습니다. 그리고 언제부터인가 '크다'는 뜻의 '예케'가 붙어 '예케 몽골 울루스'라고 불리게 되었습니다. 나중에는 이것이 공식 명칭이 되어 고려에 보낸 공문서에도 스스로를 '대몽고국(大蒙古國)'이라 썼습니다. 현재 공식 국가 명칭도 몽골어로는 'Монгол Улс(몽골 울루스)'입니다.

몽골인은 다양한 민족을 어떻게 다스렸을까?

몽골 울루스의 지배층은 세상의 모든 사람들을 두 부류로 구분하였습니다. 카안*의 지배에 복종하는 속민(屬民)과 그렇지 않은 반민(叛民)입니다. 그런데 몽골 울루스는 세계를 지배하는 유일한 제국이므로 반민은 결

*카안: '칸'은 유목 사회의 군주에게 붙이는 일반적인 칭호이고, 우구데이 칸 이후 몽골 제국 전체를 다스리는 최고 군주라는 의미로 '카안'이라는 칭호를 함께 사용했다. 카안은 여러 명의 칸을 거느렸다.

국 칸의 지배에 무릎을 꿇어야 한다는 것입니다. 이런 가치관에 따라 복속을 거부한 도시나 지역을 철저하게 파괴하고 멸망시켰습니다. 그러나 복속민들이 공물과 조세 납부, 몽골의 정복 전쟁에 대한 군사적 지원 등 부과된 의무를 잘 이행하면 종교, 법률, 풍속 등 사회·문화적인 측면에서는 고유한 관습을 유지할 수 있도록 허용하였습니다.

위구르는 칭기즈 칸이 몽골 울루스를 세운 직후 복속되었습니다. 위구르인 타타통가는 칭기즈 칸의 아들들에게 위구르어와 문자를 가르쳤고 다수의 위구르인들이 몽골의 관리로 등용되었습니다. 또 우구데이 칸도 몽골인, 위구르인, 호라즘 출신의 이슬람교도, 거란인, 여진인 등 다양한 민족 출신을 관료로 등용하였습니다. 몽골의 행정 문서들은 위구르 문자와 페르시아 문자를 기본으로 하여 한자, 아랍 문자, 키릴 문자*까지 다양한 언어로 만들어졌습니다. 칸 옆에는 여러 언어의 통역사들이 항상 대기하고 있었습니다. 쿠빌라이 칸은 강남 지방을 통치하는 데 중국의 제도를 그대로 활용하였고, 훌레구 울루스(일 한국), 차가타이 울루스는 이슬람의 제도를 수용하였으며, 주치 울루스(킵차크 한국)는 러시아 대공(귀족)들로부터 조공을 받는 대신 그들의 종교를 인정해 주었습니다.

마르코 폴로는 『동방견문록』에 '칸은 기독교도나 사라센인(이슬람교도), 유대인이나 우상 숭배자, 그 누구를 막론하고 명절이 되면 똑같이 성대한 축하연을 베풀어 주며, 예수(크리스트교)와 무함마드(이슬람교), 모세(유대교), 석가모니(불교) 등 네 명을 모두 존경하고 숭배한다.'고 기록하였습니다. 가톨릭 수도사로 원을 여행했던 오도릭은 칸발리크(현재의 베이징)에서 3년간 살면서 궁중 연회에도 종종 참석하고 칸에게 축복을 내릴 임무를 받았다고 합니다. 원 왕실은 공식적으로는 티베트 불교를 믿었지만 이슬람이나 크리스트교 등 다른 종교의 활동도 막지 않았습니다.

그런데 이런 관용 정책은 몽골인만의 특성은 아닙니다. 고대 페르시아

중국 푸젠 성 취안저우에 있는 원 대 크리스트교도의 묘.

제국, 로마 제국도 자신들의 영토 안에 있는 다른 민족의 관습과 종교가 제국에 위협이 되지 않는 한 인정해 주었고, 중원 왕조도 주변 민족에게 유교를 받아들이라고 강요하지는 않았습니다. 몽골인의 관용적 태도는 중국부터 이슬람 세계와 기독교 세계 일부까지 아우르는 거대 제국을 효율적으로 통치하기 위한 방법이었습니다.

울루스, 역참으로 이어지다

광대한 예케 몽골 울루스를 효율적으로 경영하였던 수단 중 하나가 역참입니다. 몽골어로는 잠치(jamči)라고 하는데, 역(잠, Jam)에 배치되어 그 관리를 담당했던 사람(치, či)을 의미하는 말입니다. 칭기즈 칸은 국가 성립 초기부터 역참을 유지하기 위하여 물자와 노동력을 세금으로 부과하였고, 우구데이 칸은 지도에 보이는 것처럼 예케 몽골 울루스 전역을 역참으로 연결시키는 데 힘썼습니다. 특히 우구데이 칸이 새로 건설한 수도 카라코룸과 화북 지방을 연결하는 역참은 30킬로미터마다 하나씩, 모두 37개를 두었고, 매일 500량의 수레가 식량과 음료를 가득 싣고 카라코룸으로 들어왔다고 합니다.

그러면 역참은 몇 개나 있었을까요? 기록들을 종합해 보면 쿠빌라이 칸의 지배 영역이었던 카안 울루스(원)에는 약 1천 400개의 역참이 있었습니다. 역참 간 거리는 40~60킬로미터이니 역참로는 총 6만 킬로미터나 되었던 것입니다. 몽골의 역참은 특정 도로를 따라 줄지어 있는 것이 아니라 하늘의 별처럼 곳곳에 흩어져 있었습니다. 그래서 전투나 재해로 도로가 막혀도 주변의 다른 역참을 이용하여 목적지까지 갈 수 있었습니다.

다른 나라는 역참을 단지 공문서를 전달하거나 관리들이 이동하는 경우에만 이용하였는데, 몽골 제국은 그에 더해 왕실과 각 관청에서 사용하는 물자의 수송, 농경 지역에서 거둬들이는 조세의 수송 등 다양한 목적에도 이용하였습니다. 또 역참은 사신, 여행자, 상인까지 모두 이용하였던 효율적인 국영 교통·통신망이었습니다. 당시 몽골 제국을 여행하였던 여행자들은 역참을 이용하고 다음과 같은 기록을 남겼습니다.

여행자에게는 중국이 가장 안전하고 좋은 고장이다. 혼자서 많은 돈을 가지고 9개월간이나 돌아다녀도 걱정할 것 없다. 전국의 모든 역참에는 숙소가 있는데 관리자가 자신의 서기와 함께 숙소에 와서 전체 투숙객의 이름을 등록하고는 일일이 확인 도장을 찍은 다음 숙소 문을 잠근다. 다음 날 아침 날이 밝은 후에 관리자가 서기와 함께 다시 와서 투숙객을 점호하고 상황을 상세히 기록한다. 그러고는 사람을 파견하여 다음 역참까지 안내한다. 안내자는 다음 역참의 관리자로부터 전원이 도착했다는 확인서를 받아 온다.

− 『이븐 바투다 여행기』 중에서

우구데이 칸 시기 예케 몽골 울루스 전역을 연결한 주요 역참로.

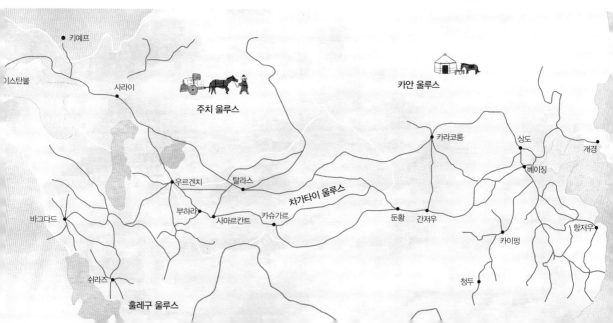

• 고려와 조선에 정착한 몽골인들

원은 고려와 강화를 맺은 직후 평안도, 황해도 지역에 둔전(하급 군인, 평민 등에게 변두리의 땅을 개간하여 농사짓게 하고, 수확물의 일부를 지방 관청의 경비나 군대의 양식으로 쓰도록 한 토지)을 설치하고 6천 명의 군인과 그 가족들을 보냈다. 고려는 이들에게 식량, 농기구, 소 등을 제공하였다. 충렬왕 때 둔전이 폐지된 후에도 일부 몽골군은 고려에 남아 가축을 키우며 살았는데, 조선 초에는 이들을 수유치(酥油赤)라 하여 우유로 버터를 만들어 바치는 대신 역을 면제해 주기도 하였다.

원이 쌍성총관부를 설치한 함경도는 공민왕이 되찾을 때까지 약 1세기 정도 원의 지배를 받았는데, 원래 여진인과 고려인이 섞여 살던 이곳에 몽골 관리인 다루가치가 파견되면서 몽골인들도 들어오게 되었다.

제주는 삼별초가 진압당한 뒤 원 황실의 말을 기르는 목장이 되었으며, 1천 명이 넘는 몽골인, 한족 군사가 주둔하였다. 또 정동행성의 관직을 받은 몽골인과 가족, 부하들, 원의 공주가 고려의 왕비로 오면서 데리고 오는 수많은 몽골인들 중 일부가 고려에 정착한 것으로 보인다.

이들은 "원의 달단(타타르) 사람으로서 본래 목축을 직업으로 삼고 농사지을 줄은 전혀 모른다."는 고려 공민왕조의 기록처럼 유목 민족다운 생활 방식으로 살아갔다. 조선은 이들을 '백정(고려 시대 이래 일반 농민을 일컫는 말)'이라 부르며 농경민으로 정착하도록 유도하였으나, 사냥과 목축을 하며 이동 생활에 익숙한 이들은 농사를 짓지 못하고 자신들만의 마을을 이루어 살아갔다. 그런데 조선 정부는 농경과 정착을 강요하며 도축을 불법으로 규정하였기 때문에 많은 백정들이 생활고에 시달려 강도, 살인 등 범죄의 길로 내몰리기도 하였다.

우리나라에는 특별한 종류의 사람이 있는데, 사냥을 하고 바구니를 만들어 생활을 하니 호적에 등록된 일반 백성과는 다르다. 이들을 백정(白丁)이라 한다.

– 『중종실록』

조선 후기가 되면서 이들 중에는 생활고를 견디지 못해 정착을 하는 사람들이 점차 늘어났고 '백정' 은 북방계 유목민을 일컫는 말에서 전문 도축업자를 일컫는 말로 바뀌어 갔다.

11 _ 무사는 어떻게
일본을 지배하였을까?

일본인들이 가장 좋아하는 꽃은 벚꽃입니다. 벚꽃은 논의 신을 상징하고, 환생과 생명을 상징하기도 합니다. 또 꽃잎은 쌀처럼 생각하였습니다. 그런데 에도 막부 때 만들어진 가부키 〈추신구라(忠臣藏)〉에 '꽃은 벚꽃, 사람은 무사'라는 대사가 나옵니다. 무사를 이상적인 인간으로 인정하면서 벚꽃에 비유한 것입니다. 오른쪽은 주군의 원수를 갚기 위해 복수에 나선 무사 47인의 활약을 그린 영화 〈추신구라〉의 한 장면입니다. 평범한 일본인들은 이들의 복수가 정당하다고 인정하고 이후 벚꽃을 무사 정신의 상징으로 여기게 되었습니다. 일본의 '무사(사무라이)', 그들은 어떤 사람들이었을까요?

무사가 등장하여 막부를 세우다

10세기경 일본은 귀족들이 지배하던 사회였습니다. 교토의 천황과 후지와라 가문을 비롯한 고위 귀족들은 신변 보호를 위해 무예가 뛰어난 사람들을 고용하였습니다. 여기에서 사무라이(侍. 곁에서 모시는 사람)라는 말이 나온 것입니다. 한편 지방의 유력 농민들은 세금을 내지 않으려고 세력이 큰 귀족이나 사원에 자기 땅을 바치고 그 땅의 관리인으로 임명을 받아 이익을 챙겼습니다. 또 외부의 약탈을 막고 세력을 확장하기 위해 스스로 무장을 하고 지방 무사가 되었습니다.

천황은 중·하급 귀족 계층을 군사 지휘관으로 임명하고 지방에 보내어 세금을 걷도록 하였습니다. 그들은 파견된 지역에 눌러앉아 그 지역의 토지를 소유하고 농민들을 지배하며 세력을 키웠습니다. 지방의 무사들은 귀족 출신 지휘관 밑으로 모여들어 무사단을 형성하였습니다. 이 중 천황가의 후손인 겐지(源氏. 미나모토 씨)와 헤이시(平氏. 다이라 씨) 두 가문이 가장 세력이 강한 무사단이었습니다.

10세기 중반 조정에 대항하는 일부 무사들의 반란이 두 차례 일어났을 때 겐지와 헤이시는 지방 무사들을 이끌고 반란을 진압하였습니다. 이후 두 가문은 천황가 및 귀족들과 함께 권력 다툼을 벌인 끝에 1185년 겐지 가문이 헤이시를 누르고 최종적으로 승리하였습니다.

겐지 가문의 미나모토노 요리토모는 교토에서 멀리 떨어진 가마쿠라에 막부를 세우고 천황으로부터 정이대장군*의 직책을 받아 공식적으로 무사들의 최고 지휘자가 되었습니다. 그는 자신을 지지한 무사들에게 몰수한 적군의 토지를 나누어 주었고, 무사들은 언제든지 전쟁에 나가겠다는 서약으로 그와 주종 관계를 맺었습니다. 이렇게 토지의 지배권을 인정받고 그 대신 막부에 충성을 서약한 무사들을 '고케닌(御家人)'이라 하는데, 이들이 가마쿠라 막부의 핵심 세력이었습니다.

*정이대장군: 원래 혼슈 동부 지역에 살던 사람들(에미시)을 정벌하기 위해 임명한 지휘관을 일컫던 말인데, 이때부터 막부의 우두머리를 부르는 말이 되었다. 보통 쇼군(將軍)이라 한다.

• 선불교, 무사들의 마음을 사로잡다

헤이안 시대 일본의 불교는 귀족 가문에서 세운 거대한 사찰을 중심으로, 현세를 사는 동안 병 없이 편안하게 살기를 기원하는 주술적 성격이 강한 지배층의 종교였다. 반면, 가마쿠라 시대에 중국에서 들어온 선불교는 참선 수행을 통해 깨달음을 얻으면 누구나 부처가 될 수 있다고 가르치는 불교의 종파로, 교토의 귀족들에게는 배척당했으나 무사들에게는 환영을 받았다. 이후 선불교는 무사들의 가치관에도 큰 영향을 미쳤다.

무사들은 언제 어디서 전투가 벌어질지 알 수 없는 상황에서 항상 그에 대비하는 훈련을 하며 살았고, 전투에 나가서는 죽음을 각오하며 싸워야만 하였다. 그런데 선불교는 삶과 죽음이 별개가 아니라는 가치관을 가지고 있었고, 깨달음(해탈)을 얻기 위한 방법으로 참선을 중요하게 여겼다. 무사들은 일상생활에서 참선을 통해 마음을 가다듬으며 어떤 일에도 흔들리지 않는 평정심을 키웠다. 이런 마음 훈련은 실제 전투에서 승리하는 데 큰 도움이 되었다. 또, 선불교의 단순한 교리와 금욕적인 계율이 일상적으로 고된 군사 훈련을 하며 살아가는 무사들의 생활과 비슷하였다는 점도 무사들이 선불교를 받아들인 배경 중의 하나였다.

막부의 성립으로 일본에서는 천황 중심의 지배 체제(조정)와 쇼군의 지배 체제(막부)가 공존하는 이원적 통치가 이루어지게 되었습니다.

가마쿠라 시대의 무사, 영지를 다스리다

귀족들은 세습을 통해 사회적 지위와 경제적 기반을 유지하였지만 무사들은 무예 실력을 바탕으로 막부의 고케닌이 되어 지배층의 자리를 차지하였습니다. 개인의 능력으로 지배층이 되고 끊임없는 자기 계발을 통해 자리를 유지한다는 점에서 송이나 조선의 사대부와 비슷한 면이 있습니다. 단지 사대부는 유학을 공부하고 무사는 무예를 닦아 지배층이 되었다는 점에서 차이가 있습니다.

고케닌은 막부로부터 받은 토지의 일부를 하급 무사들에게 나누어 주었습니다. 이를 통해 무사들 간에도 주종 관계가 맺어졌습니다. 무사는 하사받은 토지를 자신의 영지로 삼아 하층 농민을 부려서 농사를 지었습니다. 무사에게 영지는 가족의 유일한 생활 터전이었으므로 애착이 매우 컸습니다.

무사의 집은 영지를 관리하기 좋은 위치에 있었습니다. 아래 그림에서 보듯 무사의 집은 담장 주변에 호(도랑을 파고 물을 채운 방어 시설)를 만들고, 대문 위에 망루를 설치하고 활과 화살을 비치하여 외부의 침입에 대비하였습니다. 왼쪽의 마구간에는 말들이 언제든지 달려 나갈 준비를 하고 있습니다. 중앙에는 무사 가족이 사는 집이 있고 주위에 하급 무사들의 숙소와 무기 보관 창고도 있습니다. 집 뒤로는 말을 달리며 활쏘기 연습을 하는 훈련장도 보입니다.

무사들은 귀족에 비해 검소한 생활을 하였습니다. 집은 나무판자로 지붕을 덮었고 마룻바닥을 깔았으며 마루방 한편에 다다미를 놓았습니다.

가마쿠라 시대 무사의 집을 그린 그림.

화려한 의복도 좋지 않게 여겼습니다. 밥은 쌀과 잡곡을 섞어 지었고 반찬은 채소와 닭고기, 토끼 고기 등을 간단하게 요리해 먹었습니다.*

무사는 10살 전부터 활을 쏘고 말을 타는 연습을 하였습니다. 말을 달리며 활을 쏘아 3개의 표적을 맞히는 시합은 당시 가장 성행했던 놀이입니다. 글을 배우거나 책을 읽는 일은 거의 없었습니다. 전쟁에서 뛰어난 무예를 보여 주는 것이 무사의 본분이었기 때문입니다. 이러한 생활 속에서 용기, 예절, 정직, 검약 등 무사의 도덕이 형성되었습니다. 이는 무사가 싸움터에서 주군과 생사를 같이하고, 평상시에도 전투태세를 갖추고 긴장감을 늦추지 않는 생활 속에서 만들어진 것입니다.

*675년 덴무 천황의 육식 금지령 이후 네발 달린 짐승은 먹지 않는 전통이 있었다. 그러나 사람들이 토끼의 긴 귀를 새의 날개라 우기며 먹었다고 한다. 일본어에서 토끼를 셀 때는 새를 셀 때와 같은 단위 '羽(わ, 와)'를 쓴다.

얼마나
고기가 먹고 싶었으면!

오랫동안 지속된 일본의 무사 정권

일본의 무사들은 가마쿠라 막부를 세운 이후 19세기 후반 메이지 유신으로 에도 막부가 무너질 때까지 무려 700년 가까이 일본을 지배하였습니다. 한반도와 중원 지역에서도 무인들이 정권을 잡은 적은 있었지만 그리 오래가지는 못하였습니다. 왜 그런 차이가 생겼을까요?

중원에서 무인들이 권력을 잡고 여기저기에서 나라를 세웠던 기간은 당 멸망 이후 약 50년 정도였습니다. 독자적인 무사 정권이 확립되기에는 너무 짧았습니다. 통일을 이룩한 송은 지방의 무인 세력이 성장하지 못하도록 철저하게 중앙 집권적인 문치주의를 강화하였습니다.

고려에서는 12세기 후반 무신들이 권력을 장악하였지만 기존의 통치 조직을 없애지는 않았습니다. 과거제도 유지시켜 문신도 계속 관직에 나갈 수 있도록 하였습니다. 게다가 끊임없는 몽골의 공격으로 안정적인 정권 운영이 어려웠습니다. 고려의 무신 정권은 기존의 체제 내에서 한때 주도권을 장악하였으나 결국 몽골의 압력 및 왕과 문신들의 반격으로 무너지고 말았습니다.

그러나 가마쿠라 막부는 천황과 귀족 중심으로 운영되었던 기존의 통치 체제와 별도로 막부가 운영하는 독자적인 통치 기구들을 만들었습니다. 또 교토의 천황 세력으로부터 멀리 떨어져 있어 전통으로부터 자유로울 수 있었고, 과거제가 없었기에 무사들을 견제할 만한 새로운 세력이 등장하지도 못하였습니다. 또한 외부의 공격도 거의 없었습니다. 고려·몽골 연합군이 쳐들어온 적이 있지만 태풍 덕분에 큰 피해를 입지 않고 물리칠 수 있었습니다. 이런 조건들 때문에 일본에서 무사 정권이 확립되고 오랫동안 지속될 수 있었을 것입니다.

에도 시대의 무사, 도시에 모여 살다

15세기 후반 무로마치 막부의 힘이 약해지면서 지방에서 행정과 조세 수취를 맡던 막부의 관리 중에서 무력으로 토지와 농민을 차지하고 세력을 키우는 사람들이 나타났습니다. 이들 중 일부가 센코쿠 다이묘로 성장하였는데, 이들이 지배하던 100여 년간을 센코쿠 시대라 합니다. 다이묘들은 촌락에 살던 무사들을 자기 밑으로 끌어들여 군사력을 키우고, 상업을 장려하고, 농업 생산력을 늘리려 애썼습니다. 또, 독자적인 법률을 만들어 자신의 영지를 마치 하나의 국가처럼 운영하였습니다. 센코쿠 시대를 주도했던 10여 명의 대표적인 다이묘들은 각기 부국강병을 추구하며 쇼군의 자리를 차지하기 위해 끊임없이 전쟁을 벌였습니다.

1603년 도쿠가와 이에야스는 도요토미 가문을 누르고 드디어 쇼군의 자리에 올랐습니다. 그는 에도에 새로운 막부를 설치하였습니다. 그리고 천황가와 모든 다이묘들의 지위와 역할에 관한 법령을 공포하며 사실상 일본의 지배자가 되었습니다.

에도 막부는 사회 체제의 안정을 위해 전 국민을 무사, 농민, 조닌(상공업자)으로 구분하고, 무사와 조닌은 다이묘의 성을 둘러싼 주거·상업 지역인 조카마치에 모여 살도록 하여 농민과 분리시켰습니다. 무사는 전체 인구의 약 7퍼센트 정도였는데 전투에서 가장 중요한 존재이므로 지배층으로서의 특권을 주었습니다. 무사만이 칼을 가질 수 있었고, 농민이나 조닌이 무사를 모욕했을 때는 그 자리에서 죽여도 죄가 되지 않는 특권이 있었습니다. 농민은 식량을 생산하고, 조닌은 생활에 필요한 각종 물자를 만들고 유통시키는 등 나름대로의 역할을 수행하였습니다. 자신의 역할에 게으르거나 다른 역할을 하는 것은 잘못이기 때문에 법의 처벌을 받았습니다. 에도 막부는 보편적인 윤리나 도덕보다 현행법을 더 중시함으로써 사회의 질서를 유지하였습니다.

• 닌자는 어떤 사람들일까?

18세기 말의 화가 가츠시카 호쿠사이의 그림이다. 왜 머리 꼭대기부터 검은 옷을 뒤집어쓰고 줄에 매달려 있을까? 캄캄한 밤에 남몰래 담이라도 넘으려는 걸까?

이들은 주로 센코쿠 시대에 활동한 첩보 조직으로 닌자(忍者)라고 한다. 이들은 이가, 고가 지역(현재의 미에 현 북부 이가 시 일대)의 산에 모여 살며 집안 대대로 인술(忍術, 닌자들이 익혀야 하는 각종 무술·수영·은신술·기마술 등 지식과 기술의 총칭)을 전수하였다. 그리고 다이묘들의 의뢰를 받으면 철저하게 중립적인 입장에서 계약을 맺고 임무를 수행하였다.

닌자는 어릴 때부터 훈련을 받아 뛰어난 무예 실력은 기본이었고 농부, 상인, 승려 등 7가지 모습으로 변장을 할 수 있었다. 헛소문을 퍼뜨려 상대를 혼란하게 만들거나, 여러 가지 도구와 표창 같은 무기를 사용하여 상대의 진영에 몰래 들어가 염탐을 하고 표적을 암살하기도 하였다. 이들은 도쿠가와 이에야스의 의뢰를 받아 경쟁자들을 제거하고 그가 쇼군이 되는 데 기여하였으나, 이후 에도로 이주를 강요당하였고 오랜 평화가 계속되면서 점차 사라지게 되었다.

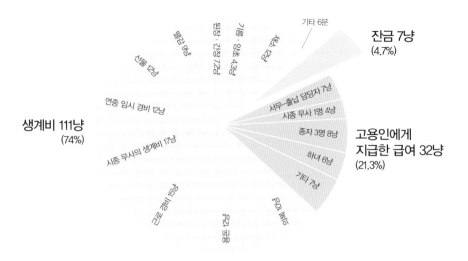

잔금 7냥
(4.7%)

기타 6분

생계비 111냥
(74%)

고용인에게
지급한 급여 32냥
(21.3%)

사무·출납 담당자 7냥
시종 무사 1명 4냥
종자 3명 8냥
하녀 6냥
기타 7냥

제수 27냥
기름·양초 4냥 3분
청소·건강·7冊
땔감 6냥
선물 12냥
연중 임시 경비 12냥
시종 무사의 생계비 17냥
근로 경비 15냥
의복 12냥
말의 유지
말의 관리

17세기 한 무사의 연간 수입과 지출 내역이다. 이 사람은 쇼군을 만날 수 있는 상급 무사로, 1년 봉록으로 쌀 500석을 받았다. 이는 금화 150냥 정도에 해당하는 금액이었으며 상위 10퍼센트 안에 드는 고액이었다. 당시 쌀 1석은 150킬로그램 정도로 어른 1명이 1년간 생활할 수 있었다.

무사들은 쌀을
시장에 내다 팔아
화폐로 바꾸어
생활비로 썼다.

  에도 시대에는 전쟁이 없었기 때문에 무사들은 주군의 성을 지키고 막부와 번의 행정 업무를 처리하는 일을 하였습니다. 그리고 자기가 섬기는 주군으로부터 영지나 봉록(쌀)을 받아 생활하였습니다. 쌀을 시장에 팔아 그 돈으로 필요한 것을 구입하였는데, 표를 보면 기본적인 의식주 이외에 돈을 쓸 데가 아주 많았습니다. 거느리는 고용인들에게 봉급을 주어야 하고 말도 한 마리 키우고 무기와 갑옷 관리도 해야 하였습니다. 게다가 체면을 유지하는 데 필요한 외출복 구입 및 사교 모임 등에 비용을 지출하고 나면 거의 남는 것이 없었습니다. 하급 무사일수록 형편이 더 어려웠을 것으로 보입니다. 게다가 에도 시대에 쌀 생산량이 늘어나면서 쌀값이 점차 떨어져 무사들은 시간이 지날수록 수입이 점점 줄어들게 되었습니다. 18세기 이후 하급 무사 중에는 무기나 갑옷을 담보로 돈을 빌리는 경우도 많고 일부는 조닌에게 부탁하여 우산, 나막신 등을 만들거나 금붕어, 새, 꽃 등을 키워 몰래 팔고, 바둑을 가르쳐 번 돈을 생계에 보태기도 하였습니다.

무사는 명예를 매우 중요하게 여겼습니다. 전쟁의 승리를 위해 온 힘을 다하고, 패할 경우 당당한 자세로 죽는 것이 무사의 명예였습니다. 실수를 하여 명예를 더럽혔다면 자결을 해서라도 명예를 지키는 것이 참다운 무사의 모습이었습니다. 그래서 무사들은 절대 실수가 없도록 긴장을 늦추지 않았고 잠잘 때건 목욕할 때건 항상 칼을 몸에 지녔습니다.

이런 태도에서 나온 말이 '잇쇼켄메이(一生懸命, 일생 동안 목숨을 걸다)'입니다. 이 말은 가마쿠라 시대 무사들이 하사받은 토지를 잇쇼켄메이(一所懸命, 한 곳을 위해 목숨을 걸다) 한 데서 나왔는데 오늘날에도 '열심히'라는 뜻으로 일상생활에서 많이 쓰이고 있습니다.

12 __ 사대부는 왜
성리학을 받아들였을까?

위 그림은 고려 시대에 유경이란 사람이 지공거(과거 시험관)가 되어 선발한 사람들을 데리고 자신의 좌주(座主)인 임경숙에게 인사를 드렸다는 기록을 바탕으로 그린 장면입니다. 과거 합격자들은 자신을 뽑아 준 지공거를 좌주로 모시고, 그의 문생이 되어 평생 부모와 자식 같은 관계를 유지하였습니다. 또 고위 관료의 자제들은 과거 시험 없이 관직에 나가는 일(음서)도 많았습니다. 그런데 조선 시대가 되면서 음서는 유명무실해졌고, 과거 역시 왕이 직접 주관하게 되었습니다. 모두 '과거제'라고 부르지만 고려와 조선의 과거는 실제로 차이가 컸습니다. 왜 이러한 변화가 생겼을까요?

달라진 과거제, 사대부를 만들어 내다

송이 들어설 무렵 양쯔 강 하류의 습지가 개간되어 논이 늘어났는데, 이는 중국 전체 농경지의 반 이상을 차지하는 것이었습니다. 이에 따라 쌀 생산이 엄청나게 늘어나고 상업과 도시의 성장, 인구의 증가가 이어졌습니다. 이렇게 경제가 발전하는 시기에는 사회 변화도 비교적 활발하여 가난한 사람이 장사로 큰돈을 벌거나 부자가 몰락하는 일도 드물지 않았습니다. 이런 사회적 분위기 속에서 많은 사람들이 과거를 보기 위한 공부를 하였습니다. 농민이나 상인, 기술자도 경제적인 여유가 있으면 자식을 공부시켜 관리로 만들 수 있었기 때문입니다.

송 대에는 과거제 운영 방식이 집안보다는 개인의 실력을 더 중시하는 방향으로 크게 변화하였습니다. 답안지를 응시자의 이름이 보이지 않게 밀봉하여 채점하고 선발 과정을 황제가 직접 감독하기도 하였습니다. 그 결과 송 대의 과거 급제자들 중에는 할아버지와 아버지가 모두 관리가 아니었던 집안 출신이 전체 합격자의 절반이 넘었습니다. 출신과 관계없이 실력만 있으면 관리가 되어 지배층으로 올라갈 수 있었습니다.

과거는 경쟁률이 매우 높았습니다. 송 대에 각 지방에서 시행하는 예비 시험(해시)에는 응시자가 너무 많아 서로 밀치다 밟혀 죽는 일도 있었다고 합니다. 이러한 사정은 명·청 대에도 마찬가지였습니다. 조선에서도 생원·진사* 가운데 문과에 최종 합격하여 실제로 관직에 오른 사람은 열에 하나도 안 될 정도였습니다. 그러나 예비 시험에만 합격해도 사대부로 인정받고 사회의 지배층으로 살아갈 수 있었습니다. 그래서 평생 과거 공부만 계속하는 사람들도 많았습니다. 조선에서는 이들을 '양반'이라 하였고 명·청 대에는 '신사'라는 이름으로 불렀습니다.

이들은 향촌 사회에서 상당한 특권을 누리며 살았습니다. 소유한 토지에 대한 세금은 납부하였지만 군역과 요역을 면제받았고, 지방관과 협력

*생원·진사: 각 지방의 소과에 합격한 사람을 일컫는다. 조선 시대의 생원은 19,675명, 진사는 20,974명의 명단이 남아 있는데 이 가운데 대과(문과)에 합격한 사람은 약 6.4퍼센트 정도였다.

하여 백성들을 다스리는 위치에 있었습니다. 스스로도 왕이나 관리와 함께 나라를 이끄는 중요한 역할을 맡고 있다는 자부심이 있었습니다. 북송의 범중엄은 "천하 백성들이 근심하기 전에 먼저 근심하며, 천하 백성들이 모두 즐긴 후에 즐거워한다."고 사대부의 자부심을 표현하였습니다.

성리학의 눈으로 세상을 보다

이 무렵 유학은 경전을 천편일률적으로 해석하는 경향을 비판하며 인간의 본질과 사회의 질서, 우주의 원리 등의 문제를 고민하고 나름의 답을 내놓았습니다. 한·당 대의 흐름을 벗어나려 한 이 시기의 유학을 '신유학'이라 하는데, 남송의 주희가 집대성한 까닭에 '주자학' 또는 '성리학*'이라고도 부릅니다.

*성리학: 성명의리지학(性命義理之學)을 줄인 말로, 하늘이 부여한 사람의 본성(性命, 성명) 속에는 사람이 마땅히 행해야 할 도덕적 규범(義理, 의리)이 내재되어 있으므로 본성을 잘 다스리고 연마하여 성인의 경지에 이르도록 노력해야 한다는 이론이다.

성리학은 우주 만물과 사람의 생성과 존재를 이(理)와 기(氣)의 작용으로 설명합니다. 이는 존재의 근원이며 보편성을 가지고 있습니다. 기는 존재를 물질적으로 규정짓는 요소로, 주희에 따르면 사람이 성격이나 능력에 차이를 보이는 것은 선천적으로 타고난 기가 다르기 때문이라고 합니다. 이런 논리에 따라 주희의 성리학은 현실의 상하 관계를 인정하고 차별을 정당화하였습니다. 이를 명분론이라 하는데 논어의 '임금은 임금답고, 신하는 신하답고, 아비는 아비답고, 자식은 자식다워야 한다.'는 글에서 나온 것입니다.

송 대의 사대부들은 성리학의 명분론을 통해 자신들의 사회·경제적 지위를 정당화하였습니다. 지배층인 사대부와 피지배층인 백성을 구분하고, 향촌에서는 지주와 소작인을 구분하고, 가정에서는 남녀를 구분하며, 성리학을 정통 학문으로 그 밖의 모든 사상은 이단으로 구분하였습니다.

특히 주희가 살던 시대는 남송이 금에 밀려 화북 지방을 빼앗기고 강남으로 도읍을 옮긴 직후였습니다. 북송 때에도 거란과 서하에 은과 비단을 보내며 화친을 유지했지만, 금에는 은과 비단뿐만 아니라 신하의 예도 갖추어야 했습니다. 이런 상황에서 성리학은 거란·금 등 이민족 국가를 오랑캐로, 송을 문명의 중심, 곧 '중화'로 구분하며 사대부의 자존심을 지키고자 하였습니다.

주희를 비롯한 성리학자들은 유교 경전 중에서 성리학의 기본적인 개념과 '수신제가치국평천하(修身齊家治國平天下)*'의 윤리를 보여 주는 책들을 뽑아 '사서*'라 부르며 중시하였습니다. 원이 과거제를 시행하면서 사서를 시험 과목으로 채택하자 성리학의 영향력은 더 커졌습니다. 고려가 성리학을 받아들인 것도 이 시기입니다. 당시 고려는 친원적인 성향의 권문세족들이 주요 관직을 독점하고, 권력을 이용하여 남의 땅을 빼앗아 대농장을 늘려 가고 있었습니다. 불교 사원들도 권문세족의 후원을 받고 있어 이러한 현실을 비판하지 못하였습니다. 과거를 통해 중앙 정계에 진출한 지방의 중소 지주층, 즉 신진 사대부들은 이러한 상황을 개혁하려 하였습니다. 이들이 사상적 기반으로 삼았던 것이 바로 성리학이었습니다.

특히 정도전은 불교가 부자, 부부, 군신 간의 인륜을 끊음으로써 가족, 사회, 국가의 질서를 무너뜨리는 반인륜적인 사상이라고 비판하며, 불교를 중시하는 권문세족과 왕실까지 부정하였습니다. 신진 사대부들은 성리학적 정치 이론으로 왕이 백성을 덕으로 다스려야 한다는 왕도 정치와 백성이 나라의 근본이라는 민본 사상을 내세워 조선을 개국할 때 통치 이념으로 삼았습니다. 성리학이 사대부 위주의 배타적인 명분론으로 전락한 뒤에도 오랫동안 영향력을 유지할 수 있었던 것은 민본 사상을 표방하였기 때문일 것입니다.

조선의 기반은 성리학이오!

정도전

*수신제가치국평천하: 『대학』에 나오는 말로 먼저 자신을 바르게 가다듬은 후에 집안을 바로잡아야 천하를 경영할 수 있다는 의미. 사대부가 행해야 하는 일 중에 '수신'이 가장 기본적이고 중요하다는 뜻을 담고 있다.

*사서: 유교 경전인 『대학』과 『중용』, 『논어』와 『맹자』를 이르는 말. 성리학에서는 사서를 사회·정치 윤리의 기초로서 인간의 심성을 중시하고 심성의 근본, 심성을 닦기 위한 공부 방법 등을 말해 주는 책이라고 생각한다.

사대부, 성리학의 나라를 만들다

전통 사회에서는 대부분의 사람들이 신분에 따른 차별을 당연하게 생각하였습니다. 그러나 성별에 따른 차별은 그다지 심하지 않았습니다. 고려나 당에서는 여성이 비교적 자유롭게 남성과 교제하였고 이혼도 별로 문제되지 않았습니다. 송 대에도 형제가 없을 경우 여성이 부모의 재산을 상속받기도 하였습니다. 그러나 성리학이 사회의 지배 이념으로 자리를 잡아 가면서 일상생활에서 가부장적인 사회 규범이 강화되었습니다.

송 대 이후 씩씩한 무인이 아니라 글을 읽는 사대부가 남성의 표상이 되면서, 예전보다 더 조용하고 수동적인 여성을 이상적으로 여기게 되었습니다. 대표적인 것이 전족입니다. 전족은 4~5세 여자아이의 발을 천으로 동여매어 자라지 못하게 하던 풍습입니다. 편하게 걷기 힘들다 보니 여성들의 움직임이 자연히 줄어들 수밖에 없었을 것입니다.

또 남편을 잃은 여성에게 수절을 강요하는 분위기가 점점 더 강해졌습니다. 명 초기에는 "민간의 과부가 서른 이전에 남편을 잃고 수절하여 쉰 이후에도 재혼하지 않으면 이름을 걸어 표창하고 그 본가의 노역을 면제해 준다."는 규정도 있었습니다. 심지어 주희의 출신 지역인 푸젠 성에는 탑대(搭臺)라는 풍습까지 있었습니다.

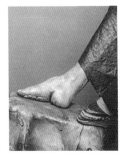

전족을 한 여성의 발. 19세기 태평천국 운동은 전족의 폐지를 주장하여 큰 호응을 얻었다. 신해혁명 이후 공식적으로 폐지되었다.

> 푸젠 성에는 아이가 없는 과부가 여러 사람 앞에서 공개적으로 자살하는 풍습이 있다. … 과부가 단 위에 올라가면 마을 사람들과 친척들이 무릎을 꿇고 그녀에게 존경을 표하는 의미로 절을 한다. 그러면 그녀는 … 다른 사람의 격려를 받으며 스스로 목을 매단다. 모든 것이 끝나면 구경꾼들은 그녀의 도덕적 행동에 대해 떠들썩하게 칭찬하는데 시신을 집으로 옮길 때는 풍악까지 울리며 거리를 행진한다.
>
> – 『장락현지』(권 20)

이런 사회 변화의 결과, 『송사』에는 40명 정도였던 열녀가 『명사』와 『청사고』에는 1천 명 가까이 기록되었습니다. 효자를 강조하는 것도 마찬가지여서 『명사』의 효자 수는 그 이전 1천 년간 기록된 것보다 훨씬 더 많았습니다.

조선은 어떠하였을까요? 우리 전통은 부계와 모계를 동등하게 여겼고, 남편과 아내, 딸과 아들 사이에 차별이 적었습니다. 남성이 여성의 집에 가서 혼인식을 하고 그 집에서 사는 경우가 많았습니다. 부부 중 한쪽이 일찍 세상을 떠나면 재혼하는 경우도 많았습니다. 그런데 성리학자들은 이러한 전통을 예(禮)가 아니라고 비판하면서 관습을 바꾸려 하였습니다.

세종은 『주자가례』*를 따라 혼인 후 바로 남성이 여성을 자기 집으로 데리고 가는 친영제(親迎制)를 시행하라고 명하고 왕실의 혼인에서부터 이를 따르게 하였습니다. 그러나 오랫동안 전해 내려온 관혼상제의 관습은 쉽게 바뀌지 않았습니다. 조선 초기 안동 권씨 집안의 족보에는 출생 순서대로 딸과 아들을 모두 기록하였고 외손도 빼놓지 않았습니다. 퇴계 이황은 혼인한 지 얼마 되지 않아 과부가 된 둘째 며느리를 친정으로 보내 재혼할 수 있게 해 주었습니다. 17세기 이전에는 아직 성리학적인 윤리관이 뿌리 내리지는 않았던 것입니다.

조선 후기가 되면 성리학의 이념이 사회를 지배하게 됩니다. 제일 큰 변화는 가정 내에서 남성과 여성 간에 차별이 커진 것입니다. 여성은 남편이 죽으면 아들에게 가정사의 결정권을 넘겨주었고, 아들을 낳지 못하면 쫓겨나기도 하였으며, 남편이 일찍 죽어도 재혼을 할 수가 없었습니다. 딸은 부모의 제사를 지낼 수 없었기 때문에 재산도 물려받을 수 없었습니다. 그래서 아들이 없는 집안은 양자를 들여 제사를 모시게 하였습니다. 또 혼인을 하면 여성이 남성의 집으로 가서 살았습니다. 이렇게 되면서 점차 같은 성씨끼리 한 마을을 이루는 집성촌이 생겨났습니다. 집의

*『주자가례』: 주희가 가정 생활에서 의례를 행하는 의미와 방법을 서술한 책. 17세기 이후 조선 사회의 중요한 규범으로 자리 잡았다.

정말 너무해!

구조도 변하였습니다. 안채와 사랑채를 분리하여 가족이라도 남성과 여성의 거주 공간을 구별하였습니다.

지금 우리가 알고 있는 '전통문화', '전통 의례' 등은 대개 조선 후기의 것입니다. 그러나 성리학이 들어오기 이전의 오랜 역사를 되돌아보면 과연 전통이란 무엇인지 다시 한번 생각하게 됩니다.

• 조선 양반의 가계부

조선의 양반은 일상생활을 어떻게 꾸려 나갔을까? 다음은 16세기에 살았던 미암 유희춘의 일기에 기록된 어느 해의 수입과 지출 내역이다. 당시 유희춘은 5품 벼슬을 하고 있었는데 가족들을 고향에 두고 조카, 노비 7명과 서울에서 집을 빌려 살았다. 녹봉은 생활비로 쓰기에도 모자라 고향에서 곡식을 가져와야만 하였다. 그래서 유희춘을 비롯한 당시의 양반들은 노비를 부려 농사를 짓는 한편, 조금씩이라도 땅을 사들여 재산을 늘리는 식으로 퇴직 이후의 생활을 대비하였다.

	녹봉 (관직의 대가)	찬품 (반찬거리)	지방관들과 이웃, 친척, 동료, 제자들의 선물	노비 신공	선상대립가	임금의 하사품
수입	봄철에 쌀 8섬, 콩 7섬, 명주 1필, 삼베 3필 받음(1년에 4번 받음)	말리거나 절인 고기, 생선 등을 관청에서 1달에 3번 보내 줌	곡식, 고기, 생선, 간장, 젓갈, 과일 등 식료품, 땔감, 말먹이 풀, 종이, 신발, 가위, 옷감, 초, 부채 등 생활용품	외거 노비 1인당 면포 2필	관청에서 보내 준 공노비가 입역 대신 매년 4번 면포 3필씩 납부	고기, 약과, 떡 등

	식비	노비 월급	신공 납부	집세	책값	부조	기타
지출	1인당 한 끼에 쌀 5줌 정도를 먹음 (9식구가 1달에 쌀 3섬 소비)	매달 남종 쌀 5말, 여종 쌀 3말씩, 철따라 베 반 필씩 지급	노비 출신 첩과 그 딸들의 주인에게 매년 1인당 베 2필씩 보냄	매달 쌀과 반찬거리를 보냄	종이, 삼베, 부채 등으로 지불	친지의 사망·질병 등에 쌀, 약재, 의복, 소금 등을 보냄	모자란 반찬거리·땔감 등 구입, 선물에 대한 보답, 손님 접대, 약값 등

*5품 벼슬 현재의 4급 공무원 정도에 해당함. 문과 장원 급제자는 대개 6품 벼슬을 받았고 그 외 합격자는 성적에 따라 벼슬을 받았음.

*부채 당시 부채(합죽선)는 양반들에게 꼭 필요한 물건이면서도 가격이 비쌌기에 화폐처럼 이용되기도 함.

*선상대립가 전국 관청에 속한 공노비가 일정 기간씩 서울에 와서 지정된 일을 하는 대신 바치는 면포.

*신공 노비가 주인에게 노동력 제공을 대신하여 바치는 물품.

13_ 만주족은 어떻게
초원을 지배하게 되었을까?

───── 사진은 만리장성 근처의 성곽 도시였던 토목보의 현재 모습입니다. 1449년, 이곳에서 명의 영종은 50만 명의 군대를 이끌고 몽골 부족의 하나인 오이라트와 전투를 치렀습니다. 하지만 영종은 전투에서 크게 패하고 자신도 포로가 되었습니다. 명은 이 사건을 '토목보의 변'이라고 하였습니다. 1368년 베이징을 떠난 이후 역사에서 사라진 것처럼 보였던 몽골이 역사의 전면에 다시 등장하는 순간이었습니다. 이들은 그동안 어디서 어떻게 살았을까요?

초원으로 돌아간 몽골 울루스

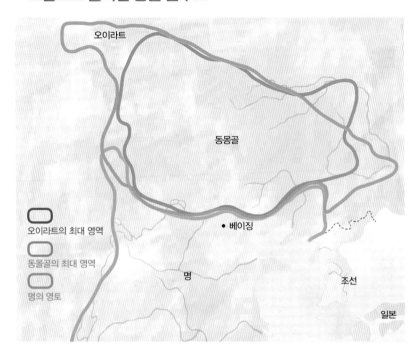

15세기 동아시아의 형세

명 태조 주원장이 대도(현재의 베이징)를 공격하였을 때 원의 황제 토곤 테무르(순제)는 만리장성 북쪽의 여름 수도 상도로 후퇴하였습니다. 이듬 해 그는 상도마저 빼앗기고 북쪽 초원 지대로 후퇴하던 중 병으로 세상을 떠나고 말았습니다. 이로써 명은 원이 멸망하였다고 선언했지만 정작 몽 골인들은 그렇게 생각하지 않았습니다. 이들에게는 예케 몽골 울루스의 광대한 영역 중에서 단지 만리장성 남쪽에 있던 영토를 잃어버린 정도였 습니다. 비옥한 농경지를 잃어서 아쉽기는 했지만 자신들의 고향인 몽골 초원으로 돌아가 지배 체제를 정비하였습니다.

몽골인들은 토곤 테무르와 고려인 기황후 사이에서 태어난 아유시리다 라를 새로운 칸으로 선출하고 다시 몽골 울루스를 키우기 시작하였습니 다(중국에서는 이때부터를 '북원'으로 기록합니다). 그러나 아유시리다라의 후계자가 살해당하면서 카안 울루스의 맥이 끊기고, 북원은 멸망합니다. 몽골은 동부의 몽골(동몽골)과 서부의 오이라트*로 나뉘어 대립하였습니다.

명의 영락제는 동몽골과 오이라트 사이의 갈등을 조장하고 분열을 꾀하였습니다. 오이라트를 지원하여 동몽골의 칸을 공격하게 하였고, 몇 년 뒤 둘 사이에 다시 전쟁이 일어나자 이번에는 동몽골을 도와 오이라트를 공격하였습니다. 또, 오이라트의 세 수령을 왕으로 봉하고 그들에게만 조공 형식의 교역을 허가하기도 하였습니다. 이러한 명의 교역 통제와 분열 정책으로 칭기즈 칸 가문의 세력은 많이 약화되었습니다.

동몽골 지역까지 장악한 오이라트의 지도자 에센은 명의 교역 통제에서 벗어나기 위해 명을 공격하였습니다. 앞에서 언급한 '토목보의 변'이 이때 일어난 일입니다.

이 승리 이후 에센은 몽골의 칸을 제거하고 칭기즈 칸의 후손인 황금 가문 사람들을 대거 숙청하는 한편, 동몽골의 기록과 족보·문서 등을 없애고 스스로 칸의 자리에 올랐습니다. 그러나 그는 황금 가문 출신이 아니었기 때문에 몽골인들에게 인정을 받지 못하고 부하에게 살해당하였습니다. 결국 오이라트는 급속하게 무너져 몽골의 서쪽으로 물러났습니다.

칭기즈 칸의 후손들이 다시 힘을 되찾게 된 것은 15세기 후반 다얀 칸 때입니다. 다얀이라는 명칭은 대원(大元)을 몽골식으로 읽은 것으로 몽골 울루스의 계승자라는 의미를 내세운 것입니다. 그는 몽골인들을 모두 6만

*오이라트: 몽골 초원의 서부 지역에 살았으며 일찍이 칭기즈 칸에게 복속한 뒤 칭기즈 가문의 여러 집안과 두루 혼인 관계를 맺었다. 북원 멸망에 기여하였고 그 뒤 세력을 강화하였다.

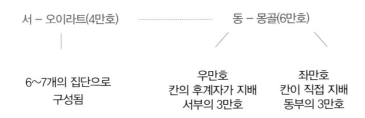

서 – 오이라트(4만호) ·········· 동 – 몽골(6만호)

6~7개의 집단으로
구성됨

우만호
칸의 후계자가 지배
서부의 3만호

좌만호
칸이 직접 지배
동부의 3만호

16세기 몽골의 세력 분포

호로 재편하여 각 만호의 유목 범위를 정해 주고 아들들을 각 만호의 칸으로 삼았습니다. 이후 몽골의 지배자들은 모두 다얀 칸의 후손들입니다.

다얀 칸의 손자로 그 무렵 세력이 가장 컸던 알탄 칸은 명에게 교역을 요구하였습니다. 명이 요구를 거절하자 거의 매년 명을 공격하였고 1550년에는 만리장성을 넘어 베이징을 포위하고 외곽을 약탈하였습니다. 그는 1561년경부터 한족 포로와 명에서 도망친 한족들을 만리장성 부근에 정착시켜 농경과 함께 각종 생필품을 생산하게 하였습니다. 이 촌락은 점점 커져 10년 뒤에는 인구가 5만 명이 넘었습니다. 우여곡절 끝에 1571년 몽골과 명의 교역이 다시 시작되었습니다. 만리장성의 관문 근처에는 여러 곳의 호시*가 열려 몽골의 말과 가죽 제품, 명의 직물과 일용 잡화가 거래되었습니다. 만리장성 부근에는 몽골인과 한족이 섞여 사는 마을이 더 많아졌고 국경의 교역 시장은 날로 성장하였습니다.

한편 1576년 알탄 칸은 티베트 불교 교단의 대표 소남 갸초를 만났습니다. 소남 갸초는 알탄 칸을 쿠빌라이의 전생(轉生, 다른 모습으로 다시 태어남)으로 인정하여 그의 권위를 높여 주었고, 알탄 칸은 소남 갸초에게 달라이 라마* 칭호를 주었습니다. 이후 몽골의 칸들은 초원 곳곳에 사원을 세우고 각 왕공 가문마다 한 명씩 출가를 시킨다는 법령도 만들었습니다. 이렇게 해서 티베트 불교는 몽골의 종교로 자리 잡게 되었습니다.

만주라는 이름은 어떻게 만들어졌을까?

우리가 흔히 이야기하는 '만주'는 현재 중국의 동북 3성 지역을 일컫는 비공식적인 명칭입니다. 역사적으로 랴오허 강의 동쪽을 랴오둥 지방이라 불렀으나 그보다 더 동쪽 지역은 특별한 명칭이 없었습니다. 그러다가 홍타이지(후금의 2대 황제)가 청을 건국하면서 자신의 부족을 '만주'라 선언한 이후, 서양의 지도에 '만주리아(Manchuria, 만주족의 땅)'라고 표기되었

* 호시: 몽골과 명 사이에 일상적인 거래가 이루어지던 국경 지역의 시장. 알탄 칸이 세운 후호호트가 대표적이다.

* 달라이 라마: '바다와 같은 지혜를 가진 스승'이라는 뜻으로, 티베트인들은 그가 관세음보살의 화신이며 죽은 뒤다시 태어난다고 믿는다. 소남 갸초가 죽은 뒤 할하부 왕공의 아들이 새로운 달라이 라마로 인정받으며 티베트와 몽골의 유대가 강화되었다.

습니다. 이것을 에도 시대 일본에서 '만주'로 번역하면서 지명으로 굳어진 것입니다. 즉, 청나라 이전에는 '만주'라는 지명도, 민족도 없었습니다.

현재의 만주족은 당나라 때까지 말갈, 물길 등으로 불리다가 그 뒤 여진* 이란 이름으로 알려졌습니다. 그들은 12세기 초, 금을 세워 중원을 지배하기도 하였지만 1234년 몽골에게 멸망당하였습니다. 금이 중원을 지배하던 시절이나 금이 멸망하고 원의 백성이 된 후에도 대부분의 여진족은 조상들이 살던 지역에서 전통적인 생활 방식을 유지하며 살았습니다.

명은 만주의 여진을 거주 지역에 따라 세 집단으로 구분하고 부족장들에게 명의 관직과 교역권을 주며 영향력을 행사하였습니다. 아래 지도를 보면 건주여진은 명·조선과 가까운 지역의 5개 부족으로 이루어져 있습니다. 이들은 농사를 지었는데 명·조선과의 교역을 통해 각종 생활용품과 농사 기술을 받아들여 경제적으로 크게 성장하였습니다. 해서여진은 예전 금을 세웠던 아구다의 직계 후손으로, 같은 성을 쓰는 4개 부족이 있었습니다. 지리적으로 몽골과 가까워 문화·경제 등에서 많은 영향을 받

*여진(女真): 그들 스스로는 '주션(jušen)'이라 부르는 것을 한족이 비슷한 소리가 나는 한자로 쓴 것이다. '여자 같다'고 깔보는 의미도 있다.

거주지에 따라 구분했어.

청 건국 전 만주족의 분포

111

았습니다. 야인여진은 동해여진이라고도 하는데, 동북방 지역에서 주로 수렵과 어로를 하며 사는 여러 부족의 통칭입니다.

원이 무너진 후에도 만주 지역에서는 여전히 몽골 문화가 위세를 떨쳤습니다. 여진족은 명·조선과의 공식적인 교류에서 몽골어와 몽골 문자를 사용하였습니다. 또 몽골이 티베트 불교를 받아들인 이후 만주 지역의 여진족들도 티베트 불교와 친숙해졌습니다. '만주(滿洲)'라는 명칭도 문수보살(지혜의 상징)을 뜻하는 산스크리트어 Mañjuśrī에서 나왔다고 합니다. 즉 '만주'는 '문수보살을 따르는 무리'를 의미합니다. 동몽골의 지배층과 여진족의 지배층은 혼인을 통해 인적 관계를 맺는 경우도 많았습니다. 특히 훗날 여진을 통합한 누르하치는 자신을 포함한 네 아들 모두가 몽골 부족장들의 딸과 혼인하여 동맹 관계를 강화하였습니다.

만주족, 몽골 초원까지 지배하다

16세기 후반 건주여진의 한 부족장이던 누르하치가 세력을 키워 건주여진을 통합하였습니다. 명은 그런 상황을 예의 주시하고 있었지만 곧 임진 전쟁이 일어나면서 더 이상 누르하치에게 관심을 둘 수가 없었습니다. 누르하치에게는 하늘이 준 기회였을 것입니다. 그는 해서여진과 동몽골의 일부까지 장악하고 1616년 후금을 세웠습니다. 그러나 여진의 각 부족마다 그 기원과 생활 방식이 다양했기 때문에 이들을 하나의 체제로 통합하기란 쉽지 않았습니다.

누르하치는 이들을 통합하기 위해 '팔기(八旗)'라는 새로운 사회·군사 조직을 만들었습니다. 기(旗)는 군사 조직이면서 동시에 행정 단위였습니다. 보통 300명 정도를 1니루라 하고, 5개 니루가 1잘란, 5개 잘란이 1구사(기)를 이루었습니다. 이는 옛날 여진의 맹안모극제와 같은 원리로 만들어진 병농일체의 조직입니다. 대개는 기존의 부족을 중심으로 니루를 편성하였지만, 부족의 결속력을 약화시키기 위해 일부러 다른 니루로 편성하는 경우도 있었습니다.

팔기는 깃발의 색으로 구분했는데, 그중 양황과 정황은 누르하치가 직접 거느렸고 나머지 6기는 동생이나 아들들에게 나누어 맡겼습니다. 평상시 무기와 식량을 마련하거나 군사 훈련 삼아 사냥을 하고 전투에 참여하는 것도 모두 기를 중심으로 이루어졌습니다. 만주족의 지배를 받아들인 몽골족과

팔기. 여덟 가지 깃발의 색으로 기를 구분하였다. 왼쪽부터 양남, 양홍, 양백, 양황, 정남, 정홍, 정백, 정황이다.

한족도 점차 기인으로 편제되어 몽골팔기(1635)와 한군팔기(1642)가 만들어졌고 훗날 청의 지배 계층이 되었습니다. 그래서 청의 통치에는 한문, 만주어, 몽골어가 모두 사용되었습니다.

몽골의 마지막 칸이 세상을 떠나자 그 아들은 누르하치의 아들인 홍타이지에게 항복하고 쿠빌라이로부터 내려온 원의 옥새를 바쳤습니다. 이로써 홍타이지는 칭기즈 칸의 정통성을 이어받은 칸이 되었습니다. 1636년 홍타이지의 즉위식에는 여진족, 몽골족, 한족이 모두 참석하였습니다. 그는 '여진' 대신 '만주'를 새로운 이름으로 선포하였으며, 나라의 이름을 '대청'이라 하고 중국식의 '황제' 칭호를 사용하였습니다. 이후 청은 1644년 베이징을 차지하고 양쯔 강 남쪽부터 몽골 초원, 연해주, 티베트 지역까지 장악한 거대 국가로 성장하게 됩니다.

청나라 궁궐이었던 자금성 안에 있는 현판으로, '자금문'이라는 글씨가 가운데에는 만주어로 좌우에는 한문과 몽골어로 씌어 있다.

'오랑캐'는 누구인가?

오랑캐는 한자로 올량합(兀良哈)이라고 한다. 원래 여진족 가운데 한 부족의 이름이었으나 점차 뜻이 넓어져 여진족 전체를 낮추어 부르는 말이 되었고, 지금은 '야만인'이라는 의미로 포괄적으로 사용된다. 오랑캐 부는 두만강 유역을 중심으로 간도에서 함경도 무산 쪽으로 압록강 상류에 이르는 곳에 흩어져 살았다. 조선 초에는 이들 중 세력이 강한 9개 부락의 추장들에게 벼슬을 주며 회유하였으나, 흉년에는 조선의 변방을 자주 침입하였기 때문에 군사를 보내어 토벌하기도 하였다.

설화에 따르면 오랑캐부의 시조는 개와 사람 사이에서 태어났다고 한다. 중국의 한 재상이 얇은 껍질로 북을 만들고, 그 북을 찢지 않고 치는 사람에게 딸을 준다고 하였다. 그런데 개가 꼬리로 북을 쳐 재상은 할 수 없이 딸과 개를 혼인시켰다. 밤마다 개가 할퀴고 물어뜯자 참지 못한 재상의 딸은 개의 발과 입에 주머니를 씌웠다. 재상은 이들이 자식을 낳자 북쪽으로 쫓아냈는데, 그 후손이 북방 지역에 퍼져 살았다고 한다. 그 뒤 '오낭(五囊)을 낀 개(狗)'라는 뜻인 '오랑구'가 '오랑캐'로 변해 북쪽에 사는 사람들을 그렇게 불렀다고 한다.

그러나 이 설화는 우리나라 사람들이 올량합을 오랑캐로 읽으면서 그와 비슷한 발음인 '오랑구'를 유추하여 만들어 낸 것으로 보인다. 우리나라를 자주 침입한 북방 여진족에 대한 적대감과 멸시감이 나타나 있는 것이다.

여진족의 괴롭힘이
정말 심했나 봐.

14 _ '임진 전쟁'은 동아시아 사회에 어떤 영향을 끼쳤을까?

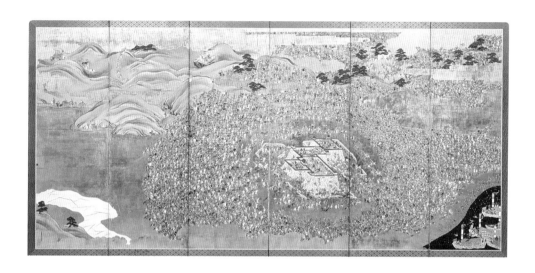

그림은 1597년 울산성에서 농성 중인 일본군 가토 기요마사 부대를 조선과 명나라 연합
군이 포위하고 공격하는 모습을 그린 〈울산성 전투도〉입니다. 일본은 1592년부터 7년간
두 차례에 걸쳐 조선을 침략하였습니다. 30만 명의 일본군이 투입되었고, 이에 맞서 30
만 명의 조선군과 의병, 10만에 달하는 명나라 지원군이 참전했던 이 전쟁을 우리는 '임
진 전쟁'이라고 부릅니다. 명나라는 지원군에 류큐국(오키나와), 섬라국(타이), 천축국(인도)
사람들도 동원하였고, 에스파냐와 포르투갈 상인들도 전쟁에 참여하였습니다. 참전국의
숫자나 전쟁의 규모, 전쟁 이후의 영향까지 고려할 때 임진 전쟁은 동아시아 역사에서 유
례를 찾기 힘든 대규모 국제 전쟁이었습니다. 이 전쟁은 왜 일어났고, 전쟁 후 동아시아
사회는 어떻게 바뀌었을까요?

동아시아를 뒤흔들었던 국제 전쟁

16세기 명은 '북로남왜(북쪽의 오랑캐와 남쪽의 왜구)'라는 말이 있을 정도로 북방 몽골과 동남 해안 왜구의 침략이 끊이지 않았고, 당쟁으로 지배층이 분열되는 등 혼란한 상황이었습니다.

조선은 1392년 건국 이래 16세기 후반까지 200여 년간 큰 전쟁이 없는 시기를 보내면서 국방력이 약화된 상태였습니다. 또한 명 중심의 외교에 국가의 안위를 맡겼던 타성에 젖어 국제 정세 변동에도 무관심하였습니다. 그러면서도 내부적으로는 정치 주도권을 차지하기 위한 붕당 갈등이 심화되었습니다.

일본에서는 도요토미 히데요시가 16세기 말 100여 년에 걸친 센코쿠 시대의 혼란을 마감하였습니다. 그는 전국 규모의 토지 조사를 시행하여 토지 단위와 도량형을 통일하였으며, 무사 이외의 신분층으로부터 무기를 몰수하고 신분 간의 이동을 통제하는 정책을 실시하여 정치적 안정을 이루었습니다.

국내적으로는 다이묘들의 군사력을 제어하면서 중앙 집권을 강화하려 하였고, 대외적으로는 명 중심의 책봉·조공 관계를 일본 중심의 동북아

시아 질서로 바꾸려고 하였습니다. 이를 위해 류큐국, 코잔국(타이완), 고아(인도 서남부) 지방의 포르투갈 관청, 마닐라의 에스파냐 관청에 복속과 조공을 요구하였습니다. 조선에도 쓰시마를 통해 조공을 하고 명을 치기 위한 출병에 앞장설 것을 요구하였습니다. 이를 거부당하자 1591년 10월부터 규슈의 나고야(名護屋)에 대륙 침략을 위한 전진 기지를 건설하고 1592년 4월(음력) 16만여 명의 병력으로 조선을 침략하였습니다.

7년 동안 계속된 국제 전쟁

방비가 되어 있지 않았던 조선은 속수무책으로 패배를 거듭하였습니다. 일본군은 부산에 상륙한 지 2개월 만에 평양성을 함락하였습니다. 선조는 의주까지 피난을 간 데 이어 명에 구원병을 요청하였습니다. 명은 일본군이 접경지대인 의주까지 진격하려고 하자 무도한 침략으로부터 조공국을 보호한다는 명분으로 군대를 파병하였습니다.

그러나 조공국 보호는 명분일 뿐 실제 목적은 베이징의 울타리인 랴오둥을 보호하기 위해서였습니다. 명의 관리들은 본토를 전쟁터로 만드는 것보다 조선을 전쟁터로 삼는 것이 낫고, 평야 지대인 랴오둥보다는 산악이 많은 조선에서 전투를 하는 것이 유리하다고 판단하였습니다. 또한 명군이 조선에서 싸우면 군량과 군수 물자를 조선에 요구할 수 있다는 점도 고려하였습니다.

명군의 지원, 조선의 의병과 수군의 활약에 힘입어 전쟁이 소강상태로 접어들자 일본과의 강화 교섭이 시작되었습니다. 1592년 6월부터 시작된 강화 교섭에서 일본은 한반도 남부의 4도(경상도, 전라도, 충청도, 경기도)를 할양*할 것, 명의 황녀를 천황의 후궁으로 보낼 것, 감합 무역을 재개할 것 등의 무리한 요구로 일관하였습니다. 명은 일본을 책봉·조공 관계에 편입시켜 전쟁을 끝낼 속셈으로 1596년 도요토미 히데요시를 일본 국왕에 책봉하는 조치를 취했습니다. 그러나 도요토미 히데요시는 자신의 요구가 받아들여지지 않았다 여기고 1597년 다시 전쟁을 일으켰습니다. 강화 교섭 기간에 군비를 확충한 조선은 호락호락하지 않았습니다. 게다가 1598년 8월 도요토미 히데요시의 사망으로 일본군은 급속히 위축되었습니다. 마침내 1598년 11월 조·명 연합군의 노량 해전을 끝으로 전쟁은 종료되었습니다.

*할양: 국가 사이에 합의를 통해 영토의 일부를 다른 나라에 넘겨주는 것.

감합 무역이 궁금하면 146쪽을 먼저 펴 봐.

전쟁이 가져온 변화

임진 전쟁은 동아시아에 엄청난 변화를 가져왔습니다. 조선 지배층은 전쟁으로 위기에 몰린 조선을 도와준 명의 참전을 '재조지은(再造之恩, 망해 가던 나라를 다시 세워 준 은혜)'으로 여겼습니다. 이러한 인식은 훗날 조선과 명, 조선과 후금(청)의 외교 관계에 영향을 끼쳤습니다. 한편, 도요토미 히데요시 사후 일본에서는 1600년 간토 지방에 근거를 둔 도쿠가와 이에야스가 내전을 통해 실권을 장악하면서 에도 막부가 탄생하였습니다.

전쟁은 여진족이 중원에서 세력을 키우는 기회를 가져다 주었습니다. 명은 만주의 여진을 건주여진, 해서여진, 야인여진의 세 집단으로 구분하여 통치하였습니다. 그러나 임진 전쟁에 참전하느라 1580년대 이후 누르하치가 이끄는 건주여진 세력이 성장하는 것을 견제하지 못하였습니다. 누르하치는 1592년과 1597년 조선에 지원군 파견을 제안할 정도로 성장하였고, 결국 1616년 후금을 건국하여 1618년 명에 선전 포고를 하였습니다.

후금과 전쟁을 치르면서 명은 조선에 지원군 파병을 요구하였고, 광해군은 고심 끝에 강홍립을 사령관으로 하는 군사를 파병하였습니다. 그러나 1619년 심하 전투에서 조·명 연합군이 패배하자 강홍립은 남은 군사를 이끌고 후금에 투항하였습니다. 더불어 광해군은 급변하는 국제 정세에 현실적으로 대처하기 위해 후금과 평화 유지에 힘썼습니다. 이에 반대한 서인 세력은 재조지은을 명분으로 내세우며 광해군을 몰아내고 인조를 새로운 왕으로 세우는데, 이것이 바로 인조반정입니다. 후금과 명 사이에서 균형을 유지하던 조선의 외교 정책은 이후 명 쪽으로 기울었고, 이것은 1627년과 1636년 두 차례에 걸친 후금의 조선 침략으로 이어졌습니다. 이 전쟁을 각각 정묘 전쟁, 병자 전쟁이라고 하며, 두 차례 전쟁 이후 조선에 대한 청의 내정 간섭이 심해졌습니다.

30년도 안 되어
또 전쟁이라니…

같은 전쟁, 다른 이름

한국에서 '임진왜란'이라고 부르는 전쟁을 지칭하는 명칭은 나라마다 다르다. 북한은 '임진조국전쟁'이라 하고, 일본은 '문록·경장의 역'이라는 명칭을 가장 많이 쓴다. 중국은 '원조 전쟁'을 공식 명칭으로 사용하고 있다. 이처럼 같은 전쟁을 각기 다른 명칭으로 부르는 까닭은 전쟁을 바라보는 시각이 다르기 때문이다.

우리가 '임진왜란'이라는 용어를 쓰기 시작한 것은 18세기 후반 실학자 이긍익이 『연려실기술』에서 사용한 이후부터이다. 광복 후에는 역사학자 김성칠이 『조선역사』에서 '임진 전쟁'을 단원 제목으로 사용하면서 학술 용어로 정착되었다.

국어사전에서 '난(亂)'은 '정통 정부의 권위에 대한 비정통 집단의 도전 행위', '전쟁(戰爭)'은 '국가 간의 군사적 충돌'이라고 정의하고 있다. 학자들은 당시의 사건은 국가의 정규 군대가 전투 행위를 한 '전쟁'이었기 때문에 임진왜'란'이라는 용어는 문제가 있다고 이야기한다.

'임진왜란'이라는 명칭을 사용하게 된 데는 17세기에 유행한 조선 중화주의(명나라가 망한 이후 진정한 유교 국가는 조선밖에 없다는 사상)에 따라 일본을 멸시하는 생각이 바탕에 깔려 있다. 여기에 전쟁의 피해로 인한 적개심이 더해져서 사건 자체를 '임진년에 왜구들이 쳐들어와서 벌인 난동'이라는 의미의 '왜란'으로 낮추어 부르게 된 것이다.

오늘날까지 '임진왜란'이란 명칭을 그대로 사용하는 이유도 일본에 대한 우리 민족의 문화적 우월 의식, 일제의 식민 지배에 대한 반감, 현재까지 과거사에 대한 반성과 청산을 제대로 하지 않는 일본의 태도에 대한 비판 의식이 복합적으로 작용한 것이다.

북한의 사회과학원 역사연구소에서 1977년 편찬한 『조선통사』는 '7년간에 걸친 임진조국전쟁은 조국의 독립과 영예를 위해 싸운 우리 인민의 승리로 끝났다.', '일본 침략자들의 침략으로부터 조국의 안전을 지켜 낸 정의의 조국 방위 전쟁이었다.'라고 서술하고 있다.

하지만 '임진조국전쟁'은 '조국'을 강조하여 국민의 애국심을 불러일으키려는 목적으로 명명한 것으로, 당시의 전쟁을 객관적으로 판단하기에는 알맞지 않은 명칭이다.

일본은 에도 시대에 '조선 정벌', '정한' 등의 용어를 사용하다가 1868년 메이지 유신 이후 '조선 정벌'을 일반적으로 사용하였다. 그러다 1910년 한일 강제 병합 이후, 전쟁이 있었던 1592년부터 1598년까지 일본에서 사용하던 연호를 넣어 '문록 · 경장의 역'이라는 용어를 학술 용어로 사용하였다. '역(役)'이란 '국내에서 반란을 일으킨 세력에게 국가 권력에 대한 명령 위반의 죄를 묻기 위해 반란군을 정벌한다.'는 의미다. 그러나 이 용어 또한 일제 강점기 조선과 일본이 하나라는 '내선일체'의 관점에서 국

제 2 절   1592~1598년 임진조국전쟁

① 임진조국전쟁의 첫 시기 나라의 형편은 어떠하였으며 그 원인은 무엇인가.

② 임진조국전쟁시기 조선수군의 활동에서 찾게 되는 경험과 교훈은 무엇인가.

③ 임진조국전쟁시기 의병투쟁이 논 역할은 어떠하며 그를 통하여 알수 있는것은 무엇인가.

④ 전후 대일관계의 기본방향은 어떠하였는가.

1. 임진조국전쟁의 시작과 조선수군의 승리

16세기말 당쟁의 격화로 국력은 더욱 악화되고 국방력은 거의 마비상태에 빠졌다.

재일 조선학교 교과서. 조선학교는 재일 한국인 학생들을 교육하기 위한 총련계 민족 학교이다. 북한의 교육 과정을 바탕으로 교육하고 있기 때문에 북한의 역사 교과서와 동일한 용어를 사용한다.

海外貿易と
朝鮮侵略

秀吉は、海外との貿易に積極的で、京都や長崎、堺などの商人が東南アジアへ渡航することを奨励し、海賊を取りしまる法律を出して貿易船の安全を図りました。また、朝鮮、高山国(台湾)、ルソン(フィリピン)などには手紙を送り、服属を求めました。

1592(文禄元)年には、明の征服をめざして、諸大名に命じ15万人の大軍を朝鮮に派遣しました(文禄の役)。日本の軍勢は、首都漢城(ソウル)を占領して朝鮮北部に進みますが、救援に来た明軍におしもどされました。また、各地で朝鮮の民衆による義兵が抵抗運動を起こし、朝鮮南部では、李舜臣の水軍が日本の水軍を破り、日本からの補給路をたちました。

このため秀吉は、明と講和を結ぼうとしましたが、秀吉を日本国王に任命するという明の皇帝の国書に不満を持ち、1597(慶長2)年ふたたび戦いを始めました(慶長の役)。日本の軍勢は苦戦し、1598年、秀吉が病死したのを機に全軍が引きあげました。7年にわたる戦いで、朝鮮では、多くの人々が殺されたり、日本に連行されたりしました。日本の武士や農民も重い負担に苦しみ、大名の間の対立も表面化して、豊臣氏没落の原因となりました。

文禄の役: 문록의 역.
1592~1596년까지 임진전쟁을 가리키는 용어

慶長の役: 경장의 역.
1597~1598년까지 정유전쟁을 가리키는 용어

일본 중학교 역사 교과서

내에서 벌어진 반란을 평정한다는 의미를 담고 있기 때문에 적절한 용어가 아니다. 최근에는 '조선 침략', '히데요시의 조선 침략'이라는 용어를 사용하고 교과서의 서술도 '침략'으로 변화하고 있지만, 여전히 '문록·경장의 역'을 사용하고 있다.

중국에서는 '원조 전쟁'을 공식 명칭으로 사용하고 있다. 지금은 교육과정 개편으로 교과서에서 빠져 있지만 1980년대까지는 '원조(援朝) 전쟁'으로 서술하였다. 이는 '일본의 침략에 대항하여 조선을 도운 전쟁'이라는 의미다. 이러한 명칭에는 당시 명나라가 자국의 위기를 극복하기 위해 전략적으로 전쟁에 참가하였다는 사실을 숨기고 '조선을 도와주기 위해' 참전하였음을 강조하기 위한 의도가 담겨 있다.

오늘날 동아시아사를 연구하는 학자들은 자국의 입장을 강조하는 이름이 아닌, 전쟁의 의미를 보다 부각시킬 수 있는 공통된 용어를 사용하는 것이 필요하다는 데 인식을 같이하고 있다. 2006년 6월 한국에서 열린 국제학술대회에서 이 명칭에 관한 논의가 벌어졌다. 회의에 참석한 한국·일본·중국·서양권 40여 명의 학자들은, 토론 끝에 '임진 전쟁'이라는 명칭에 합의하였다.

아직 동아시아 국가 간에 공식적인 논의는 없지만 각국의 역사에 커다란 영향을 미친 이 전쟁에 대해 공통의 역사적 용어를 정해야 한다는 공감대는 형성되고 있다. 당시 동아시아 국제 전쟁이었던 이 전쟁을 객관적으로 기억하면서 미래에 대한 전망을 담아낼 수 있는 용어를 만드는 일은 동아시아를 지역 단위로 이해하고 국가 간의 협력을 이끌어 내는 데 의미 있는 계기가 될 것이다.

15 ___ 루벤스는 어떻게
한복 입은 남자를 그렸을까?

1983년 영국의 크리스티 경매장에는 이전까지 한 번도 공개되지 않았던 그림 한 점이 공개되었습니다. 경매 참가자들은 이 낯선 그림에 큰 관심을 보였고 당시 경매 최고가인 32만 400파운드(약 6억 6천만 원)에 낙찰되었습니다. 이 작품의 이름은 〈한복 입은 남자(A Man in Korean Costume)〉로, 17세기 바로크 시대 최고의 화가 중 한 명인 피터 폴 루벤스(1577~1640)가 그린 그림입니다.

조선이 서양에 본격적으로 알려지기 시작한 것은 1668년 『하멜표류기』 이후로 여겨지는데, 1640년에 죽은 루벤스가 어떻게 한복 입은 조선인을 그릴 수 있었을까요?

사람 사냥 전쟁, 노예 전쟁

임진 전쟁과 병자 전쟁은 동아시아 삼국의 군사적 충돌 이외에 많은 사람들과 물자 이동의 원인이 되었습니다. 전쟁 도중 또는 전쟁 이후 조선, 일본, 중국으로 잡혀간 민간인들은 군인 포로와 구분하여 '피로인(被虜人)'이라고 합니다.

학자들의 연구에 따라 조금씩 차이가 있긴 하지만 임진 전쟁 때 일본으로 끌려간 조선 피로인은 약 10만 명, 병자 전쟁 때 청나라로 끌려간 조선 피로인은 50만 명에 달합니다. 임진 전쟁 때 피로인으로 잡혀갔다가 돌아온 전이생이라는 사람이 "3만 700명의 포로들이 사쓰마 지역에서 무술을 연마하고 있어 이들을 쇄환(포로로 잡혀간 동포를 데려오는 일)하면 국가에 큰 힘이 될 수 있을 것"이라고 했습니다. 또한 정희득이 "우리나라 남자로 일본에 잡혀 와서 군사 훈련을 받은 자를 모두 모으면 3~4만 명은 되겠고, 늙고 약한 여자는 그 수가 갑절이나 될 것"(『광해군일기』, 1617)이라는 기록을 남겼습니다.

전쟁 중의 길 안내, 군량 수송, 성 쌓기, 잡역을 시키기 위해 사람들을 사로잡는 일은 어느 전쟁에나 있었지만, 두 번의 전쟁은 이전의 전쟁보다 유독 많은 피로인을 낳았습니다. 일본과 청나라는 왜 이렇게 많은 조선인들을 끌고 갔을까요?

당시 일본에서는 다도(茶道)가 크게 유행하여 찻잔 수요가 늘었습니다. 그러나 명의 해금 정책*으로 교역이 크게 위축되면서 수요에 비해 도자기 공급이 크게 부족하였습니다. 이에 따라 다이묘들은 도자기 수요를 맞추고 고급 도자기를 생산할 수 있는 도자기 기술자가 필요하였습니다. 또한 임진 전쟁을 수행하기 위해 자신의 영지에서 많은 병사들을 징발하다 보니 일손이 크게 부족하였습니다. 이러한 인력을 대체하기 위해 많은 조선인들을 끌고 갈 수밖에 없었습니다. 피로인들을 서양 상인들에게 노예로

*해금 정책: 민간인이 국외로 건너가 무역하는 것을 금지한 정책.

팔아 이익을 거두거나 전쟁 비용을 조달하기도 하였습니다.

청은 후금 시절부터 부족한 인력과 노동력을 충당하기 위해 인력 확보에 골몰하였습니다. 1630년대까지 150만 명도 안 되는 만주족이 1억 5천만 명에 가까운 명나라의 한족들을 상대하는 데 적은 인구는 결정적인 약점이었습니다. 이 때문에 후금은 누르하치 시절부터 전투와 납치를 통해 한족과 몽골인은 물론 조선인까지 잡아가기 시작하였습니다.

이와 같은 이유로 임진 전쟁과 병자 전쟁은 사람 사냥 전쟁, 노예 전쟁이라고 불리기도 합니다. 여러 기록에서 일본이나 청나라로 끌려가던 사람들의 모습을 만날 수 있습니다.

> 적군(일본) 배에 태워져 순천 앞바다까지 왔을 때 그곳에는 600~700척의
> 배가 몇 리에 걸쳐 바다를 메우고 있었다. 이들 배에는 우리나라의 남녀
> 가 일본인과 같은 숫자로 있고, 배마다 나오는 통곡 소리가 바다와 산을
> 진동시킬 정도였다.
>
> — 강항, 『간양록』

> 청군이 철수하는 동안 매번 수백 명의 조선인들을 열을 지어 세운 뒤 감
> 시인을 붙여 끌고 가는 것이 하루 종일 지속되었다.
>
> — 나만갑, 『병자록』

전쟁으로 끌려간 사람들은 어떻게 살았을까요?

1655년 쓰시마의 관리는 동래 부사에게 "수많은 남녀와 아이들을 일본으로 연행해 왔다. 지금까지 하인이 없던 사람들까지 별안간 주인이 되어, '또 조선을 침략해 주면 더 많은 하인을 부릴 수 있을 텐데'라고들 했다."와 같은 말을 하였습니다.

전쟁 당시 끌려간 사람들 중에는 유학자나 도자기 기술자와 같이 일정한 대우를 받고 재능을 발휘한 사람들도 있지만, 대부분의 피로인들은 농촌으로 끌려가거나 노예가 되었습니다. 청나라로 끌려간 사람들도 신체가 건강한 남자들은 군대에 편제되어 또 다른 전쟁에 동원되었으나 대다수는 노비가 되었습니다. 여자들도 청군 장수의 첩이 되거나 하인이 되었습니다.

서양 상인들에 의해 노예로 팔려 나간 피로인들도 상당히 많았습니다. 포르투갈 신부 루이스 프로이스(Luis Frois, 1532~1597)가 쓴 『서간집(書簡集)』에는 1596년 12월 3일에 나가사키에서 조선인 남녀 노약자 1천 300명에게 세례를 주었는데 모두 포로였다는 기록이 있습니다. 또 다른 예수회 소속 신부의 보고서 기록에 따르면 나가사키의 조선인 피로인을 되사기 위해 힘썼으며 교회 기관에 수용된 조선인 피로인이 300명이나 된다고 하였습니다. 교회가 구제하지 못한 조선인의 숫자가 훨씬 많을 것을 감안하면 해외로 팔려 나간 조선인은 구제된 사람들의 몇 배는 될 것입니다. 실제로 수많은 조선 피로인이 노예 시장에 나오면서 노예 가격이 폭락할 정도였으며, 노예 상인들이 일본군과 결탁해 배를 타고 조선 해안까지 오기도 했다고 합니다.

루이스 프로이스의 『서간집』. 예수회 소속 포르투갈 신부였던 프로이스가 일본 내 여러 사실을 교황청에 알린 보고서이다. 이 책에는 임진 전쟁에 관한 많은 내용이 담겨 있다.

해안 가까운 지방에서 그들(일본군)은 연령을 가리지 않고 헤아릴 수 없이 많은 남자와 여자, 소년과 소녀를 잡아왔는데, 이들은 모두 극히 헐값에 노예로 팔려 나갔다. 나는 12스쿠도(당시 쌀 한 가마니가 약 1.2스쿠도)를 약간 넘는 가격으로 그중 5명을 샀다. 나는 그들에게 세례를 받게 한 뒤, 인도로 데려가 그곳에서 해방시켜 주었다. 나는 이 중 한명을 나와 함께 피렌체까지 데리고 왔는데 그는 지금 안토니오라는 이름으로 로마에 살고 있는 것으로 생각된다.

– 프란체스코 카를레티, 『나의 세계 일주기』

루벤스가 그린 그림의 주인공이 누구인지 아직 확실하게 밝혀지지는 않았습니다. 하지만 학자들은 이탈리아의 무역상이었던 프란체스코 카를레티가 쓴 글을 비롯한 여러 기록을 바탕으로, 한복 입은 사람이 임진 전쟁 당시 끌려간 조선 피로인일 가능성이 상당히 높아 보인다고 말합니다.

김충선이 된 사야가

임진 전쟁이 발발한 직후 일본 장수 가토 기요마사의 부하 장수였던 사야가는 자기 부하들을 이끌고 조선으로 투항하였습니다. 사야가처럼 당시 조선에 투항한 일본군을 '항왜(降倭)'라고 합니다. 『조선왕조실록』에 따르면 포로로 잡힌 자들을 제외하고 투항한 자들이 1만여 명에 달한다고 합니다. 사야가는 투항 이후 조총과 화약 제조 기술, 조총 사용 기술을 보급하였습니다. 임진 전쟁과 병자 전쟁 때 직접 참전하여 공을 세워 조선 정부로부터 '김충선'이라는 이름을 하사받고 현재의 장관에 해당하는 벼슬을 받기도 하였습니다. 김충선은 전쟁 이후 진주 목사의 딸과 결혼하여 대구 우록동에 뿌리를 내리고 '사성 김해 김씨'의 시조가 되었습니다.

임진 전쟁 때 명나라 장군 이여송의 작전 참모였던 두사충은 전쟁 후 명나라로 돌아가지 않고 두 아들 및 사위와 함께 대구 계산동 일대에 자리를 잡고 살았습니다. 이때 두사충은 동네 이름을 고국인 명나라를 생각하는 뜻에서 '대명동(大明洞)'이라고 지었고, 단을 쌓고 매월 초하루에 명나라 천자를 향해 절을 하고 예를 갖추었습니다.

일본 규슈 사가 현 아리타에는 도자기 기술자를 신으로 모신 도잔 신사가 있습니다. 이 도잔 신사에 신으로 모셔져 있는 사람은 이삼평이라는 조선의 피로인입니다. 이삼평은 충남 금강(현재의 공주 지역) 출신으로 임진 전쟁 때 사가 현의 번주 나베시마에게 잡혀 이곳으로 끌려왔습니다. 그는 아리타 지역에서 자기 생산에 적합한 흙을 찾았고 도자기 가마를 열었습니다. 이삼평과 같이 아리타로 끌려온 도공들이 생산한 도자기를 '아리타야키'라고 합니다. 17세기 중반 명·청 교체기의 전란으로 중국산 도자기의 유럽 공급이 어려워졌습니다. 이때 나가사키에 있던 네덜란드 상인들은 아리타야키를 주문하여 유럽에 공급하였는데, 이것이 크게 성공하여 세계적인 명성을 얻게 되었습니다. 이삼평은 이후 아리타에서 도조(陶祖, 도자기 제작의 시조)로 추앙받고 도잔 신사의 신으로 모셔졌습니다.

일본 아리타 지역 도잔 신사에 있는 도조 이삼평 비.

조선 밥상에 등장한 고추

불교와 성리학을 연구하던 후지와라 세이카는 조선인 피로인으로 교토에 잡혀 있던 성리학자 강항을 만났습니다. 그는 이 만남을 계기로 성리학을 본격적으로 연구하였고, 일본의 성리학을 크게 발전시켰습니다. 두 사람의 교류는 강항이 조선으로 돌아갈 때까지 약 1년 반 동안 지속되었습니다. 강항은 그가 6살이나 많음에도 자신을 스승으로 깍듯이 모시면서 성리학 연구에 힘을 쏟는 것에 감동하였습니다. 그래서 자신이 외우고 있던 『사서오경』, 『소학』 등 성리학 이론 서적 16종 21책을 직접 필사하여 건네주었고, 이는 일본의 성리학 발전에 큰 도움이 되었습니다.

임진 전쟁 당시 도요토미 히데요시는 전쟁 초기부터 전투 부대와는 별도로 공략할 대상에 따라 도서부(책자), 공예부(도자기와 공예품, 도자기 기술자 납치), 포로부(조선인 납치), 금속부(무기와 금속 예술품, 금속활자), 보물부(금은보화), 축부(가축) 등 6개의 특수 부대를 조직하여 조선의 문물을 조직적으로 약탈하였습니다. 정부가 주도했다는 점에서 임진 전쟁을 '문화 약탈 전쟁' 이라고 부르기도 합니다. 이것은 '국가적 규모의 왜구'라고도 할 수 있습니다. 일본은 사람과 물자, 기술 약탈을 통하여 조선의 선진 문화를 대량으로 흡수할 수 있었고, 에도 시대 문화 발전의 계기를 마련하였습니다.

조선 전기부터 활발하게 제작된 금속활자는 일본에 '고라이도닌(高麗銅印, 고려동인)'이라고 알려질 정도로 우수하였습니다. 15세기 초 일본 정부는 조선에 사신을 보내 금속활자와 제조 기술 전수를 요청하였습니다. 조선 정부가 그 요청을 들어주지 않자 임진 전쟁 당시 금속활자를 우선적인 약탈 대상으로 지목하였습니다. 일본 측 기록에 따르면 정유 전쟁의 일본군 총사령관 우키다 히데이에가 경복궁 주자소(금속활자 제조 기관)를 습격하여 금속활자 20만 자와 인쇄 기구, 조선과 중국의 금속활자 인쇄본 등을 통째로 가져갔다고 합니다. 또한 종군승*을 보내 조선의 책자를 약탈하는 데 앞장서게 하였습니다.

전쟁을 통해 조선으로 들어온 문물도 있습니다. 대표적인 것이 고추와 담배입니다. 고추의 전래에 대해서는 여러 가지 논란이 있긴 하지만, 1614년 이수광이 쓴 백과사전인 『지봉유설』에 '남만초(고추)에는 독이 많이 있다. 왜국에서 처음 온 것이며 속칭 왜개자라고 한다. 술집에서 그 맹렬함을 이롭게 여겨 종종 씨앗을 소주에 넣는다.'라는 기록으로 볼 때 일본에서 건너온 것으로 보입니다. 1766년에 완성된 『증보산림경제』에는 "잎줄기가 달린 무에 청각, 호박, 가지 등의 채소를 넣고 고추, 천초, 겨자를 향신료로 섞어 마늘 즙을 듬뿍 넣어 담근다.", "오이에 세 개의 칼집을 만들고, 그 속에 고춧가루와 마늘을 넣어 삭힌다."라는 기록이 있습니다. 이것은 오늘날 우리가 먹는 총각김치와 오이소박이 담그는 법인데, 김치에 고추를 이용했다는 기록으로 처음 등장하는 것입니다.

『지봉유설』에는 '담배를 남령초라고 하고 근래에 왜국으로부터 전해졌

아, 매워.
이게 뭐야!

고추라는
거다!

다.'라는 기록도 있습니다. 담배는 전래된 이후 빠르게 확산되었습니다. 1653년 조선에 표류하였던 하멜이 남긴 『하멜표류기』에는 '조선에는 어린아이들도 네댓 살만 되면 담배를 피운다.'는 내용이 있습니다. 비슷한 시기 골초로 유명했던 장유는 담배가 들어온 지 20년 만에 위로는 고위 관원에서 아래로는 가마꾼과 초동(어린아이)까지 피우지 않는 사람이 없다고 말하였습니다. 풍속화로 유명한 단원 김홍도의 그림에도 담배를

김홍도, 〈장터길〉 일부. 담배를 피우는 사람 중 10대로 보이는 소년도 있다.

피우는 사람들이 그려져 있습니다. 남녀노소 할 것 없이 담배 피우는 사람이 증가하자 조선 후기에는 담배가 주요 상품 작물이 되었습니다. 담배는 비옥한 땅에서 벼농사를 짓는 것보다 열 배나 되는 이익을 얻을 수 있다고 할 정도로 많은 소득을 보장해 주기도 하였습니다.

고구마도 임진 전쟁 이후 전래된 작물입니다. 임진 전쟁 이후 조선은 수많은 피로인들을 다시 데려오기 위해 '쇄환사'라는 사신을 일본에 파견하였습니다. 이것은 이후 '통신사'로 이어져 조선의 선진 문물을 일본에 전해 주는 매개가 되었습니다. 임진 전쟁 통신사로 일본에 갔던 조엄은 쓰시마에서 자라는 고구마가 흉작 때 사람들을 굶주림에서 구해 줄 수 있는 작물(구황 작물)이라고 생각하여 종자를 가져왔습니다. 도입 초기에는 조엄이 생각한 것처럼 급속도로 전파되지는 않았지만 점점 고구마 재배는 확산되었고, 눈이 적은 제주도에서는 주요 식량이 되었습니다. 쓰시마에서는 고구마를 '고코이모(孝行芋)'라고 하는데 여기서 '고구마'라는 말이 유래하였습니다.

16 _ 17~18세기 인구가 폭발적으로 늘어난 이유는 무엇일까?

안정된 사회를 좋아하지 않는 백성은 없을 것이고,

안정된 사회가 오래 지속되는 것을 원하지 않는 백성도 없을 것이다.

그러나 호구는 30년 전에 비해 5배, 60년 전에 비해 10배,

백 년 전이나 백수십 년 전에 비해 20배 이상 증가할 것이다.

사회가 잘 다스려져 오랫동안 안정되면 천지는

인구를 증가시키지 않을 수 없으나 천지가 사람을 먹여 살리는

물자는 한정된 수량에 불과하다.

한 사람이 먹던 것을 10인에게 먹여도 부족한데 하물며

100인에게 먹도록 할 수 있겠는가?

이것이 바로 내가 안정된 사회의 백성들을 위하여 우려하는 까닭이다.

18세기 말 청나라 관리를 지냈던 홍량길의 주장입니다. 그는 당시 중국의 인구가 급격하게 팽창하자 심각한 우려를 표출하였습니다. 홍량길은 인구 과잉으로 자원이 부족해지고, 사람들의 삶이 불안정해질 것이라고 예측하였습니다. 그래서 인구 증가를 우려했던 영국의 정치·경제학자 맬서스의 이름을 따서 '중국의 맬서스'라고 불리기도 했습니다. 이 시기 인구가 폭발적으로 늘어난 이유는 무엇일까요? 그리고 이렇게 늘어난 인구는 사회에 어떤 변화를 가져왔을까요?

동아시아 국제 전쟁 이후 찾아온 정치적 안정

중국 역사에서 최고의 전성기 중 하나로 손꼽히는 시기가 '강건성세' (1661~1799)입니다. 청의 4대 황제 강희제부터 5대 옹정제, 6대 건륭제가 다스리던 130여 년간을 말합니다. 강희제는 삼번의 난*을 비롯한 주변 반란 세력을 진압하고 러시아와 네르친스크 조약을 체결하여 국경을 획정 하는 등 대내외적인 평화와 안정을 이루었습니다. 물과 기름 같았던 만주 족과 한족을 통합하기 위해 반청 의식을 가진 한족을 혹독하게 탄압하면 서도 한족 지식인들에게 과거를 통해 벼슬에 오를 수 있는 기회를 주었습 니다. 옹정제는 관리들에게 녹봉 이외에 양렴은*을 지급하여 부정과 비리 를 차단하였고 건륭제는 '십전노인(十全老人, 열 번의 원정을 모두 승리로 이끈 노 인)', '전투의 제왕'으로 불릴 만큼 활발한 군사 활동으로 영토 확장을 하면 서 대내외적으로 최고의 전성기를 구가하였습니다.

*삼번의 난: 17세기 후반 윈난 성의 오삼계, 광저우의 상지 신, 푸젠의 경정충이 일으킨 반란.

*양렴은: 현재의 판공비와 비 슷한 성격으로 공무를 처리 하는 데 들어가는 비용.

일본에도 새로운 시대가 열립니다. 도요토미 히데요시 세력을 무너뜨 리고 정권을 잡은 도쿠가와 이에야스가 에도 막부를 연 것입니다. 도쿠가 와 쇼군은 천황과 귀족이 정치에 간여하는 것을 금지하는 한편, 막부의 쇼군이 강력한 힘을 갖고 다이묘를 장악하는 막번 체제를 수립하여 중앙 집권 체제를 강화하였습니다. 센코쿠 시대와 같은 혼란을 막기 위해 다이 묘가 거주하는 본성을 제외한 나머지 성들을 모두 없애고, 성의 수리와 보수는 반드시 사전에 막부의 허락을 받도록 하였습니다. 쇼군의 허락 없 이는 다이묘 간 혼인도 금지시키는 등 다이묘들의 군사적 거점을 제거하 고 세력을 약화시켰습니다.

또한 산킨코타이 제도를 실시하여 다이묘의 가족을 에도에 거주하게 하고, 다이묘 본인도 에도와 자신의 영지를 1년마다 교대로 오가게 하였 습니다. 이 제도는 가족을 인질로 삼아 다이묘가 반란을 꾀하지 못하게 함과 동시에, 자신의 영지를 자주 비우게 함으로써 지방 통제력을 약화시키는 역할을 하였습니다. 왕복에 소요되는 막대한 비용은 다이묘의 경제력을 크게 약화시켰습니다.

임진 전쟁과 병자 전쟁을 통해 정치·경제적으로 큰 타격을 입은 조선은 전후 복구 사업을 통해 국가의 안정을 도모하였습니다. 우선 대동법과

• 산킨코타이 제도로 인한 다이묘의 경제적 부담

소요 경비와 인원, 이동 경로는 시기별로 조금씩 다르지만 1720년 73만 석의 영지를 갖고 있던 사쓰마 번(현재의 가고시마 지역)의 다이묘가 에도에 가기 위해서 사용한 비용을 살펴보면 다음과 같다.

- 이동 거리: 약 1천 644킬로미터 · 소요일: 73일 · 동원 인원: 558명(말 21필)
- 소요 경비: 육로 이동 비용 5천 80냥(약 45억 원), 해로 이동 비용 638냥(약 5억 6천만 원)

에도에 체류하면서 사용한 비용까지 합하면 사쓰마의 다이묘가 사용한 비용은 1만 7천 500냥으로 현재 원화로 환산하면(100엔 = 1,100원 기준) 약 156억 원에 해당하는 어마어마한 비용이었다.

에도보다 북쪽에 살고 있던 다이묘는 육로를 이용하여 에도로 왔으나 서쪽에 살고 있던 다이묘들은 선단을 조직하여 오사카까지 배를 이용하여 온 다음 육로로 에도까지 이동하였다. 지방의 소규모 다이묘들은 에도에서 자기 지역으로 돌아갈 비용이 부족하여 걸어서 돌아가기도 하였다.

에도
오사카
가고시마

균역법 등 새로운 세금 제도를 만들어 국가 재정을 확보하고 백성들의 생활을 안정시키려고 하였습니다. 18세기에 들어서서 영조와 정조는 당파의 이익보다 학문적 원칙을 준수하려는 세력을 우대하고 젊은 지식인들을 등용하여 개혁 정치를 추진하였습니다. 이를 통해 정치를 주도할 수 있었고, 이것은 왕권의 강화와 정국의 안정을 가져와 백성들의 생활 안정을 위한 정책을 실시할 수 있는 바탕이 되었습니다.

농업 생산력이 비약적으로 증가하다

명 대에 개발되기 시작한 양쯔 강 중류 지역은 청 대에 이르러 주요 곡창 지대로 등장하였습니다. 이 지역은 '호광(양쯔 강 중류 지역)에 풍년이 들면 천하가 풍족하다.'는 말이 있을 정도로 주요 농업 생산 지역이었습니다. 강건성세의 정치적 안정을 바탕으로, 장쑤 성과 저장 성 등 동부 해안 지역의 가난한 사람들이 몰려와 황무지를 개간하면서 농경지를 확장하였기 때문입니다. 황무지를 개간하면 토지 소유권을 인정받을 수 있었을 뿐만 아니라 몇 년간 세금도 면제받을 수 있었습니다. 1600년경 약 500만 무(畝, 10무가 대략 축구장 하나 크기)였던 농경지가 1779년경에는 950만 무로 두 배 가까이 증가하였습니다.

농서 편찬과 농업 기술의 발달, 다양한 벼 품종 개발은 생산량 증가로 이어졌습니다. 옥수수, 감자, 고구마 등 신대륙에서 전래된 새로운 작물들은 산지나 구릉지 등 이전에는 버려졌던 땅의 이용률을 높여 식량 생산을 크게 증가시켰습니다.

일본에서는 1643년 전후, 가뭄과 냉해로 약 10만 명 가까이 굶주려 죽는 엄청난 기근이 발생하였습니다. 이를 계기로 에도 막부는 농업을 장려하고 생산 기반을 확보하는 정책을 실시하였습니다. 각 지역의 다이묘들은 그때까지 개발되지 않았던 땅을 개간하고 수리 시설을 확충하였습니

열심히 일하면
땅 부자가
될 수 있었을까?

에도 시대 중기에 전국적으로
보급된 빗추괭이(왼쪽). 기존의
탈곡 도구에 비해 두 배 이상
효율적인 나락훑기(가운데). 곡
식을 탈곡한 후 풍력으로 찌꺼
기나 불순물을 걸러내는 풍구
(오른쪽).

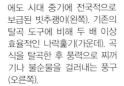

다. 농민들도 소규모 개발을 통해 농경지를 넓혀 나갔습니다. 이 시기를
'대개발 시대'라고 합니다. 에도 시대 초기 164만 정보(1정보는 약 10,000제곱
미터, 축구장의 면적이 약 7,300제곱미터)였던 농경지가 18세기 초기에는 297만
정보까지 크게 증가하였습니다.

농경지 확대와 더불어 농업 기술이 발전하고 새로운 농기구가 개발되
어 농업 생산량이 크게 증가하였습니다. 시비법도 발달하여 기존에 사용
하던 풀과 나뭇잎, 인분 등에 더해 깻묵과 호시카(기름을 짜고 남은 정어리를
말린 것) 등을 비료로 사용하였습니다.

조선에서는 두 차례의 전란 이후 황폐해진 농토를 다시 개간하고 수리
시설을 복구하였습니다. 생산력 발전에 가장 큰 영향을 끼친 것은 모내기
법의 전국적인 확산이었습니다. 모내기 덕분에 논에서 벼·보리의 이모작
이 가능해졌고, 김매기 횟수를 절반 이상 줄여 노동력이 절감되고, 수확
량도 늘어났습니다. 보리나 밀 등의 겨울 밭작물을 재배할 때 수분을 보
존하고 보온 효과를 높이기 위해 이랑(밭두둑)이 아닌 고랑(이랑과 이랑 사이의
골)에 씨를 뿌리는 새로운 방법(견종법)을 사용하였고, 가을에 보리를 심어
여름에 거둔 뒤 다시 콩이나 조를 심는 그루갈이가 발달하였습니다. 수
확량을 높이기 위해 거름을 주는 시비법도 발달하였습니다. 가축의 분뇨
나 벼·보리의 짚을 태운 것을 거름으로 사용함으로써 생산력이 높아졌습

니다. 농업 생산량이 증가하면서 농업 경영에도 변화가 생겼습니다. 농업 기술의 발전으로 노동력이 절감됨에 따라 일부 농민이나 지주 들이 넓은 토지를 경영하는 광작이 성행하였습니다.

상인이 화를 내면 천하의 제후가 벌벌 떤다

농업 생산력의 성장을 발판으로 한 경제적 발전은 상공업과 도시의 발달로 이어졌습니다. 중국에서는 중소 규모의 시진*, 일본에서는 조카마치, 조선에서는 장시가 발달하였습니다. 명 대 이후 쑹장(현재의 상하이 일대)에서는 면방직 산업, 쑤저우와 항저우에서는 비단 산업이 번성하였습니다. 이에 따라 주변 농촌을 중심으로 원료를 생산하는 곳이 늘어났고 이를 판매하는 전문 시장이 발달하면서 각 지역은 중소 규모의 도시로 성장하게 되었습니다. 강남에서 번영하였던 운하의 도시 쑤저우의 경우를 살펴보면, 7개 주현에서 16세기에 45개 정도였던 시진은 19세기에 140개로 늘어났습니다.

상공업과 유통 경제의 활성화로 전국을 무대로 하는 거대 상인 집단도 출현하였습니다. 운하·바다를 이용한 수로와 육로를 통해 전국적인 상인 집단으로 발전한 대표적인 대상인은 산시 상인과 후이저우 상인이었습니다. 이들은 비단, 면포, 차, 목재, 모피, 종이 등 국가가 필요로 하는 각종 물자를 납입하고 소금의 전매권을 얻거나, 다른 물자를 판매하여 막대한 이득을 챙겼습니다. 이들의 화려한 생활 모습을 묘사한 책의 일부 내용입니다.

금일 사방에서 온 상인들이 시장을 메우고 그 사이에서 교역에 종사하여 열 명 중 한 명은 재물을 모아 부자가 되었다. 이 부자들은 걸핏하면 집을 궁실처럼 꾸미고 첩을 두고 즐겼으며 노비들의 음식과 몸에 지닌 장식도

*시진: 업종별로 전문화된 상공업 도시로 인구는 대체로 5~10만 명 정도였다.

135

〈고소번화도〉. 청 대에 번성한 도시 쑤저우를 묘사한 대표적인 작품이다. 쑤저우의 서쪽 외곽에서 시작하여 쑤저우의 번화한 도심의 모습을 12미터가 넘는 장대한 두루마리에 자세하게 묘사하였다.

왕자와 비등했다. 또한 그들은 신분이 높은 고관들에게 재물을 바치고 관계를 맺어, 자주 수레와 말을 타고 출입했다. 부인들은 일이 없어도 항상 차려입고 예쁘게 화장했으며 금옥으로 머리 장식을 하고 비취와 깃털 장식이 있는 옷을 입고 화려한 자수를 수놓은 속옷을 입었다. 열에 아홉은 모두 상인 집안의 경우다.

— 『중수양주부지』(1599)

에도 막부는 농민과 무사의 거주 공간을 분리하여 무사들이 다이묘의 성 주변에 살도록 하였습니다. 이들이 거주하는 지역을 조카마치라고 하는데, 다이묘와 무사 들을 위한 물품을 공급하는 조카마치를 중심으로 상공업이 발달하였습니다. 농업 생산력의 증대로 유통되는 쌀의 양이 늘어나자 쌀의 가치를 화폐로 전환하는 화폐 경제가 발달하였습니다. 상공업에 종사하는 이들을 칭하는 조닌은 에도, 오사카, 교토와 같은 대도시와 조카마치의 시장 등지에서 돈을 빌려주고 이자를 챙기는 대금업자, 금화와 은화의 가치를 측정하고 바꿔 주는 환전상 등으로 활동하며 영향력을 확대하였습니다.

막부나 지방의 번에서는 조닌들이 쇼군과 다이묘의 공금을 관리하면서 영향력이 커졌습니다. 대표적인 거대 상인이 '천칭봉 하나로 천 냥의 돈을

벌었다.'는 오미 상인입니다. 이들은 각지를 돌아다니면
서 원료를 사서 직접 제조한 물품을 박리다매로 판매하였
습니다. 에도, 교토, 오사카, 홋카이도 등을 무대로 활동
하며 크게 성장하여, '상인이 화를 내면 천하의 제후가 벌
벌 떤다.'는 말이 이들로부터 유래할 정도였습니다.

천칭봉

오미 상인

산킨코타이 제도를 통해 전국의 다이묘들이 에도에 드
나들면서 도로가 발달하여 일본은 하나의 통일 상권으
로 형성되었습니다. 에도는 전국의 다이묘와 무사, 상인
이 집결하여 인구 100만 명의 거대 도시로 성장하였고, 전국의 물산이 집
결하여 다시 출하되는 오사카는 '천하의 부엌'이라 불리며 인구 40만 명의
대도시(19세기 초 런던과 파리의 인구는 약 60만 명)로 성장하였습니다.

조선의 지배 계층인 양반은 일본의 무사와 달리 농촌에서 농민과 함께
거주하였습니다. 이들이 공부한 성리학에서는 상업으로 이익을 취하는
것을 경계하였기 때문에 조선은 상업을 억제하고 사치를 금지하였습니
다. 동아시아 다른 지역에 비해 상업의 발달이 늦은 이유입니다.

그러나 17세기 후반 이후 농업 생산력의 증가와 대동법 시행으로 수공
업과 상업이 크게 발달하였습니다. 상품과 화폐 유통으로 도시화가 진전
되면서 이를 기반으로 발달한 장시는 18세기 중엽에 1천여 곳으로 확대
되었습니다. 서울의 경강포구, 낙동강 하구의 김해 칠성포, 금강 하류의
강경포, 동해안의 원산포, 창원의 마산포 등이 대표적인 장시입니다. 이
곳에 대규모 교역을 독점적으로 하는 도매상인 도고가 등장하였고, 위탁
판매와 창고업, 운송과 숙박업, 금융업 등에 종사하는 객주와 여각 등이
나타났습니다. 중국·일본과의 중계 무역, 홍삼 제조를 바탕으로 전국적
인 상업 활동을 전개하였던 개성상인은 전국 주요 지역에 송방을 설치하
고 그 지역 상품의 유통을 담당하면서 대상인으로 성장하였습니다.

• 에도 시대 전설적인 거상, 미쓰이 다카토시

에치고야는 미쓰이 다카토시가 1673년 에도에 연 포목점이다. 당시 대부분의 상점의 판매 방식은 부자들이나 고급 관료를 상대로 하는 방문 판매, 주문 판매였다. 물건 값은 외상으로, 연말에 한꺼번에 몰아서 받는 것이 보통이었다.

그러나 미쓰이는 일반인들이 가게에 들어와서 물건을 여유 있게 보고 구매할 수 있도록 옷감을 진열하였다. 또한 전문 판매인을 고용하여 물건을 안내해 주었다. 물건 값을 싸게 책정하여 가게에서 현금으로 받았고, 기성품을 만들어 놓고 판매하기도 하였다. 심지어는 전단지를 만들어 가게 홍보도 하였다.

그림을 보면 기성품을 매달아 놓았고, 천장에 걸린 하얀색 천에는 판매인들의 이름이 쓰여 있다. 기둥에는 '현금 판매'라는 안내도 쓰여 있다. 지금은 일반적인 방식이지만 에도 시대에는 획기적인 판매 방식이었다.

이로 인해 미쓰이의 포목점은 엄청난 매상을 올릴 수 있었고, 오사카·이세 등지에도 지점을 개설하여 크게 성장하였다. 에치고야에서 비롯된 미쓰이 상점은 1904년 미쓰코시 백화점으로 발전하였으며, 현재도 미쓰이 그룹으로 명맥을 이어가고 있다.

인구 증가의 명과 암

중국은 청나라의 지배가 안정기에 접어드는 17세기 후반부터 18세기까지 인구가 2배 이상 증가하였습니다. 청나라의 인구 증가는 강건성세의 평화, 의학의 발달과 위생의 개선 등도 주요 요인이지만, 무엇보다도 비약적으로 성장한 농업 생산력의 영향이 컸습니다.

그러나 급격한 인구 증가는 부작용을 낳기도 하였습니다. 실업자와 유랑민이 발생하였고, 산악과 변경 지대로 인구 이동이 늘어나 현지인과 이주민 사이에 갈등과 다툼이 많이 일어났습니다. 특히 농경지가 부족했던 동남 연안 지역에서는 무력 투쟁이 만연하여 사회 불안의 요인이 되었습니다. 또 노동력이 풍부해지다 보니 노동력을 절감하는 기술과 기계 발명에

푸젠 성의 토루. 화북 지역에서 강남 지역으로 이주한 한족인 객가인들의 집단 거주지이다.

소홀하였습니다. 이는 중국이 근대 산업혁명으로 나아가지 못한 요인 중하나였습니다.

일본은 중국보다 이른 17세기부터 인구가 급증하였습니다. 1600년에서 1721년 사이에 인구가 무려 2.5배나 증가하였습니다. 이때 인구가 급증한 것은 단위 면적당 생산량의 증가, 의식주 전반에 걸친 생활 수준의 향상이 중요한 원인이었습니다. 고구마 등 신종 작물이 도입되어 재배되었고, 무명의 보급으로 옷감과 침구가 개선되었으며, 다다미 등이 보급되어 주거 생활도 향상되었습니다.

그런데 그래프를 보면 일본은 18세기에 인구가 정체되었습니다. 무사·상인의 거주 지역인 조카마치가 도시로 발전하면서 도시 인구가 급증하였으나, 이로 인해 재해와 전염병에 취약해져 도시 지역의 사망률이 높아졌기 때문입니다. 18세기 초부터 19세기 초까지 발생한 대규모 기근으로 많은 사상자가 생긴 것도 인구 정체의 주요한 원인이었습니다. 1732~1733년 사이에 서일본 지역에 불어닥친 교호 대기근, 1782~1787년 사이에 동일본 지역에 큰 피해를 가져온 덴메이 대기근, 1833~1839년 사이에 동북부 지역에 피해를 가져온 덴포 대기근 등이 그것으로, 대

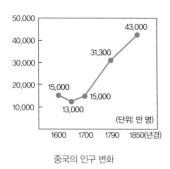

중국의 인구 변화

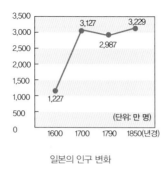

일본의 인구 변화

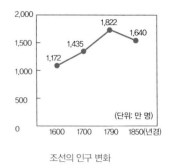

조선의 인구 변화

부분 냉해로 인한 것이었습니다. 이에 따른 쌀값 폭등은 기근 피해를 더욱 확산시켰습니다.

조선은 두 차례의 전란을 겪은 후 인구가 감소하였으나, 17세기 후반에서 18세기 전반에 걸쳐 인구가 급증하였습니다. 토지 개간과 농업 기술의 발달로 인한 농업 생산력의 증가, 시장 경제의 성장이 주요 요인이었습니다. 쌀도 상품화하여 김제의 '완미', 여주·이천 지역의 '세도' 등 특정 이름을 붙인 쌀이 전국적으로 유통되었습니다. 그러나 인구의 급격한 증가와 도시로의 인구 집중은 도시의 위생 상태를 불결하게 하였고 이것은 전염병 창궐의 원인이 되었습니다. 18세기 말 박제가는 『북학의』에서 당시 서울의 상황을 아래와 같이 묘사하였습니다.

성 안에서 나오는 분뇨를 다 수거하지 못하여서 더러운 냄새가 길에 가득하며 냇가 다리 옆 석축에는 사람의 똥이 더덕더덕 붙어서 큰 장마가 아니면 씻기지 않는다. 개똥과 말똥이 사람의 발에 항상 밟힐 지경이니….

실제로 18, 19세기 전염병은 늦여름에서 가을철에 집중적으로 발생하였는데, 이는 여름철 우물물 오염이 큰 원인이었습니다. 특히 19세기에 유행한 콜레라는 중국과 일본으로부터 전파되었는데, 당시 조선 사람들은 이 질병에 면역력이 없었기에 인명 피해가 컸습니다. 정약용은 『목민심서』 '애민편'에서 콜레라가 처음 유행하였던 1821년부터 1822년의 상황을 아래와 같이 묘사하였습니다.

> 1821년에 백로 추분부터 10일 안에 관서 평양부 사망자가 수만이요, 왕도 5부의 사망자가 13만이다. 상강 이후로 점점 유행이 심해지다 전국 8도에서 유행하여 1822년에도 그치지 않는다. 죽은 자가 수십만 명이다.

18세기부터 급격히 늘어난 전염병과 이상 기후로 인한 기근으로 인구가 감소하였으나, 농업 생산력 증가와 시장 경제 발달은 급격한 인구 감소를 막는 역할을 하였습니다.

인구가 늘면서
또 어떤 변화가 생겼을까?
이야기해 보자.

17 ___ 은(銀) 유통은 동아시아에
어떤 변화를 가져왔을까?

위쪽은 1739년에 주조된 에스파냐의 은화이고 아래쪽은 1819년 영국에서 주조한 은화입니다. 15세기 말까지만 해도 보잘것없던 에스파냐는 아메리카 대륙에서 발견한 막대한 양의 은 덕분에 세계 최강국으로 발돋움하였습니다. 은화는 아메리카에서 유럽을 거쳐 아시아로, 세계를 돌고 돌아 중국으로 유입되었습니다.

"은(銀)은 전 세계 각지에서 요동치다가 중국으로 흘러들어간다. 그곳에서 은은 마치 자기가 태어난 곳으로 돌아간 것처럼 머무른다." 1621년 한 포르투갈 상인이 남긴 이 말은 17세기 중국을 중심으로 한 동아시아가 국제 교역의 중심으로 세계 무역을 주도했음을 보여 줍니다. 은은 어떻게 세계 무역과 금융 거래의 기준 화폐(기축통화)가 되었을까요? 은 유통은 동아시아에 어떤 영향을 주었을까요?

은, 국제 무역의 거래 수단이 되다

농업 생산력이 증가하고 상공업이 발달하면서 소금이나 쌀, 면포 등은 교환 수단으로 사용하기가 점점 어려워졌습니다. 무겁고 부피가 컸기 때문입니다. 송과 원 대에는 이런 문제를 해결하기 위해 지폐를 사용하였습니다. 그러나 지폐는 소금이나 쌀처럼 가치 저장 기능이 없기 때문에 정치가 불안해지면 가치가 떨어지기도 하였습니다. 또한 재정 적자를 극복하기 위해 원 정부가 지폐를 남발하면서 극심한 인플레이션이 발생했기 때문에 사람들은 지폐를 선호하지 않았습니다.

명 대에도 건국 초기에는 이전 왕조처럼 지폐를 발행했지만 1522년 화폐 가치가 표시 가격의 2퍼센트까지 떨어지는 엄청난 인플레이션을 경험한 뒤 금속 화폐를 사용하였습니다. 명나라가 선택할 수 있는 금속 화폐는 금, 은, 동 세 가지였습니다. 금은 너무 귀했고 동은 너무 흔했기 때문에 은이 화폐로 선택되었습니다. 은은 금보다는 양이 많지만 가공하여 장신구로 사용하는 귀금속이었기 때문에 모든 사람이 가치가 있다고 인정하였습니다.

16세기에 전 세계의 은 생산이 폭발적으로 증가하였습니다. 당시 최첨단 제련 기술을 개발하여 은 생산량을 비약적으로 늘린 지역은 조선이었습니다. 1503년 김감불과 노비 김검동이 획기적인 제련 기술인 '회취법'

에도 시대에 사용되었던 금화(왼쪽)와 은화(가운데). 원나라 말기부터 주조되기 시작한 마제은(오른쪽). 말발굽 모양으로 생겨서 '마제은'이라고 한다.

을 개발하였고 함경도 단천, 평안도 강계 등지가 은광으로 크게 성장하였습니다.

1526년에는 일본 시마네 현 이와미에서 대규모 은광이 개발되었습니다. 일본은 초창기에 은광석 제련 기술이 뒤떨어져 생산량이 많지 않았지만, 1533년 조선의 회취법이 유출되어 일본 현지에서 제련이 가능하게 되자 생산량이 비약적으로 증가하였습니다. 이후 일본은 전국적으로 은광을 개발하였습니다. 17세기 초 은 생산의 전성기에는 전 세계 생산량의 3분의 1이 일본에서 나올 정도였습니다. 이와미 은산 개발과 회취법 전래는 일본이 '은의 왕국'으로 거듭나는 중요한 계기가 되었습니다.

명나라가 해금 정책을 실시하여 공무역 이외 사무역을 금지하자 명을 비롯하여 조선, 일본, 류큐, 타이완, 베트남, 필리핀 사람들은 주로 명 남쪽 해안 지역을 중심으로 밀무역을 하였습니다. 밀무역에는 유럽인들도 참여하고 있었습니다. 그러나 유럽 제품은 중국 제품에 비해 품질이나 가

은의 유통과 유입

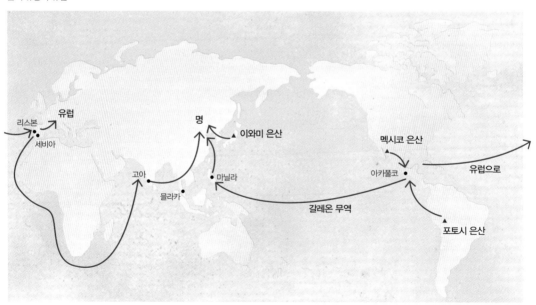

격에서 경쟁력이 없었기 때문에, 유럽 상인들은 필요한 물품을 조달하는
데 어려움을 겪었습니다.

당시 중국은 금에 비해 은의 생산량이 상대적으로 낮아서 은값을 다른
지역에 비해 높게 쳐주었습니다. 17세기 초 에스파냐에서 금과 은의 교환
비율이 1:13이었던 것에 비해 중국 광저우 지역의 교환 비율은 1:6 정도
로 거의 2배 이상 차이가 났습니다. 따라서 유럽 상인들은 아메리카 대륙

• 은 생산을 비약적으로 증가시킨 신기술

"양인 김감불과 장예원 노비 김검동이 납으로 은을 불리어 바치며 말하기를 '납 한 근으로 은 두 돈을
불릴 수 있는데, 납은 우리나라에서 나는 것이니, 은을 넉넉히 쓸 수 있게 되었습니다. 불리는 법은 무
쇠 화로나 남비 안에 재를 둘러놓고 납(은광석)을 조각조각 끊어서 그 속을 채운 다음, 깨어진 질그릇
으로 사방을 덮고, 숯을 위아래로 피워 녹입니다.'라고 하니, 왕이 시험해 보라 하였다."

– 『연산군일기』 연산군 9년(1503)

이 당시 김감불과 김검동이 발견한 신기술을 '회취법'이라고 한다. 이 기술은 은광석을 화로에 넣어 녹
인 다음, 아연 · 납 등 은광석에 함유된 불순물을 재로 흡수하여 은만 남기는 방법이다. 그러나 조선 조
정에서는 은 생산이 비약적으로 늘어나면 명나라가 더 많은 은을 요구할 것을 염려하여 회취법을 크
게 장려하지 않았다.

수은은 금 · 은과 같은 금속에 잘 반응하는 성질을 갖고 있다. '수은 아말감 공법'은 주로 남미에서 사
용되었다. 은광석을 잘게 부순 뒤 수은과 섞어 발로 밟으면 은이 수은과 반응하여 아말감(고체 덩어리)
이 된다. 이것을 불에 가열하여 수은은 증발시키고 은만 남게 하는 방법이다. 1545년 에스파냐는 남아
메리카에서 포토시 은산(현재의 볼리비아 지역)을 발견하였다. 이곳에서는 수은 아말감 공법으로 품질
이 낮은 은광석으로도 은 생산량을 크게 증가시킬 수 있었다. 이 기술의 도입으로 포토시 은산은 당시
세계 은 생산량의 절반 이상인 연간 250톤을 생산하였다. 그러나 이 공법은 아말감을 가열할 때 증발
하는 수은으로 인해 수은 중독이 발생하는 위험한 방법이다. 실제로 포토시 은산의 인디오들이 250년
에 걸쳐 800만 명이나 수은 중독으로 사망하였다.

에서 생산된 다량의 은을 중국에 갖고 와서 필요한 물품을 구입하였습니다. 이로 인해 16세기 이래 비약적으로 유통이 증가된 은의 최종 목적지는 중국이 되었습니다.

명은 15세기 중반 이후 조세와 요역을 은으로 납부하는 은납화를 진행하였습니다. 먼 지역에서 강제적으로 농민을 모아 일(요역)을 시키는 것보다 요역 대상자에게 은으로 대가를 징수하고, 건설 현장에서 현지 노동자를 고용하는 것이 효과적이었습니다. 또한 국경 지대의 군대를 운영하는 데 필요한 세금도 전국 각지에서 곡물 등을 거두어 국경으로 운반하는 방식보다 은으로 거두어 직접 군수 물자를 사들이는 것이 편리하였습니다. 명은 16세기 중반이 되면 상품 수출로 벌어들인 은으로 세금을 납부하는 일조편법을 실시하여 은 본위 화폐 체제를 확립하였고, 이로 인해 은 수요는 점점 더 늘어났습니다.

'은의 길'을 따라 물자가 오고가다

16세기 초까지 명의 생사·비단·동전과 일본의 은·구리 등을 거래하던 감합 무역*이 무로마치 막부의 쇠퇴와 16세기 중엽 일본 상인들의 경쟁과 갈등으로 단절되었습니다. 이로 인해 일본은 명의 선진 문물 수입 루트가 막혔고, 명은 일본 은의 공급이 끊기게 되었습니다. 명이 왜구를 토벌하는 데 협력한 대가로 1557년부터 마카오 거주를 허가받은 포르투갈 상인들은 일본과 중국 사이의 중계 무역으로 전성기를 맞이하였습니다. 이때 일본은 포르투갈을 통해 최신 화포와 조총을 구입하였습니다. 이 무기들은 센코쿠 시대를 종식시키고 임진 전쟁을 일으키는 데 일조하였습니다.

임진 전쟁 이전, 조선은 명으로부터 비단과 약재, 서적을 주로 수입하고 인삼과 포목 등을 수출하였습니다. 하지만 수입보다 수출이 적어 주로

*감합 무역: 15세기 초에서 16세기 중엽 사이 명이 일본(무로마치 막부)을 비롯한 주변국과 거래하였던 무역 형태이다. 명은 일련번호가 적힌 감합부를 만들어서 서류의 절반을 떼어서 무역 상대국에 발급하였다. 상대국은 명의 항구에서 두 감합부를 맞추어 보면서 규정된 선박의 수와 화물, 인원을 확인하여 무역을 할 수 있었다.

은으로 수입 대금을 결제하였습니다. 그런데 사라능단*으로 대표되는 사치품 수입이 많아 항상 은이 부족하였습니다. 때마침 명과 조공 무역이 단절된 일본은 조선과의 무역에 눈을 돌렸습니다. 조선은 중국으로부터 수입한 생사와 비단을 일본에 수출하고 그 대금으로 은을 받아 중국의 물품을 구입하는 데 썼습니다. 이처럼 16세기 동북아시아 3국은 중국의 생사와 비단·도자기·약재, 조선의 인삼과 곡물·면포·은, 일본의 은과 구리 등의 상품을 매개로 상호 교역 체계를 발전시켰고, 이 체계 안에 유럽의 상인이 들어와 세계 무역 체제를 형성하였습니다.

17세기 초 에도 막부는 과도한 은 유출을 막기 위해 순은에 가까운 회취은 대신 순도 80퍼센트의 게이쵸 은을 거래 대금으로 사용하였고, 슈인선 제도*를 확립하여 중국과의 무역을 관리하였습니다. 무엇보다 크리스트교 포교로 인한 국내 혼란을 막기 위해 유럽 상인의 내항을 금지하였습니다. 그래도 나가사키에 건설한 인공 섬 데지마에는 입항이 가능하였는데, 포교와 무역을 구별하여 무역에만 집중하겠다고 한 네덜란드만 데지마 출입을 허락받았습니다. 청의 해금 정책 완화로 청 상인들이 나가사키에 입항하면서 은 유출이 심해지자 막부에서는 입항 허가증인 신패를 발급하여 은 유출과 무역량을 통제하기도 하였습니다.

에도 막부는 임진 전쟁 이후 명·청과 국교는 수립하지 않았지만 상인들이 나가사키를 통해 교역하는 것은 막지 않았습니다. 네덜란드는 생사와 모직물, 약품, 시계, 서적 등을 가져와 일본의 은과 구리, 도자기 등과 교역을 하였습니다. 중국 상인들은 비단과 설탕, 약재 등의 물자를 가져와서 일본 은을 가져갔습니다.

임진 전쟁으로 막대한 은을 사용한 명은 조선에

일본 나가사키에 있던 인공 섬 데지마. 오른쪽 아래의 배에 네덜란드 국기가 보인다.

은을 지나치게 요구하였습니다. 조선은 함경도 단천의 은맥이 거의 바닥나, 일본에서 은을 확보하였습니다. 당시 일본은 은 제련 기술의 발달로 조선보다 은값이 쌌습니다. 두 나라 사이에 거래는 더욱 활발해졌습니다. 17세기 중반 이후 조선은 일본에서 수입한 은으로 청과 무역을 하였습니다.

1727년 영조 3년 『승정원일기』에는 다음과 같은 기록이 있습니다.

일본의 풍속은 매번 병이 나면 곧 인삼을 복용하여 효과를 본다. 그러므로 값의 많고 적음을 논하지 않고 다투어 사 간다. 서울에서 70냥에 인삼을 사서 에도에 들어가면 반드시 300여 냥에 팔아넘긴다.

당시 조선의 인삼은 불로장생의 명약으로 일본에서 인기가 높았습니다. 조선 인삼은 약재뿐만 아니라 투기의 대상이 될 정도였습니다. 17세기 말 일본에서 인삼 1근 값이 은 680문 정도였는데 1700년 전후에는 840문, 1707년에는 1천 440문으로 폭등할 정도였습니다. 일본이 자국산 은의 유출을 막기 위해 그때까지 거래되던 순도 80퍼센트의 게이쵸 은을 순도 64퍼센트의 겐로쿠 은으로 바꾸자 조선 상인들이 인삼 수출을 거부하였습니다. 그러자 에도 막부는 1710년 조선 인삼의 수입 대금으로 지불하기 위해 순도 80퍼센트의 은화를 특별히 주조하여 인삼 거래에만 사용하도록 허락하였는데 이것을 '인삼대왕고은*'이라고 합니다. 당시 조선 인삼 한 근을 사려면 이 같은 인삼대왕고은 120개를 지불해야 했다고 합니다. 이것은 에도 막부와 화폐 주조를 담당했던 긴자(銀座)의 관계자들만 알고 일반에는 알려지지 않았던 특수 주조 은화였습니다. 이처럼 조선은 17, 18세기 동아시아의 '인삼의 길', '은의 길'이라고 불릴 만큼 중요한 교역로였습니다.

은 유통이 변화시킨 동아시아 사회

은 유통은 동아시아 교역망을 세계 경제의 하나로 연결하는 중요한 역할을 하였습니다. 16세기 이후 에스파냐와 포르투갈을 비롯한 유럽의 상인들이 남아메리카에서 생산된 은을 갖고 동아시아로 들어와 필요한 물품을 구입하면서 동아시아 교역망은 세계 경제와 연결되었습니다.

17, 18세기 남북아메리카 지역에서 생산된 은은 약 11만 톤이었습니다. 이 중 2만 톤 정도는 태평양을 건너 중국을 비롯한 동아시아 지역으로 유입되었고, 유럽으로 유입된 9만 톤의 은 가운데 4만 톤가량은 물품 구입을 위해 중국으로 흘러들어 갔습니다.

명·청과 일본 상인들은 믈라카, 마닐라, 나가사키 등지에서 인도 및 유럽 상인들과 교역을 하였습니다. 이를 통해 명·청의 생사와 비단·차·도자기, 일본의 도자기와 은 등이 전 세계에 알려지게 되었습니다. 청의 자산가들은 동남아시아산 상품들을 확보하기 위해 현지에 진출하여 농장과 광산을 직접 개발하기도 하였고, 이 지역의 중국계 이주민들은 지역 공동체를 만들어 상부상조하고 현지의 정치권력과 결탁하여 청과 동남아시아 간의 무역뿐만 아니라 지역 상권을 장악해 나가기도 하였습니다.

아메리카가 원산지인 고추, 감자, 고구마, 옥수수, 담배 등은 16세기 유럽인들의 신항로 개척으로 아메리카에서 유럽으로 유입되었고 17세기에 동아시아 지역으로 전래되었습니다. 감자의 경우 네덜란드가 타이완을 점령했던 17세기 초반에 들어와 중국으로 확산되었고, 네덜란드와 교역했던 일본에도 전해졌습니다. 조선에는 19세기 들어 중국을 통해 유입되었습니다. 고구마는 감자보다는 조금 더 일찍 16세기에 중국 남부에 전래되었다가 류큐와 사쓰마(현재의 가고시마) 지역을 통해 일본으로 전래되었고, 18세기에 쓰

깍, 나를 가지세요.

우르르르...

훗, 은의 인기란.

시마를 통해 조선으로 전해졌습니다.

고구마는 재배가 쉽고 단위 면적당 수확량이 많아 양쯔 강 이남 지역에서는 5~6개월치 식량 구실을 하였기 때문에 쌀만큼 귀한 대접을 받는 작물이 되었습니다. 옥수수는 곡물 재배가 어려운 해발 1천~2천 미터의 고지대에서 재배가 가능했기 때문에 산간 지대 사람들의 중요한 식량이 되었습니다. 이들 외래 작물은 청 말 기준으로 쌀값 대비 옥수수는 3분의 1, 고구마는 6분의 1, 감자는 20분의 1 정도로 가격 또한 저렴하였기 때문에 인구 증가에 큰 영향을 미쳤습니다.

명·청에서는, 유럽 상인들과 은을 매개로 한 교역이 활발해지면서 은이 광범위하게 사용되었습니다. 명나라는 현물 세금을 없애고 잡다한 세금 납부 세목을 통합하여 은으로 납부하는 일조편법을 실시하였고, 청나라 때는 장정(군역 대상 남성)에게 부과하는 세금의 총액(정세)을 고정시킨 뒤 토지세와 통합한 단일 세금으로 만들어 은으로 징수하는 지정은 제도를 실시하였습니다. 명·청 대의 변화한 세금 제도는 가난한 사람들의 부담을 경감해 주고 토지 소유자에게 세금을 더 부과하게 하여 인구 증가와 경제 발전에 큰 영향을 주었습니다.

에도 막부가 쇄국 정책을 실시하기 이전부터 교역을 위해 동남아 지역으로 진출해 있던 일본은 네덜란드와 교역하면서 유럽의 선진 문화와 과학 기술을 직접 받아들였습니다. 쇄국 정책이 실시된 이후에도 나가사키와 에도를 중심으로 박물학, 의학, 기술 과학 등을 수용하면서 난학*으로 발전시켜 나갔습니다. 에도 시대 도자기인 아리타야키는 명 말의 혼란으로 중국 도자기 생산이 주춤한 사이 네덜란드 동인도 회사를 통해 유럽에 대량으로 수출되어 세계적인 명성을 얻게 되었습니다.

조선은 16, 17세기 명·청 대 해금 정책과 일본의 쇄국 정책으로 인해 양국의 중개 무역지 역할을 하면서 은 유통이 활발하였습니다. 그러나 조

*난학: 에도 시대 네덜란드를 통해서 들어온 유럽의 학문과 기술을 바탕으로 발달한 학문이다.

선에서의 은 유통은 대부분 무역을 위한 수출입 대금으로 활용되었기 때문에 국내 유통량은 많지 않았습니다. 18세기 이후 국내에서 동전이 유통되기 시작하였으나 면포나 쌀 등의 현물 화폐 사용 습관이 뿌리 깊게 남아 있었기 때문에 은 유통으로 인한 사회적 영향은 크지 않았습니다. 19세기에 들어서는 중국 물품에 대한 지불 수단도 은에서 홍삼으로 점차 바뀌기 시작하였고, 일본이 조선에서 수입하던 생사나 인삼 수요가 감소하면서 조선을 매개로 한 은 유통량 자체가 급속히 감소하였습니다.

18 _ 고흐가 일본 그림을 그린 이유는 무엇일까?

─── 에도 시대의 나카무라 극장 내부를 그린 그림입니다. 무대에서는 가부키 〈시바라쿠〉가
한창 공연 중입니다. 무대 왼쪽으로 연결된 길을 '하나미치(花道)'라고 하는데 그곳에 서
있는 사람은 주인공인 이치카와 단주로입니다. 그림을 잘 보면 엄청나게 많은 사람들이
공연을 보고 있습니다. 이들은 대부분 평민인 조닌입니다. 부유한 조닌은 귀족, 무사와
함께 나란히 공연을 즐겼습니다. 이제는 돈만 있으면 누구나 문화생활을 즐길 수 있는 시
대가 온 것입니다. 조닌은 어떤 문화를 좋아했을까요? 또한 당시 동아시아 다른 지역의
서민들은 어떤 문화를 즐기면서 살았을까요?

남부럽지 않은 여가 생활을 즐긴 조닌

에도 시대 서민 문화를 주도했던 계층은 조닌입니다. 조닌은 '도시의 사람(町人)'이라는 뜻으로 상업과 수공업을 담당하던 평민이었습니다. 그러나 상공업이 발달하면서 경제력이 커져 누구도 무시할 수 없는 세력으로 성장하였습니다. 경제력에 따라 조닌 문화의 수준도 점점 높아졌습니다. 이들이 즐기던 대표적인 문화가 가부키 연극과 우키요에 그림입니다.

극장 앞은 가부키를 보기 위해 모인 사람들로 아침부터 북새통을 이루었습니다. 가부키는 다양한 볼거리로 공연 내내 관객들의 시선을 사로잡았습니다. 가부키 배우들의 분장과 머리 모양, 화려한 의상은 서민들 사이에 유행처럼 번져 나갔습니다. 조닌은 이러한 유행을 앞장서서 이끌었습니다. 조닌에게 가부키는 단순히 재미있는 공연이 아니라, 경제적으로는 풍요롭지만 사회적으로 차별받던 그들에게 신분의 한계를 잊게 해 주는 탈출구였습니다.

에도 막부에서는 가부키가 풍기를 문란하게 한다고 하여 화려한 의상을 금지하고 여자와 미소년의 출연을 금지하였습니다. 그러나 가부키는 단순한 무용 중심에서 노래와 춤, 연기로 구성되는 연극의 형태를 띠면서 종합 예술로 발전해 나갔고 더욱 인기를 끌었습니다. 연극의 소재는 주로 역사적 사실을 바탕으로 귀족이나 무사, 일반 서민들의 생활을 묘사하는 경우가 많았습니다.

우키요에는 매달 극장에서 공연하는 가부키의 출연 배우를 알

가부키의 남녀 등장인물을 그린
도슈사이 샤라쿠의 우키요에.

리기 위해 극장 벽에 내걸던 그림입니다. 쉽게 말하면 요즘의 가수·영화배우의 브로마이드나 영화 포스터 같은 역할을 하였습니다. 에도의 조닌들은 우키요에를 보면서 "이번에는 어떤 가부키를 볼까?", "누구의 연기가 재미있을까?" 같은 이야기를 나누었을 것입니다.

우키요에는 다색 목판으로 대량 인쇄해 판매하였습니다. 19세기 초반 큰 우키요에 한 장 가격은 메밀국수 한 그릇 값 정도였기 때문에 서민들에게 결코 비싼 그림이 아니었습니다. 또한 여행이나 일 때문에 에도를 찾는 사람들은 방문 기념으로 우키요에를 한 장씩 사 갔습니다. 그림 소재도 가부키 배우에서 일상생활이나 풍경 등으로 다양해졌습니다. 우키요에로 그린 인물이나 풍경은 에도 시대 서민들의 생활 모습과 일본 전 지역의 자연 풍경을 생생하게 보여 주는 귀중한 역사 자료 역할도 겸하고 있습니다.

상공업과 함께 발달한 청 대의 서민 문화

17~18세기 동아시아 지역은 정치적 안정을 바탕으로 경제적으로 크게 발전하였습니다. 황무지와 저습지를 개간하면서 농업 생산량이 증가하였습니다. 조선의 경우 1688년경 『비변사등록』에 '산골짜기 사이와 바닷가의 조그만 토지도 모두 개간되어 실로 노는 땅이 없다.'는 기록이 있을 정도입니다.

농업 생산량 증가는 상공업과 유통업의 발달, 도시의 성장으로 이어졌습니다. 이는 청 대의 산시 상인·후이저우 상인, 일본의 오미 상인, 조선의 개성상인·경강상인 등 지역을 대표하는 대상인들이 성장하는 배경이 되었습니다. 대부분 국가를 상대로 장사를 했던 이들은 관료들과의 관계를 중요하게 여겼던 까닭에 관료들이 향유하던 문화에도 관심이 많았습니다.

명·청 대의 문화 중심지는 황제가 살고 있는 베이징과 막대한 상업 자본으로 성장한 양쯔 강 하류 지역이었습니다. 경제 발전으로 도시 인구가 증가하였고 서민 계층은 윤택한 소비 생활을 할 수 있었습니다. 청 대의 상인들은 도시 문화를 주도하였습니다. 후이저우 상인들은 그들의 근거지였던 양저우에 화려한 저택을 짓고 관료들과 교제하였습니다. 이들 중에는 관료층과 교제의 폭을 넓혀 지속적인 번영을 누리기 위해 저택 안에 1만 권이 넘는 희귀본 책을 소장하거나 새로운 책을 출판하는 상인들도 있었습니다. 또한 악기를 연주하거나 화려한 의복을 입으며 자신의 교양과 재력을 과시하기도 하였습니다.

청 대에는 인쇄술과 출판업의 발달로 장편 소설이 크게 유행하였습니다. 역사적 사실을 바탕으로 쓴 『삼국지연의』, 『수호지』, 『서유기』, 『홍루몽』이 대표적인 작품입니다. 이들 소설의 몇몇 에피소드는 연극으로 만들어지거나 속담, 포스터, 사원의 장식으로도 쓰였기 때문에 글을 모르는 농민들도 소설의 구성과 극중 인물을 어느 정도 알 정도였습니다.

경극은 베이징 일대에서 유행한 공연 예술입니다. 각 지방에서 발달한 연극이 베이징에 올라와 상연되면서 유래하였는데, 노래와 춤, 무술과 곡예의 기교를 갖춘 종합 전통극입니다. 경극의 가장 큰 특징은 얼굴 분장입니다. 배우들의 얼굴색과 무늬로 배역의 신분과 직업을 알 수 있습니다. 여성은 경극에 참여할 수 없어 보통은 잘생긴 젊은 남자가 여성 역할을 맡았습니다.

경극이 공연되던 곳은 대상인들의 회관에 부속된 공연장이었는데, 점차 일반 서민에게 개방되어 독립 건물로 변모하였습니다. 후이저우가 있는 안후이 성의 유력한 상인들은 싼칭판, 쓰시판과 같이 자신들의 영업 상표를 이름으로 붙인 개

영화 〈패왕별희〉의 한 장면. 1993년 영화로 제작된 대표적인 경극으로, 사면초가 고사를 낳은 항우의 비극적 말년을 담고 있다.

인 극단을 운영하기도 하였는데, 이것이 전국적으로 성행하면서 극의 내용도 다양해졌습니다.

1828년 청나라에 사신으로 다녀온 조선의 박사호는 『유관잡록』에 경극을 보고 온 소감을 이렇게 남겼습니다. "중국 사람들은 희장(극장)에도 규모가 있는데 배울 만한 것이다. 연희의 이름은 진시황의 아방궁연, 패왕의 홍문연, … 적벽대전, 왕소군의 출새행 등으로 다 기록할 수가 없다." 이를 보면 역사적으로 유명한 사건을 다룬 연극들이 크게 유행하였음을 알 수 있습니다.

조선 후기 서민들이 꿈꾸던 세상

조선 후기 농업 생산력의 증대는 당시 양반의 경제력을 능가하는 부자 농민이 등장하는 배경이 되었습니다. 또한 상인과 수공업자 중에서도 부유한 상인층이 출현하였습니다. 이들은 경제력을 바탕으로 양반 부럽지 않은 생활을 하면서 자신들이 양반보다 못할 것이 없다고 생각하였습니다. 이들이 만들고 즐겼던 대표적인 문화가 판소리, 탈춤, 민화입니다.

상품 교환 경제를 바탕으로 전국적인 유통망이 발달하면서 교통의 요지와 포구 등지에 송파장, 안성장, 누원장, 강경장 등 큰 시장이 들어섰습니다. 송파장은 현재의 서울 잠실 일대에 열렸던 시장입니다. 경상도와 전라도, 충청도 사람들이 각종 물건과 조세를 갖고 한양 도성으로 올라오는 길목에는 안성장이 열렸습니다. 누원장은 함경도와 강원도 북부 지역의 물건이 한양으로 들어오는 길목인 경기도 양주 지역(현재의 의정부 지역)에서 열렸던 시장입니다. 강경장은 금강 하류의 수로와 해로를 통해 번성한 포구에 개설된 시장이었습니다.

17세기 이후 조선의 상업 도시와 시장 곳곳에서는 길거리 공연이 펼쳐졌습니다. 공연이 열리면 사람들이 많이 모이고 장사가 잘되었기 때문에

상인들은 공연을 적극적으로 후원하였습니다. 이 중 가장 인기 있는 공연은 탈춤과 판소리였습니다. 탈춤은 농촌에서 마을의 안녕과 풍년을 기원하며 지낸 제사에서 유래하였는데, 상업이 발달하면서 직업적인 집단이 시장에서 공연하는 형태로 발전하였습니다. 황해도 봉산탈춤, 서울 송파 산대놀이, 양주 별산대놀이 등이 대표적입니다. 특히 탈춤은 양반들의 못된 행동을 고발하고 비판하면서 그들의 특권에 불만을 품고 있던 서민들의 스트레스를 풀어 주는 내용으로 크게 인기를 얻었습니다.

판소리는 창우, 광대, 가객이라고 불리던 가수들이 시장이나 마을의 놀이판에서 긴 이야기로 판을 짜서 부르던 노래입니다. 큰 마당에 돗자리를 깔고 가수가 한 손에 쥘부채를 들고 노래를 하면, 그 옆에서 고수가 북을 쳤습니다. 고수는 가수의 소리에 북으로 장단을 맞추며 '얼씨구', '좋다!' 하고 추임새를 넣었습니다. 〈심청가〉, 〈춘향가〉, 〈흥보가〉처럼 판소리의 내용은 대부분 조선 사회 서민들의 생활과 감정을 표현하거나 풍자와 해학이 넘치는 것이었습니다.

탈춤과 판소리로 스트레스를 날리던 서민들은 양반들처럼 집에 근사한 그림도 걸고 싶었습니다. 그렇지만 양반집에 걸려 있는 그림은 보통 사람들은 엄두도 낼 수 없을 만큼 비쌌습니다. 18세기 말, 쌀 한 가마니 가격

조선 후기의 민화. 〈까치호랑이〉(왼쪽), 〈모란도〉(가운데), 〈어해도〉(오른쪽).

이 50전 정도였는데, 왕실 소속 화가였던 김홍도가 그린 호랑이 그림은 3천 전이 넘었습니다. 이런 이유로 잡화·속화라고 불리던 민화가 유행하였습니다. 민화는 주로 아마추어 화가들이 그렸는데, 생활 공간의 장식을 주목적으로, 소재나 형식에 구애받지 않고 일상생활에 밀접한 그림을 많이 그렸습니다. 이 중에서도 호랑이, 물고기, 모란꽃 등이 민화의 소재로 인기가 있었습니다. 호랑이는 재앙을 물리치고 복을 빈다는 의미, 물고기는 부부 간의 금슬과 자식의 출세, 모란꽃은 재물을 의미하였기 때문입니다. 서민들은 민화를 통해 가족의 행복과 자식의 발전, 풍요로운 삶을 기원하였습니다.

고흐도 반해 버린 우키요에

〈탕기 영감의 초상〉

세계적으로 유명한 인상파 화가, 반 고흐(1853~1890)의 작품인 〈탕기 영감의 초상(Portrait of Père Tanguy)〉이다. 이 그림의 배경을 자세히 보면 가부키 배우, 후지 산, 벚꽃나무 등 우키요에가 여러 점 보인다.

당시 유럽에서는 일본 도자기가 큰 인기를 끌었다. 일본에서는 프랑스 만국 박람회에 출품하기 위한 도자기 포장지로 유행이 지난 우키요에를 사용하였다. 그렇게 유럽으로 건너간 우키요에는 당시 화가들에게 선풍적인 인기였다. 명암이 적고 평면적이면서 강렬한 색을 사용한 우키요에는 특히 마네, 모네, 고흐, 로트레크 같은 인상파 화가들에게 '자포니즘(일본풍)' 이라고 불릴 정도로 큰 자극을 주었다. 이들이 이전까지 유럽 화단을 지배하고 있던 메시지 중심의 고전주의 화풍에서 벗어나 인상주의 화풍을 개척한 데는 특정한 풍경이나 형태를 부각시키거나 간결하게 표현하는 우키요에의 영향이 컸다.

작곡가 드뷔시가 우키요에 〈가나가와 해변의 높은 파도 아래(神奈川沖浪裏)〉를 보고 교향시 〈바다〉를 작곡하는 등 우키요에는 19세기 유럽 음악과 미술에 큰 영향을 끼쳤다.

19 ─ 동아시아는
제국주의에 어떻게 대응하였을까?

──── 1842년 난징 조약 체결 장면을 표현한 영국인 판화가의 작품입니다. 제복을 입은 영국군
지휘관들의 수가 청 측 대표들에 비해 압도적으로 많아 보입니다. 난징 조약은 동아시아
국가와 서양 열강 사이에 맺어진 최초의 근대적 조약입니다.
그런데 왜 이런 분위기 속에서 조약이 체결되었을까요? 난징 조약 체결 이후 동아시아
사회는 어떻게 변화되어 갔을까요?

동아시아 각국, 나라 안팎으로 위기에 처하다

18세기 중반 이후 청은 쇠퇴 조짐을 보이기 시작하였습니다. 사치와 부패를 일삼던 관리들의 수탈은 극에 달하였고, 인구가 기하급수적으로 늘어나 실업자와 떠돌이 농민이 많아졌습니다. 이는 빈번한 반란으로 나타났습니다.

이러한 상황에서 차(茶) 구입량이 늘면서 청과의 무역에서만 적자를 보던 영국 동인도 회사는 마약인 아편을 청에 은밀하게 팔기 시작하였습니다. 1839년에 청의 아편 수입량은 4만 상자 이상으로 늘어났고, 아편 중독자 수는 200만 명을 넘어섰습니다. 부패한 관리들이 아편 판매를 못 본 척하면서 사태는 심각해져 갔습니다. 또한 아편을 사들이면서 많은 양의 은이 해외로 빠져나가 청조는 재정난에 빠지게 되었습니다.

결국 청조는 아편을 몰수하여 폐기하는 강력한 조치를 단행하였습니다. 그러자 영국 정부는 청조가 '자유 무역'을 침해하고 사유 재산을 몰수하였다는 자본가들의 주장을 받아들여 전쟁을 일으켰습니다(제1차 아편 전쟁, 1840). 영국군은 압도적인 해군력으로 광저우 지역을 공격하였습니다. 청조는 이에 맞섰지만 영국군이 인도로부터 1만 명의 군대를 더 투입하고 상하이 등을 점령하자, 이에 굴복하여 난징 조약을 체결하였습니다 .

홍콩 할양, 상하이를 비롯한 5개 항구의 개항, 관세 자주권의 상실, 치외 법권*, 거액의 배상금 등이 강요된 이 조약은 이후 100년 이상 중국의 대외 관계를 특징짓는 불평등 조약의 출발점이 되었습니다. 이러한 불평등 조약 체제는 책봉과 조공이라는 전통적인 동아시아 세계의 질서를 대신하여 새로운 국제 관계로 자리 잡았습니다.

청의 패전 소식은 지금까지 청조에 조공을 하던 조선, 베트남, 류큐뿐 아니라 조공 관계 바깥에 있던 일본에게도 커다란 충격이었습니다.

청과 가장 밀접한 책봉 · 조공 관계를 지속해 온 조선은 1845년, 영국

*치외 법권: 다른 나라의 영토 안에 있으면서 그 나라 국내법의 지배를 받지 않는 국제법상의 권리이다.

군함이 통상을 요구하자 청의 신하국이기 때문에 외교권이 없다는 이유를 들어 거절하였습니다. 이듬해 프랑스 군함이 왔을 때에도 조선은 청을 통해 프랑스에 거절 의사가 담긴 외교 문서를 전달하였습니다. 이처럼 조선은 서양의 통상 요구를 거부하고자 할 때 청과의 책봉·조공 관계를 활용하였습니다. 그러나 흥선 대원군 집권 시기에 프랑스·미국 등의 침략 행위가 노골화되자, 이에 정면으로 맞서는 통상 수교 거부 정책을 강화하였습니다.

일본의 막부에서는 서양 세력과 무력 충돌이 일어날 경우 청조처럼 패배할지도 모른다는 위기감이 높아졌습니다. 더욱이 19세기에 들어 정치는 부패하였고, 치안은 극도로 문란해진 데다, 대규모 흉년이 겹쳐 굶어 죽는 사람들이 속출하였습니다. 그 결과 각지에서 100차례가 넘는 봉기가 발생하였습니다.

1837년 '천하의 부엌'이라 불릴 만큼 경제의 중심지였던 오사카에서 유학자이자 막부의 전직 관리였던 오시오 헤이하치로가 약 300명의 농민들을 이끌고 난을 일으켰습니다. 난은 곧 진압되었지만, 각 지역에 영향을 미쳐 오시오의

'오시오 헤이하치로의 난'을 그린 그림. 오시오는 '백성 구제'의 깃발을 앞세우고, 대포와 불화살을 쏘며 진격하였다. 이로 인해 오사카의 5분의 1이 불타고, 많은 사람들이 다치거나 죽었다.

이름을 내건 난이 곳곳에서 일어났습니다.

이후 각 번이 막부의 명령을 따르지 않는 일이 발생하였고, 막부의 권위는 떨어져만 갔습니다. 아편 전쟁 소식은 막부를 불안하게 만들었고, 네덜란드와의 교역으로 국제 정세에 대한 정보를 많이 접했던 서남부 지역의 번에서는 자체적으로 군사력을 강화하기 시작하였습니다.

1853~1854년 미국의 페리 함대가 에도 항까지 와서 이제까지의 외국 사절들과 달리 무력시위를 벌이며 통상을 요구하였습니다. 막부의 위기

감은 절정에 이르렀습니다. 결국 막부는 천황과 다이묘들의 반대에도 불구하고 단독 결정으로 미국, 네덜란드, 러시아, 영국, 프랑스 등과 통상 조약을 체결하였습니다(1858). 이 조약들 또한 청이 서양 열강과 맺은 조약처럼 치외 법권을 인정하고 관세의 자주권을 부정하는 불평등 조약이었습니다.

그렇다면 영국이 아편 전쟁을 일으킨 광저우 바로 밑에 위치한 베트남의 상황은 어떠하였을까요? 당시 베트남은 성립한 지 50여 년밖에 되지 않은 응우옌 왕조가 지배하고 있었습니다. 응우옌 왕조는 유교 이념을 바탕으로 통치 체제를 운영하였으나, 왕조를 세우는 과정에서 프랑스인들의 도움을 받았기 때문에 크리스트교의 포교를 허용하였습니다. 그러나 왕실에 대한 반란이 빈발하고 크리스트교 신자들이 이에 가담하자 응우옌 왕조는 크리스트교를 탄압하였습니다. 1848년부터 1860년까지 처형당한 사람은 유럽인 선교사가 25명, 베트남인 신부가 300명, 평신도가 2만 명 이상이었습니다.

프랑스의 나폴레옹 3세는 아편 전쟁에서 승리한 영국이 베트남까지 세력을 확장할 것을 우려하였습니다. 그래서 응우옌 왕조의 크리스트교 탄압을 구실 삼아 전쟁을 일으켰습니다. 프랑스군은 1862년 베트남 남부 대부분을 점령하였고, 결국 응우옌 왕조는 그해 6월 프랑스와 제1차 사이공 조약을 맺어 프랑스에 크리스트교 포교의 자유, 코친차이나* 동부 3성의 할양, 3개 항구 개항, 배상금 지불 등을 약속하였습니다.

*코친차이나: 베트남 남부의 메콩 강 삼각주를 중심으로 한 지역을 이른다.

위기 극복 방안을 둘러싸고 내부 갈등을 겪다

서양 열강에 문호를 개방하는 과정에서 무기, 선박, 기술 등의 측면에서 열세를 절실히 느낀 청, 일본, 베트남의 지배층은 이 위기 상황을 극복하기 위해 개혁을 시도하였습니다.

수은 회사		조선소
방직 공장		탄광
병기 공장		철광산
학교		전보국

지린

베이징 · 톈진
한성
조선

상하이 · 톈진 간 전선

란저우 · 시안

청두 · 청 · 우한 · 상하이
난징

홍콩 · 상하이 간 해저 전선

윈난 - 동 · 철 채굴

푸저우
타이베이 · 지룽

광저우
샹강

양무운동 추진 세력은 각 지역에 산업별 공장을 세웠다. 그러나 서양의 기계와 기술만 받아들이고자 하였고, 지방에서 개별적으로 추진하여 근본적인 변화를 이루지 못하였다.

청조는 제1차 아편 전쟁에 이어 제2차 아편 전쟁(1856)에서도 패하여 권위가 추락하였습니다. 설상가상으로 홍수전 등이 양쯔 강 일대를 중심으로 태평천국을 건설하고, 토지 분배와 양성 평등을 내세웠습니다. 청조는 이대로 가다간 왕조가 몰락할 수도 있다는 위기의식을 느끼게 되었습니다. 이홍장 등 지방의 고위 관료들은 위기의 원인이 군사력의 핵심인 무기와 과학 기술이 서양에 미치지 못한 데 있다고 보았습니다.

이들은 우선 반란 진압과 국방을 강화하기 위해 서양식 총포 · 선박 등을 제조하는 군수 공장을 세우고, 해군을 창설하였습니다. 또한 서양의 과학 기술 서적을 번역 · 보급하였고, 유럽과 미국 등지에 유학생을 파견하여 서구식 학문을 배워 오도록 하였습니다. 서양식 기계가 백성들의 생계 안정과 일상 용품 제작에도 도움이 된다는 주장을 받아들여 광공업 · 면직업 공장을 세웠으며, 전신선과 철도 등도 부설하였습니다. 이같이 추진된 개혁을 양무운동이라고 부릅니다.

그러나 당시 청 조정은 보수적인 관료들이 포진하고 있었으므로 양무운동을 적극적으로 추진할 수 없었습니다. 더욱이 양무운동을 추진했던 지방관들은 분열되어 있었기 때문에 이를 전국적 차원에서 일관성을 가지고 일사불란하게 추진할 수 없었고, 무기 개발과 공업 육성 정책은 일부 지방에서 전개되는 데 그쳤습니다.

서양 문물의 수용 여부를 둘러싼 지배층 내부의 갈등은 베트남에서도

나타났습니다. 응우옌쯔엉또 등 소수의 지식인은 서구 세력과의 광범위한 교류, 행정과 사법의 분리, 서양식 군대의 창설, 특권층에 대한 과세, 신문 발행을 통한 정보 공유, 철도 부설 등 사회 전반에 걸친 개혁을 추진하였습니다. 그러나 권력을 쥐고 있던 보수 세력은 자신들의 이익을 침해하는 이런 개혁안을 완전히 무시하였습니다. 결국 응우옌 왕조는 프랑스의 공격에 대처하는 과정에서 1876년과 1880년 두 번에 걸쳐 '종주국'인 청에 '조공 사절'을 파견하여 도움을 청했을 뿐, 위기 상황을 근본적으로 극복하기 위한 개혁을 추진하지 못하였습니다.

프랑스는 1881년부터 베트남 북부 지방을 대대적으로 공격하여 남부는 식민지, 중부와 북부는 보호령으로 삼았습니다. 응우옌 왕조는 1945년까지 존속하였지만 이는 명목일 뿐, 실질적으로 베트남의 모든 영토는 프랑스의 식민지가 되고 말았습니다.

기존의 중국 중심의 책봉·조공 질서에서 비켜 나 있던 일본은 어떠하였을까요? 일본에서는 막부가 천황의 허가 없이 개항을 결정한 것에 불만을 품은 세력이 늘어 갔습니다. 그전에도 정치·외교는 막부가 독단적으로 결정하였지만, 무능과 부정부패로 막부의 권위가 추락한 상황이었기

고로카쿠. 에도 막부가 1864년에 완성한 별 모양의 서양식 성곽으로, 보신 전쟁 최후의 격전지가 되었다(1869).

때문에 반발이 컸습니다.

결국 막부 반대 세력은 죠슈 번과 사쓰마 번을 중심으로 결집하여 1868년 1월, 궁정을 장악한 뒤 메이지 천황의 이름으로 막부 폐지를 선언하고 조정이 모든 국정을 이끌어 갈 것을 분명히 하였습니다. 메이지 천황을 앞세운 새 정부가 추진한 이 개혁을 메이지 유신이라고 합니다. 막부는 즉시 이에 반발하여 정부군과 1년 넘게 전쟁을 벌였습니다(보신 전쟁). 막부는 이 전쟁에 서양식 군사 훈련을 받은 군대를 동원하였으나, 결국 정부군에게 패하였습니다. 260여 년간 계속된 에도 막부가 막을 내리는 순간이었습니다.

동아시아 국가 간의 관계가 달라지기 시작하다

1869년 보신 전쟁이 마무리되자, 메이지 정부는 서양 열강이 주도하는 국제 질서에 편입하여 그들과 같은 형태의 통치 체제를 만들기 위한 본격적인 개혁을 추진하였습니다. 이들이 추진한 개혁의 특징을 살펴보면 다음과 같습니다.

첫째, 천황을 국가 통합의 상징으로 내세웠습니다. 정치권력을 장악한 막부 반대 세력은 국가 구성원들로 하여금 천황을 신적인 존재로 여기게 하고, 천황을 앞세워 정책을 추진함으로써 반발을 최소화하고자 하였습니다.

둘째, 서양 열강처럼 부강한 나라를 만들고자 하였습니다. 정부 주도 아래 경제 개발을 추진하였습니다. 정부는 군수업, 방직업, 농업, 축산업 등을 육성하는 데 중점을 두었습니다. 그뿐만 아니라 철도와 도로를 건설하고 우편·전신 등을 통해 상품의 유통과 사람들의 왕래, 정보와 지식의 교류를 활성화시켰습니다.

셋째, 서양처럼 모든 사회 구성원을 '국가'에 충성하는 균일한 '국민'으로 만들고자 하였습니다. 이를 위해 먼저 신분제를 폐지하였습니다. 또한 병역·납세와 함께 교육을 국민의 3대 의무로 규정하고, 부국강병에 도움이 되는 국민 육성이라는 목표 아래 전국적으로 학교를 설립하였습니다.

마지막으로, 국제 질서가 서양 열강을 중심으로 재편되고 있음에 주목하여 서양의 문화와 제도를 적극적으로 수용하고 이들과 대등한 국제적 지위를 확보하고자 하였습니다. 서양의 최신 학문과 과학 기술이 소개되었고 서양식으로 머리카락을 짧게 자르는 단발을 본격화하였습니다. 또한 양복을 입고 소고기 음식을 먹는 것도 유행하였습니다.

이러한 상황에서 메이지 정부는 미국과 유럽 지역에 사절단을 파견하여 일본이 서구 세력과 체결한 불평등 조약을 개정하려 하였습니다.

이와 같은 일본의 변화는 동아시아 내부 질서에도 변화를 가져왔습니다. 일본은 먼저 1871년, 청과의 대등한 관계를 규정한 청·일 수호 조규를 체결하여 청을 종주국으로 하는 조선보다 우위에 있다는 명분을 얻었습니다.

이로부터 2년 후인 1873년, 조선에서는 집권 세력이 교체되는 큰 정치적 변동이 있었습니다. 강력한 통상 수교 거부 정책을 펼치던 고종의 아버지 흥선 대원군이 물러나고, 고종이 직접 정치를 주관하게 되면서 왕비의 일족인 민씨 세력이 권력을 장악한 것입니다. 민씨 정권은 중앙과 지방에서 대원군 세력을 약화시키면서 폐쇄적이었던 대외 정책에도 변화를 주고자 하였습니다. 그러나 왕비가 거처하는 건물 쪽에서 각종 대형 화재가 발생하고, 왕비의 양오빠인 민승호가 폭탄 테러로 암살당하는 등 민씨 정권에 대한 반발도 만만치 않았습니다.

이러한 조선의 정치 상황 변화를 감지한 일본은 서양 열강이 했던 것처럼 무력으로 위협하여 개항과 불평등 조약 체결을 조선에 요구하였습니다. 그 결과가 바로 강화도 조약으로 불리는 조·일 수호 조규의 체결(1876)입니다.

조·일 수호 조규는 조선에 대한 일본의 권리만 명시한 불평등 조약이었습니다. 일본이 조선에서 군사 작전을 원활히 수행하는 데 필요한 해안 측량권, 일본인의 치외 법권 등이 대표적인 내용입니다. 일본은 같은 해 추가로 조·일 무역 규칙을 맺어 일본 상인이 조선에서 자유로이 곡식을 수출입할 수 있도록 하였을 뿐 아니라, 일본 상품이 조선에 관세 없이 들어오게 만들었습니다.

청·일 수호 조규에 이어 조·일 수호 조규가 체결됨에 따라 동아시아 국가 사이에서도 서양 열강이 만들어 놓은 조약 체제가 작동하게 되었습니다. 일본이 본격적으로 조선에 진출하자, 청은 일본의 영향력 확대를 경계하면서 조선에 대한 간섭을 강화하였습니다. 동아시아 각 지역에 대한 지배권을 둘러싸고 벌인 서양 열강들끼리의 대립이 이제 조선을 둘러싸고 청과 일본 사이에서도 나타나기 시작한 것입니다.

20 청·일 전쟁은
동아시아에 어떤 영향을 미쳤을까?

위 그림은 청과 일본이 시모노세키 조약을 맺는 장면입니다. 중앙에 앉아 오른손을 탁자 위에 올리고 있는 사람이 일본 측 대표인 이토 히로부미이고, 탁자를 사이에 두고 그 맞은편에 앉아 있는 사람이 청 측 대표인 이홍장입니다. 이 조약은 일본이 청과의 전쟁에서 압도적인 승리를 거두면서 맺어진 양국 사이의 불평등한 약속이었습니다. 두 나라 사이의 전쟁은 왜 일어났고, 이후 동아시아의 상황은 어떻게 전개되었을까요?

조선에서 청과 일본이 전쟁을 벌이다

조·일 수호 조규 이후 청은 일본의 영향력 확대를 경계하였습니다. 특히 1882년에는 구식 군대가 일으킨 반란인 임오군란을 구실로 3천여 명의 군대를 조선에 주둔시키고, 조·청 상민 수륙 무역 장정을 맺어 청 상인들이 내륙까지 들어와 상업 활동을 할 수 있게 만들었습니다. 이에 더하여 조선을 속국으로 규정하고 청에서 파견한 관리가 조선의 정치와 외교에 깊숙이 간섭하였습니다.

이처럼 조선을 둘러싸고 청·일이 경쟁하는 가운데 연해주 남쪽으로 세력을 확대하려는 러시아와 이를 견제하려는 영국이 가담함으로써 동아시아 지역의 정세는 복잡해져 갔습니다. 1894년경에 이르러 일본은 청과 맞설 수 있는 군사력을 갖추게 되었고, 일본 내에서는 러시아가 한반도를 본격적으로 침략하기 이전에 먼저 세력권을 확보하자는 주장이 확산되었습니다.

이 시기 조선에서는 부패한 관리와 무거운 세금에 반발한 농민들이 봉기하여, 그 세력이 전국으로 번지고 있었습니다(동학 농민 운동). 자체 군사력으로 진압이 어렵다고 판단한 조선 정부는 청에 지원을 요청하였습니다. 청의 내정 간섭이 본격화된 지 10년이 넘은 상황에서 조선의 지배층은 사리사욕을 챙기기에만 바빴고, 군사력마저도 외국 정부에 의지하는 비참한 지경에 이르렀던 것입니다.

청이 조선 정부의 요청에 따라 군대를 보내자, 일본은 조선에 거주하는 일본인을 보호하겠다는 구실을 들어 조선에 군대를 보냈습니다. 사실 조선 정부가 청에 공식적으로 군사 개입을 요청하기 하루 전, 이미 일본군은 천황과 정부로부터 조선 파병을 허락받은 상태였습니다. 이에 따라 일본군은 청군과 거의 동시에 조선에 들어왔습니다. 일본군 파병에 놀란 조선 정부는 서둘러 농민군의 요구를 일부 수용하기로 하고 봉기를 진정시킨 후, 청·일 양군의 동시 철수를 요구하였습니다.

조선 정부의 철수 요청을 거부하던 일본군은 경복궁을 점령하고 조선의 내정 개혁에 간섭을 하였습니다(갑오개혁). 조선의 외교를 맡은 외아문에서 각국 외교관에게 편지를 보내 도움을 요청하였지만 소용이 없었습니다. 일본은 풍도(현재의 경기도 안산) 앞바다에서 청의 군함을 공격하여 청·일 전쟁을 일으켰습니다. 일본군은 며칠 사이에 왕궁의 재물을 약탈하고 조선이 청과 맺은 조약을 폐기시켰습니다. 초기에 치러진 아산 전투에서는 조선군에게 일본군 복장을 입혀 앞장서게 하여 결국 조선인들이 죽거나 다치는 사태가 발생하였습니다.

청·일 전쟁은 조선을 누가 지배하느냐를 두고 조선 땅에서 벌어진 전쟁입니다. 서양 제국주의 열강의 침략으로 개항을 당했던 청과 일본 모두 이제는 스스로 제국주의 국가가 되기 위해, 수천 년간 교류를 지속하며 하나의 문화권을 형성해 온 조선을 놓고 전쟁까지 벌이게 된 것입니다.

일본, 제국주의 국가가 되다

청·일 전쟁이 발발한 지 두 달도 채 안 된 1894년 9월 중순, 일본군은 평양을 점령하였습니다. 좌보귀를 비롯한 청군 2천여 명이 전사하고 부상자는 5천 명이 넘었습니다. 전날 밤까지 술판을 벌였던 엽지초와 위여귀 등 지휘관들은 도망쳤습니다.

이후 청과 조선의 바다는 일본 해군이 완전히 장악하였습니다. 조선에 거주하는 일본인들은 기세가 더욱 등등해졌고, 조선의 관원들과 백성들도 청 사람들을 조롱하였습니다. 그동안 청 상인들이 조선인들에게 횡포를 부렸던 것과 반대로, 이제는 청 사람들이 조선인들에게 피해를 입는 사례가 속출하였습니다. 유럽 각국은 모두 일본과 가까이하면서 중국을 멀리하였고, 조선의 부녀자들까지 중국인을 '청나라 개'라 불렀습니다. 일본인들은 중국인을 만나면 칼로 목을 치는 흉내를 내면서 놀렸습니다.

결국 전쟁에서 패배한 청은 일본과 시모노세키에서 강화 조약(1895)을 체결하게 되었습니다. 조약의 주요 내용은 다음과 같습니다.

1. 청국은 조선의 독립을 인정한다.
2. 랴오둥 반도 및 타이완, 펑후 제도를 일본에 내어 준다.
3. 배상금 2억 냥을 일본에 지불한다.
4. 새로이 사스, 충칭, 쑤저우, 항저우 4곳을 개항한다.

청에 조선의 독립을 요구한 것은 조선에 대한 청의 간섭을 중지시키고 일본의 영향력을 극대화하기 위함이었습니다. 랴오둥 반도는 수도 베이징의 턱밑이라고 할 만큼 청의 군사적 요충지로, 일본의 입장에서는 만주와 중국 대륙 전체를 침략하는 데 유리한 핵심 지역입니다. 일본은 이곳을 통해 만주와 조선을 호시탐탐 노리던 러시아를 견제할 생각이었습니다. 조선의 독립과 랴오둥 반도 확보를 통해 중국 대륙으로 진출할 노골적인 생각을 드러낸 것입니다.

전쟁 배상금 2억 냥은 당시 일본 정부 1년 재정의 약 4배에 해당하는 액수입니다. 청·일 전쟁 당시의 정부 재정과 현대 국가의 재정을 단순 비교할 수는 없지만, 2016년 한국 정부의 1년 재정이 약 386조 원인 것을 보면 정부 재정의 4배라는 배상금의 규모가 어느 정도인지 짐작은 할 수 있습니다.

중국의 새로운 항구가 열리면서 일본 상인들의 중국 진출이 본격화되었습니다. 이는 서양 열강이 동아시아 국가들을 개항시킬 때 흔히 써 왔던 수법입니다. 일본은 서양 제국주의 국가들의 침략 과정을 답습하면서도, 자신들을 아시아를 침략하는 서양과 대등하게 맞서 싸울 힘을 갖춘 '동양의 수호자'로 미화하였습니다.

청·일 전쟁 패배로 청은 조선에 대한 영향력을 거의 상실하였고, 청을 중심으로 하던 동아시아의 전통적 국제 질서는 사실상 무너졌습니다. 이와 더불어 일본은 청 내에서 서양 열강과 같은 지위를 얻게 되었고, 열강의 예상과 달리 일본에 완패한 청은 일본에게 지급할 배상금을 구하기 위해 영토와 이권을 담보로 열강에게 차관을 얻어야 했습니다. 때문에 열강의 침략은 더욱 확대되어 청은 반식민지 상태가 되고 말았습니다. 또한 전쟁 배상금 덕분에 '돈벼락'을 맞은 일본은 야하타 제철소를 건설하여 자체적으로 강철을 생산하기 시작하였을 뿐 아니라 러시아를 견제하기 위해 육군 병력을 2배로 늘리고 해군 함정도 100척이나 확보하였습니다.

일본, 러시아를 몰아내고 한국*의 외교권을 빼앗다

〈공원의 각 나라 아이들〉이라는 그림은 청·일 전쟁 직후 일본과 서양 열강의 세력 다툼을 일본의 시각으로 풍자하였습니다.

그림에서 러시아가 손에 쥔 '만두'는 청나라 영토인 '만주'를 의미합니

*한국: 1897년 10월 12일 고종은 조선이 자주 독립 국가임을 강조하기 위해 국호를 '대한 제국'으로 변경하고 황제 즉위식을 거행하였다. 이후 '대한 제국'을 약칭으로 '한국'이라 하였다.

〈공원의 각 나라 아이들〉. 메이지 시기부터 만주사변까지 일제의 침략전쟁을 다룬 화첩 『전역화첩어국지예(戰役畫帖御國之譽)』(도쿄 성문사, 1936)에 실린 풍자화다.

다. 졸고 있던 청의 만두(만주 지역)를 러시아가 슬쩍 가져가자 일본이 러시아의 손목을 잡으며 저항하고 조선은 일본의 다리에 매달려 무섭다고 외치고 있습니다. 프랑스와 독일은 러시아에게 만두를 나눠 달라고 하고 있고, 영국은 러시아가 얄밉다면서 아르헨티나에게 최신형 군함을 일본에게 줄 것을 권하고 있습니다. 미국은 러시아가 센 척해도 일본에게 당할 수 있다고 하면서 재미있어하고 있습니다. 이 한 장의 그림으로 19세기 말 한반도의 상황이 어떠하였는지 여실히 느낄 수 있습니다.

청·일 전쟁에서 승리한 일본은 만주의 랴오둥 반도를 차지하려고 하였으나 러시아와 프랑스·독일의 압력으로 포기할 수밖에 없었습니다(삼국간섭). 중국은 이권 쟁탈을 둘러싼 서양 열강의 각축장이 되고 말았습니다. 그림은 이러한 국제 정세를 은유적으로 나타내면서 일본을 서양 열강에 맞서는 정의의 사도이자 조선의 보호자로 묘사함으로써 일본의 동아시아 침략을 정당화하고 있습니다.

청·일 전쟁 이후 만주와 한반도 지배를 둘러싼 러시아와 일본 간의 갈등은 점차 커졌습니다. 외교적인 협상이 진행되기도 하였으나 일본이 협상 중지를 선언하며 결국 1904년 2월, 러·일 전쟁이 일어났습니다. 러시아의 남하를 두려워한 영국과 미국은 일본 정부에 거액의 돈을 빌려 주며 일본을 도왔습니다.

일본은 국외 중립을 선언한 한국을 무시하고 군사적으로 필요한 지역을 마음대로 사용하는 한편, 동해에서 러시아와의 전투에 대비하기 위해 독도를 무단으로 점령하였습니다. 결국 일본군은 1905년 펑톈 전투와 동해 해전에서 승리하여 유리한 입장을 확보하였습니다.

일본은 이때를 이용하여 미국에 러시아와의 중재를 요청하였습니다. 수만 명의 사상자가 발생하여 인명 피해가 컸던 데다, 전쟁 비용도 청·일 전쟁 때의 8배에 육박하면서 재정이 거의 바닥을 드러냈기 때문입니다.

러시아에서도 전쟁이 자국에 불리하게 전개되자 막대한 돈과 식량을 전쟁에 쏟아붓느라 생활이 빈곤해진 국민들 사이에 전쟁을 반대하는 목소리가 높아졌습니다.

결국 일본은 영국과 미국으로부터 한국 지배를 승인받고, 미국의 포츠머스에서 러시아와 강화 조약을 맺었습니다. 그 결과 러시아로부터도 한국에 대한 지배권을 보장받고, 만주 남부의 철도 부설권을 차지함으로써 이 지역을 영향권 아래 두게 되었습니다. 그러나 러시아가 패배를 인정하지 않아 전쟁 배상금은 받지 못하였습니다.

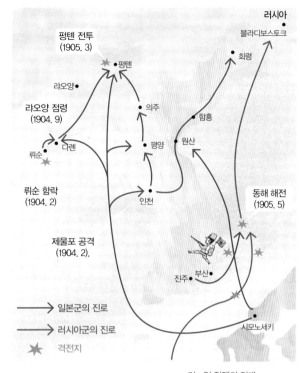

러·일 전쟁의 전개

이후 일본은 한국을 '보호'한다는 구실 아래 고종과 대신들을 위협하여 한국의 외교권 박탈과 통감부 설치를 명시한 을사늑약(勒約, 강제로 맺은 조약)을 체결하였습니다. 그 결과 이토 히로부미가 초대 통감으로 부임하여 한국의 내정과 외교를 장악하기에 이르렀습니다. 결국 5년 뒤인 1910년, 한국은 일본의 식민지가 되었습니다.

평양, 청·일 군대에 의해 폐허가 되다

청과 전쟁을 일으킨 일본은 바로 조선을 협박하여 조·일 공수 동맹 조약을 체결하고, 전쟁 기간 동안 조선은 일본군에 최대한의 편의를 제공해야 한다는 조항을 넣었다. 이후 일본은 조선 관리를 앞세워 인부와 물자를 끌어다 쓰고 교통로 곳곳에 전쟁 물자 보급 기지를 만들었다. 또한 일본군에 적극적으로 협조하지 않는 조선 관리를 해임시키라고 조선 정부에 압력을 넣고, 일본에 협조하는 인물을 중요한 자리에 임명하도록 요구하였다.

반면 조선에 출동한 청군은 개전 초기 아산 전투에서 패배한 지휘관 엽지초가 이 전투에서 이겼다고 거짓 보고를 하여 상금 2만 냥을 받는 등 지휘관의 부패가 심각하였다. 일본군이 승전을 거듭하며 평양으로 진격하던 상황에서 엽지초는 날마다 기생들을 불러 술판을 벌였고, 그 부하들도 공공연히 군영으로 기생을 불러들여 군사를 돌보지 않았다. 당시 조선 측에서 청군의 전진 배치를 요청하면서 청군이 먹을 식량 등 보급품까지 마련해 두었지만 결국 청군의 엽지초 부대와 좌보귀 부대가 서로 적군으로 착각해 총격전을 벌여 700명이 넘는 사상자만 내는 일이 발생하였다.

한편 청·일 전쟁으로 인한 피해는 전쟁터가 되어 버린 조선의 백성들에게 고스란히 돌아갔다. 청군이든 일본군이든 조선인 민가로 들어가 먹을 것과 입을 것을 약탈하였고, 여성들을 모욕하고 강간하였다. 그뿐만 아니라 길가에 있는 개와 닭, 소와 말을 있는 대로 다 잡아먹거나 끌고 갔으며, 마을마다 백성들을 강제로 끌고 가서 짐을 지게하고 가마를 메게 하였다.

다음의 기록은 청·일 전쟁 당시 조선 사람들이 얼마나 큰 고통을 당했는지 잘 보여 준다. 스스로 전쟁을 일으키지 않았음에도 강대국의 전쟁터가 되어 버린 조선의 아픔을 다시 새기게 되는 오늘이다.

"서울에서 평양 가는 길, 길가의 도시는 청·일 군대에 의해 모두 약탈당하고, 주민은 사방으로 도망가 숨어 버려 밥 한 그릇 물 한 잔 구할 곳이 없었다. 평양 전투 다음 날 아침, 길가에는 여기저기 청 군인들과 조선 사람들의 시체, 소·말·돼지·개의 사체 수천 수백이 흐르는 피 속에 쌓여 있다. 악취가 코를 찌르고, 눈앞에 펼쳐진 모습이 비참하여 머리털이 다 일어선다."

-『뉴욕헤럴드』 종군기자

"조선인을 고용하려 해도 응하지 않는다. 강제로 고용하면 도중에 짐을 버리고 도망간다. 감독관이 그들에게 군대 기강의 엄함을 알게 하려고 칼로 한 인부의 목을 베었다. 다른 인부들은 공포에 떨면서도 짐을 지려는 자가 없다. 의연히 길에 서서 죽음을 기다릴 뿐이다."

- 평양 전투에 참가한 일본 병사의 견문록 중에서

21 ___ 진정한 애국이란 무엇일까?

──── 사진은 1937년 발발한 중·일 전쟁 당시 난징 공격 소식에 환호하는 일본 사람들의 모습
입니다. 일본군의 난징 공격은 30만 명 이상의 희생자를 낸 난징 대학살로 이어졌습니다.
그러나 사진 속의 사람들은 일장기를 흔들며 열렬히 환호하고 있습니다. 다른 나라를 침
략하고 사람들에게 고통을 준 군대의 승리에 환호하는 것이 '애국'이 될 수 있을까요? '진
정한 애국'이란 무엇일까요?

불안과 불만, 파시즘을 낳다

1914년 유럽에서 벌어진 제1차 세계 대전은 유럽 전체를 폐허로 만들었습니다. 그러나 일본은 전쟁에 휩싸인 유럽의 강대국들이 아시아 지역에 신경 쓸 겨를이 없던 틈을 타서 중국 대륙에서 정치·경제적 영향력을 확대해 나갔습니다. 일본은 중국 산둥 반도에 대한 이권을 획득하였고, 중국 무역을 사실상 독점하였습니다. 1919년 중국이 수입한 물품 중에서 일본 상품이 차지하는 비율은 36.3퍼센트에 달하였고, 1920년에 일본이 중국 수출로 벌어들인 금액은 당시 일본 총수출액의 약 4분의 1을 차지할 정도였습니다.

그러나 중국에서는 5·4 운동* 이후 반일 감정이 본격적으로 확산되어 전국적으로 일본 상품 배척 운동이 전개되었고, 1920년대 유럽 경제의 회복으로 중국을 비롯한 세계 시장에서 일본 상품의 판매가 부진해지면서 일본 경제는 만성 불황에 시달리게 되었습니다.

1929년 미국에서 시작된 경제 대공황*이 세계적으로 확산되자 일본 경제는 돌이킬 수 없는 타격을 입게 됩니다. 1930년 한 해 동안에만 823개의 기업이 망했고, 이듬해에는 300만 명의 실업자가 발생하였습니다. 젊은이들은 취업난에 허덕였고 일가족 자살이라는 비극이 끊이지 않았습니다. 대공황이 준 타격은 일본 농촌에까지 미쳤습니다. 미국을 최대 시장으로 하는 농산물의 수출량이 급격히 줄면서 농산물 가격이 폭락하였고, 동북 지방에서는 극심한 흉년이 들어서 농민들은 굶주림에 시달렸습니다. 하지만 쌀값이 폭락하고 흉년이 들어도 농민들, 특히 남의 땅을 빌려서 농사짓는 소작인들이 부담해야 하는 소작료나 비료 가격은 변화가 없었습니다. 그 결과 소작료 인하를 요구하는 농민들의 소작 쟁의는 더욱 격화되었습니다.

이때 고위 정치인들이 재벌들로부터 뇌물을 받고 특혜를 준 사건이 연

*5·4 운동: 제1차 세계 대전 이후 패전국인 독일이 중국 산둥 성에 대해 가지고 있던 권익을 일본이 가져가려고 하자, 1919년 5월 4일 중국 베이징에서 학생들이 일으킨 항일 운동으로 반제국주의를 지향하는 문화 운동의 성격을 띠기도 하였다.

*경제 대공황: 1929년 10월, 뉴욕주식거래소에서 주가가 대폭락한 데에서 비롯되었다. 이로 인해 거의 대부분의 자본주의 국가들이 기업 도산, 실업자 급증, 물가 폭락 등으로 경제 상태가 크게 악화되었다.

달아 발생하였습니다. 점차 일본 사회에서는 '애국'을 강조하며 '위대한 일본'을 다시 건설해야 한다고 주장하는 단체들이 생겨났습니다. 그들은 군대 지도부와 함께 '천황 옆에서 정치를 그르치는 간신배들을 몰아내자.'고 주장하면서 원로 정치인, 장관, 정당 지도자, 재벌을 제거하고, 천황을 중심으로 똘똘 뭉칠 것을 요구하였습니다.

더불어 전쟁이야말로 심각한 경제 위기로 인한 국민들의 불만을 해결할 수 있는 방법이라고 여기는 분위기가 조성되었습니다. 다른 나라를 정복하여 상품 판매 시장을 확보함으로써 기업들이 살아나게 만들고, 전쟁에 필요한 군수 물자를 생산하는 과정에서 많은 일자리를 만들어 경제 위기에서 벗어날 수 있다는 논리였습니다. 이러한 경향을 파시즘이라고 합니다. '국가'라는 이름 아래 개인의 자유와 권리를 억압하면서 사회 구성원을 군대처럼 조직하여 다른 나라를 침략하는 것을 말합니다.

경제 대공황 이후 일본의 파시즘이 본격적으로 등장하였고, 1931년 9월, 결국 일본은 조선 바로 위에 위치한 만주를 침략해 만주 사변을 일으켰습니다. 이듬해 1월에는 만주의 대부분을 차지한 '만주국'이라는 꼭두각시 정부를 세웠습니다. 마침내 1937년에는 호시탐탐 노리던 중국 대륙 전체를 대상으로 본격적인 침략을 시작하였습니다. 중·일 전쟁을 일으킨 일본 군대는 발길이 닿는 곳마다 불을 지르고, 눈에 보이는 사람마다 죽이는 학살과 만행을 저질렀습니다. 특히 난징에서는 불과 두 달 사이 최소한 30만 명 이상의 민간인들이 일본군에게 학살당하는 끔찍한 '난징 대학살'이 발생하였습니다.

'애국'을 강조하며 침략 전쟁을 정당화하다

일본 정부는 의회에 막대한 군사비 지출안을 제출하는 등 침략의 고삐를 늦추지 않았습니다. 놀라운 것은 평소 정부 정책을 비판하며 농민과 노동자들 편에서 평화와 민주주의를 주장하던 정당들까지도 군사비 지출을 승인하였다는 점입니다.

정부는 재벌, 군대 지도부와 결합하여 모든 산업을 정부의 통제 아래 두고, 전쟁 수행을 위해 국민들의 사생활까지 희생할 것을 강요하였습니다. 이를 보여 주는 대표적인 사례가 바로 '국민정신총동원운동'입니다. 이것은 '천황 폐하의 신하인 모든 국민이 일치단결하여 국가에 충성을 다하자.'는 구호 아래 정부의 주도로 전개된 사회 운동을 말합니다. 정치인, 관료, 재벌을 중심으로 신문·방송사 대표, 종교인 등 사회 지도층 인사들은 정치·경제·사회·문화 등 모든 분야에서 '하나'가 되어 전쟁에 적극 협조하고 복종하는 것만이 '애국'이라고 선전하였습니다.

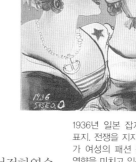

1936년 일본 잡지 『도쿄 펀』 표지. 전쟁을 지지하는 분위기가 여성의 패션 등 일상까지 영향을 미치고 있음을 잘 보여 준다.

이러한 분위기 속에서 각종 신문과 방송은 정부나 군대 지도부의 발표를 그대로 전달하면서, 중국과의 전쟁은 조국 일본을 중국으로부터 지키기 위한 것인 동시에 동양 평화를 위해 어쩔 수 없이 벌어야 하는 당위라는 주장을 펼쳤습니다. 신문들은 매일 일본군의 '용감한' 진격 장면을 담은 기사와 사진으로 지면을 채웠고, 방송사들은 '애국'을 강조하는 프로그램을 만들어 국민들이 전쟁을 열렬히 지지하게 만들었습니다.

이로 인해 국민들은 자발적으로 정부와 군대, 신문사 등에 국방 헌금을 내고 위문품을 보냈습니다. 여기에는 유치원생부터 가정주부, 저명한 자본가까지 거의 모든 계층이 참여하였고, 자발적 입대자 또한 늘어났습니다. 길거리에는 언제나 일장기가 펄럭였고, 곳곳에 일본군의 승리를 기원하는 현수막이 넘쳐났습니다.

'매국노'라 불러도 좋다

1930~1940년대 일본에서 국민 대다수가 '애국'을 강조하며 침략 전쟁에 찬성할 때, 이에 반대한 일본인도 있었다는 사실을 꼭 기억할 필요가 있습니다.

대표적인 인물로 먼저 하세가와 데루를 꼽을 수 있습니다. 하세가와 데루는 거의 모든 일본 국민이 '천황의 충성스러운 백성'이 될 것을 선언하던 때에 중·일 전쟁은 명백하게 일본의 침략 전쟁임을 비난하며 중국 편에 섰습니다. 그녀는 중국 국민당 정부의 국제 홍보부에서 활동하면서 일본에 반대하는 라디오 방송을 하였습니다.

1938년 11월 1일자 『미야코 신문』에는 하세가와 데루를 매국노라 강력하게 비난하는 기사와 함께 아버지인 하세가와 고노스케의 인터뷰도 실렸습니다. 인터뷰에서 하세가와 데루의 아버지는 딸의 행동이 사실이라면 천황 폐하의 백성으로서 자결할 각오를 하고 있다는 말을 하였습니다.

그러나 하세가와 데루는 '조국에 대한 사랑은 다른 나라, 다른 민족에 대한 사랑·존경과 함께해야 한다'면서 다음과 같은 말을 남겼습니다.

하세가와 데루(1912~1947).

"원한다면 나를 매국노라 욕해도 좋습니다. 나는 결코 두렵지 않습니다. 다른 나라를 침략하는 것도 모자라 죄 없는 그 나라 사람들까지 태연하게 죽여 이 세상을 지옥으로 만들고 있는 자들과 같은 나라에 속해 있다는 사실이 나에게는 오히려 더 큰 수치로 여겨집니다. 참다운 애국심은 결코 인류의 진보와 대립하지 않습니다. 그렇지 않다면 그것은 배외주의일 뿐입니다. 이 전쟁 중에 자기 나라만 중요하다고 생각하고 다른 나라, 다른 민족을 배척하는 사람들이 일본에 얼마나 많이 생겨났습니까?"

참다운 애국심은 결코 인류의 진보와 대립하지 않는다는 하세가와 데

루의 말은 현재를 살아가는 우리에게도 시사하는 바
가 큽니다.

한편 하세가와 데루처럼 아예 중국 편에서 일본
의 침략 전쟁을 비난하지는 않았지만, 파시즘의 광
풍 속에서 전쟁으로 인한 국민들의 피해를 강조하며
전쟁을 반대한 국회의원도 있었습니다. 바로 사이토
타카오입니다.

일본 중의원 본회의에서 전쟁
반대에 관한 연설을 하는 사이
토 타카오.

중·일 전쟁이 한창이던 1940년, 사이토 타카오는
의회에서 전쟁에 반대하고 군인의 정치 활동이 헌법에 금지된 것임을 주
장하였습니다. 그는 결국 의회에서 쫓겨났습니다. 다음은 그가 의회에서
했던 발언의 일부입니다.

"전쟁터에는 죽고 다치거나 혹은 온갖 고난을 견디고 있는 100만, 200만
의 군대가 있습니다. 또한 전쟁에 직접 참가하지 않더라도 전쟁으로 타격
을 입어 직업을 잃고 사회에서 낙오한 사람들도 많습니다. 반면에, 그 전
쟁으로 … 막대한 이익을 얻고, 분수에 넘치는 생활을 하는 자가 얼마만
큼 있을지 알 수 없습니다. 이런 불공평한 사실을 앞에 두고, 국민을 향해
전쟁을 위해 모든 것을 바칠 것을 강요하는 활동을 펼치고, 국민을 향해
긴장감을 갖게 하는 등 희생을 강요하는 것은 정부가 할 일이 아닙니다."

전쟁에 반대했던 일본인 중에는 지식인·정치인 외에 전쟁에 끌려갔던
병사들도 있었습니다. 중국군의 포로가 된 일본 병사들은 일본군을 상대
로 중국군에 항복하거나 도망칠 것을 호소하는 반전(反戰) 운동을 전개하
였습니다.

이와 같은 상황에서 중·일 전쟁은 장기화되어 갔고, 유럽에서는 제2차

세계 대전이 일어났습니다(1939). 일본은 서양 열강이 전쟁에 휘말린 틈을 타 동남아시아를 침략하였고, 미국 영토인 하와이의 진주만까지 기습 공격하였습니다. 이로써 제2차 세계 대전은 아시아·태평양 지역까지 확대되었습니다. 그러나 1942년 6월 미드웨이 해전에서 미군이 승리하면서 전세가 역전되었고, 1945년 8월 미국의 원자폭탄 투하와 소련의 참전으로 일본은 무조건 항복을 선언하였습니다.

　과연 진정한 애국이란 무엇일까요? 전쟁 물자를 생산하는 재벌과 결탁한 정부가 자신들의 이익을 위해 벌이는 전쟁에 적극 협조하여 다른 나라 국민들을 증오하고 그들을 살해하는 일에 열광하는 것일까요? 아니면 다른 나라와의 평화를 도모하면서 국민의 생명과 안전을 지키는 것이 정부의 임무임을 일깨우고, 정부가 잘못된 정책을 추진할 경우 이를 정면으로 비판하고 심판하는 것일까요?

　과거의 침략 행위를 반성하지 않고 오히려 전쟁을 일으킨 범죄자들을 영웅으로 기리며 주변 나라와의 갈등을 조장하는 현재 일본 정부의 모습을 볼 때, 주권자인 일본 국민들이 진정으로 나라를 사랑하는 길은 무엇일지 생각해 보게 됩니다.

재화 일본인 반전 동맹 화북 연합회 요강

일본 지식인·정치인만이 전쟁을 반대한 것은 아니었다. 당시 중국군 포로가 된 일본 병사들은 전쟁을 반대하는 활동을 활발히 전개하였다. 다음은 이들이 조직했던 재화 일본인 반전 동맹 화북 연합회가 발표한(1942. 7. 13.) 활동 방침이다.

1. 중·일 전쟁은 일본의 군대 지도부와 대자본가가 일으킨 정의롭지 못한 침략 전쟁이며, 일본 병사의 목숨을 희생시키고 일본 국민의 생활을 위협하는 전쟁이다. 따라서 우리는 이 전쟁에 반대하며 모든 점령지에서 일본군을 몰아내기 위해 싸운다.

2. 일본 병사들의 대부분은 이 전쟁을 정의로운 것이라 믿고 있으며 자신들도 모르는 사이에 군대 지도부의 도구로 변하였다. 따라서 우리는 일본 병사들에게 전쟁의 본질을 알게 하며, 더 나아가 그들이 정치적으로 이용당하고 있음을 깨닫게 하기 위해 싸운다.

3. 군부는 일본 국민들을 압박하고 희생으로 삼아 타국을 침략하는 야만적인 침략자로, 현재 정부는 군부 독재의 전쟁 정부이다. 따라서 우리들은 이들과 같은 국민의 적을 무너뜨리고 평화와 자유와 행복을 가져다주는 국민의 정부를 수립하지 않으면 안 된다는 것을 일본 병사들에게 확신시키기 위해 싸운다.

4. 중·일 양국 국민을 비롯하여 조선, 타이완 그리고 동남아시아 여러 나라의 국민은 모두 함께 일본 군부에 의해 억압받는 희생자이다. 따라서 우리들은 모든 아시아인들과 단결해서 공동의 적인 일본 군부에 반대하는 공동 투쟁을 행하고, 진실로 동양 평화를 건설하기 위해 싸운다.

5. 우리들은 이상의 목적을 실현하기 위해 중국 땅에서 중국군의 항일전을 적극적으로 돕는다.

22 '학교 종이 땡땡땡, 어서 모이자'는 언제, 왜 시작되었을까?

사진의 건물은 메이지 천황 즉위 다음 해인 1869년, 교토에 설립된 일본 최초의 초등학교인 류치(柳池)소학교입니다. 근대 이전 동아시아 사회의 학교 교육은 강력한 신분 제도 아래에서 지배층의 자녀들만을 대상으로 이루어졌습니다. 반면 근대적인 학교 교육은 신분제의 폐지와 함께 보급되었습니다. 학교는 신분의 구별 없이 모든 계층의 자녀들이 입학하였고 전국 각지에 세워졌습니다.

학교 입학 자격이 왜 이렇게 변했을까요? 또 학교를 많이 세운 이유는 무엇일까요?

경쟁에서 이기는 것만이 살 길이다

"이곳은 세계 여러 나라의 제작품, 새롭게 발명한 기계 등을 모아 사람들에게 보여 주기 위해 설치한 것이다. … 증기 기계로 옷감을 짜고 약품으로 여름에 얼음을 만들며, 대형 증기 기계로 물을 몽땅 퍼 올리는 장치 등이 박람회장 안에 있다. 그 밖에 새롭게 발명한 무기, 정교한 시계, 농기구 등 일일이 다 열거할 수가 없다."

이 글은 1862년 에도 막부에서 보낸 유럽 사절단의 일원으로 영국에 갔던 후쿠자와 유키치가 런던 만국 박람회를 보고 남긴 『서항기』의 일부입니다. 박람회는 영국, 프랑스, 미국 등 19세기 산업 혁명에 성공한 서양 일부 국가들이 최첨단 기술의 결과물을 대규모로 과시하기 위해 개최한 행사를 말합니다. 유럽의 박람회는 이를 관람했던 일본의 지식인들에게 서양 문화가 우월하다는 인식을 심어 주기에 충분하였습니다.

당시 서양 열강의 압력으로 문호를 개방한 동아시아 국가의 지식인들 중 일부는 세계 질서가 이미 강한 나라만이 살아남는 구조로 바뀌었다고 보았습니다. 따라서 무기, 기술, 제도 등의 측면에서 가장 우월하다고 판단되는 서양 문물을 서둘러 받아들여야만 전 세계적인 국가별 생존 경쟁에서 승리할 수 있다고 생각하였습니다. 이러한 모습은 동아시아 사회 전반에 걸쳐 나타났습니다.

지배층들은 서양 열강과 같은 나라를 만들기 위해서는 가장 먼저 백성들을 애국심을 갖춘 '국민'으로 만들어야 한다고 생각하였습니다. 이를 위해 백성들에게 현재의 국제 질서와 상황을 알리고 부국강병에 필요한 지식을 가르칠 필요가 있었습니다. 또한 '국민' 모두가 자기 집

1862년 런던 뉴스에 실린 그림. 런던 만국 박람회를 견학하는 일본 사절단의 모습이다.

을 생각하듯 조국을 위하고, 국가를 위해서는 재산뿐 아니라 목숨까지 버릴 수 있을 정도의 애국심을 갖도록 가르쳐야 했습니다. 마치 모든 국민을 명령에 따라 일사불란하게 움직이는 군인처럼 만들려고 한 것입니다.

따라서 동아시아 각국은 교육을 매우 중시하였습니다. 일본에서는 정부의 주도 아래 일정 나이의 아동을 의무적으로 학교에 보내도록 장려하여 1878년에는 소학교 취학률이 41퍼센트에 달하였습니다.

근대화 과정에서 자주성을 지키고자 했던 조선에서도, 1895년 고종이 교육입국조서를 내려 근대식 교육의 중요성을 강조하였습니다. 다음은 교육입국조서 내용 중 일부입니다.

> 세상 형편을 돌아보건대 부유하고 강하여 우뚝이 독립한 나라들은 모두 그 나라 백성들이 발달한 문명의 지식을 가지고 있다. … 책을 읽고 글자를 익혀 죽은 사람의 찌꺼기만 주워 모으고 지금 돌아가는 큰 형편에 어두운 자는 문장이 아무리 뛰어나더라도 쓸모없는 서생에 지나지 않는다. 이제 나는 교육하는 강령을 제시하여 허명을 제거하고 실용을 내세우는 바이다. … 내가 정부에 지시하여 학교를 널리 세우고 인재를 양성하는 것은 너희들 신하와 백성이 학식으로 나라를 중흥시키는 큰 공로를 이룩하기 위해서이다.

한성 사범학교. 1895년 고종의 교육입국조서 발표 이후 초등 교육 기관인 소학교 보급을 확대시킬 계획 아래 교원 양성 기관으로 설립되었다.

고종은 열강의 경제적 침탈과 일본의 정치적 간섭 아래 '독립국'으로서의 면모가 무너져 가던 당시 조선의 상황을 국가적 위기로 파악하였습니다. 예전처럼 유교 경전을 외우는 것을 죽은 사람의 찌꺼기만 줍는 것이라 비판하면서 국가를 보존하는 길이 교육에 있다고 말하고 있습니다. 고종은 이 위기를 극복하기 위해서는 서양으로부터 문물을 받아들여 그들과 맞설 수 있는 강대국이 되는 길밖에 없다고 판단한 것입니다. 고종에게 절대적으로 필요한 존재는 바로 '학교'와 '학생'이었습니다.

서양식 교육이 도입되다

이제 동아시아 국가에서 학교는 정부의 강력한 '부국강병' 의지에 따라 운영되는 근대 사회의 상징과도 같은 존재가 되었습니다. 관직에 나아가려는 자, 장사를 하려는 자, 농사를 지으려는 자, 군인이 되려는 자 모두가 학교라는 공간을 거쳐야 했습니다.

학생들은 국가의 운명을 어깨에 짊어진 기둥과도 같았습니다. 정부는 학생들을 국가 차원에서 관리하였습니다. 학교의 일과는 양력과 시계로 상징되는 서양식 시간에 따라 운영되었습니다. 시간 단위로 촘촘하게 짜인 수업 시간표는 그 자체만으로도 근대적 인간을 만들어 내는 중요한 장치였습니다. 학생들은 시간표에 따라 자신의 신체 리듬을 통제하였습니다. 예전처럼 날이 밝을 무렵이나 해질 무렵처럼, '~할 무렵'이라는 부정확한 시간 개념은 이제 학교에서 통하지 않았습니다. '몇 시 몇 분'이라는 아주 세밀하고 정확한 시간에 따라 움직여야 했습니다. 학교 종이 '땡! 땡! 땡!' 치면 수십 명의 학생들은 일제히 서양식 책상과 의자가 놓인 교실에 앉아 일사불란한 모습으로 교사를 기다렸습니다.

학생들이 배우는 과목은 주로 수신·작문·독서·문법·역사·산술·지리·과학·체조 등으로 개항 이전과는 전혀 다른 것들이었습니다.

국어는 한 나라 국민으로서 원활한 의사소통을 위해

서, 영어는 외국인들과의 의사소통과 무역 활동을 위해서, 수학·과학은 상업 활동과 기술 관련 지식을 얻기 위해 필요한 것으로 중요하게 여겼습니다. 지리는 세계 각 나라와 무역과 외교 관계를 맺으며 경제적·군사적으로 경쟁하려면 그들의 위치와 자연 환경을 잘 알아야 하기 때문에 배워야 한다고 했고, 역사는 선조들의 이야기를 통해 민족적 자부심과 애국심을 길러 주기 때문에, 체육은 강한 체력과 용맹스러움, 규율을 지키는 태도를 길러 언제든 전쟁에 동원하기 위한 목적에서 새로운 '주요 과목'이 되었습니다.

체육이 강조되다

개항 이전의 교육과 비교할 때 가장 두드러진 변화는 바로 체육의 강조입니다. 개항 이후 경전을 외우고 글을 짓는 전통적인 교육으로는 서양의 강력한 군사력을 막아 낼 수 없다는 인식이 생기면서 체육을 통한 '전사'의 양성이 학교 교육의 중요한 기능 중 하나가 되었습니다.

대표적인 예가 운동회·체조 등의 야외 활동입니다. 운동회는 일본에서 시작되었는데, 최초의 운동회는 1874년 도쿄 쓰키지 해군학교에서 열렸습니다. 외국인 교사의 지도 아래 달리기, 높이뛰기, 3단 뛰기, 공 던지기 등 개인의 기량을 겨루도록 하여 군인으로서 강한 신체를 갖추는 데 목표를 두었습니다.

청·일 전쟁, 러·일 전쟁 등 동아시아 패권을 둘러싼 강대국 간의 격렬한 대립이 표면화되면서 운동회는 한국·중국 등 동아시아 사회에 널리 확산되었습니다.

예를 들어, 아관파천* 당시 고종은 러시아 공사관에 피신해 있으면서 근대적 군대의 필요성을 절감하였습니다. 이때 고종은 영어 학교 학생들이 군복 같은 교복을 입고 영국 해군 관원에게 체조를 배우는 모습을 보

*아관파천: 명성황후가 시해된 을미사변 이후 신변에 위협을 느낀 고종과 왕세자가 1896년 2월 11일 비밀리에 러시아 공사관으로 거처를 옮긴 사건.

았습니다. 궁궐로 돌아온 고종은 체조를 소학교 과목으로 채택하고 현역 무관을 체조 교사로 보냈습니다. 구령과 깃발 신호에 맞추어 움직이는 신체는 마치 기계와 같은 느낌이었고 정교한 신체를 기르는 것은 군사를 양성하는 것이라고 생각하였기 때문입니다.

한국의 운동회는 1897년 서울관공립소학교 대운동회를 시작으로 본격화되었습니다. 중국은 1905년 정부 차원에서 '동서의 각 나라는 온 국민이 모두 군인'이라는 슬로건 아래 무력을 숭상할 것을 교육 방침의 하나로 확립하면서 운동회가 각 학교에 보급되었습니다.

운동회는 점차 '작은 전쟁'을 연상케 하는 행사로 변질되기 시작하였습니다. 깃발 뺏기, 줄다리기 등 규율과 집단 구성원의 단결을 요구하는 종목이 도입되고, 군대식 집단 체조와 행진, 심지어 총검술 시범까지 등장하였습니다. 행사장 장식에는 천막과 국기, 세계 여러 나라 국기가 필수품이었고, 개막식에서는 엄숙한 분위기에서 국가(國歌)를 연주하고 합창하는 등 운동회는 점차 국가 행사로서의 색채가 짙어졌습니다. 폐회식 때에는 군주를 향한 만세 삼창을 빼놓지 않았습니다. 일본의 운동회는 주로 메이지 천황의 생일인 11월 3일에 열렸기 때문에 천황을 향한 충성심을 과시하는 행사가 되기도 하였습니다.

체력은
국력!

그러나 1년에 한두 번 열리는 운동회만으로 학생들을 애국심에 불타는 '군인'으로 만들 수는 없었습니다. 학생들을 용맹함과 강인함으로 무장된 미래의 군인으로 키우기 위해서는 일상적이고 반복적인 교육 프로그램이 필요하였습니다. 이러한 필요성에서 등장한 것이 바로 집단 체조입니다. 집단 체조는 수백 명의 사람들이 일사불란하게 하나의 동작을 보여야 하기 때문에 항상 개인보다는 전체의 움직임을 신경 써야 하고 지휘자의 통제에 철저히 따라야 했습니다. 집단 체조는 학생들을 '국가'라는 이름 아래 특정 권력 집단에게 순종하는 국민으로 기르는 중요한

대한 제국 당시 소학교 운동회. 근대 동아시아 사회에서는 줄다리기와 같이 집단 간의 경쟁을 유도하여 규율과 단결을 중시하게 만드는 운동회가 보편화되었다.

*황국 신민: 일제 강점기에. '천황이 다스리는 나라의 신하 된 백성'이라 하여 일본이 자국민을 이르던 말이다.

수단이 되었습니다.

이처럼 동아시아 사회에서 학교는 극단적인 국가별 생존 경쟁이라는 제국주의 국제 정세 속에서 조국을 구원하는 '군인'을 양성하는 역할을 부여받거나, 식민지 권력에 순응하는 '황국 신민*'을 키우는 일을 맡았습니다.

동아시아 사회에 등장하기 시작한 학교는 현재 우리가 다니는 학교와 얼마나 닮아 있나요? 서로 어떤 점에서 비슷하고, 어떻게 다를까요?

23 _ 제2차 세계 대전 이후
동아시아에 평화는 찾아왔을까?

'억수같이 쏟아지던 폭탄과 소이탄이 갑자기 그쳤다. 그러자 이번에는
바로 그 하늘에서 평화의 선물이 쏟아지기 시작했다. 이른바 민주주의!'

———— 일본의 유명 만화가 가토 에쓰로(加藤悅郎)의 화집 『주어진 혁명(贈られた革命)』(1946)에 실린
만화입니다. 전후 일본은 전쟁을 일으킨 가해자로서 벌을 받고 죗값을 치를 것이라 생각
했지만, '민주주의 혁명'이라는 '평화의 선물'을 받았다고 합니다. 이것이 과연 '선물'이었
을까요?

전범 국가 일본, 심판에서 비껴 가다

일본은 제2차 세계 대전에서 패색이 짙었지만 천황의 지위 보존과 전범 처분 등에 관한 협상을 이유로 항복을 미루었습니다. 그러던 중에 1945년 8월 6일과 9일, 각각 히로시마와 나가사키에 원자 폭탄이 투하되었고 8월 15일 일본은 무조건 항복을 선언했습니다.

이때부터 일본에서는 1952년 4월 대일 평화 조약(샌프란시스코 강화 조약)이 발효되는 시기까지 약 7년에 걸쳐 연합국총사령부*(General Headquarters, the Supreme Commander for the Allied Powers, GHQ/SCAP)의 점령 통치(군정)가 실시됩니다. 이 기구는 연합국의 공동 통치 기관이었지만 실제로는 미국의 지휘를 받았습니다. GHQ는 일본이 다시는 전쟁을 일으킬 만한 능력을 갖지 못하도록 일본의 '비군사화, 민주화'를 2대 개혁 과제로 삼았습니다.

GHQ는 먼저 일본의 비군사화를 위해 일본 육군성과 해군성을 폐지하였습니다. 이어 전범(전쟁 범죄) 재판을 실시하였는데, 포로 취급 규정, 민간인 학살이나 강간 금지 조항 등에 의거하여 전쟁을 일으킨 국가가 조직적으로 행한 모든 잔학 행위를 처벌하기 위함이었습니다.

1946년 도쿄에서 열린 극동 국제 군사 재판에서 A급 전범 용의자로 기소된 28명 중 정신질환 1명과 사망 2명을 제외한 25명 전원에게 유죄 판결이 내려졌습니다. 더 많은 수의 B·C급 전범은 일본을 상대로 전쟁을 치렀던 미국, 영국, 호주, 네덜란드, 프랑스, 필리핀, 중국 7개국 각 나라에서 재판을 받았습니다. A급, B급, C급이라는 용어는 국제 군사 재

*연합국총사령부: 1945년 10월, 제2차 세계 대전 이후 연합국이 포츠담 선언 및 항복 문서에 따라 대일 점령 정책을 추진하기 위해 일본에 설치한 집행 기관. 1952년 4월 28일 대일 평화 조약 발효와 함께 폐지되었다.

A급, B·C급 전범 재판 결과

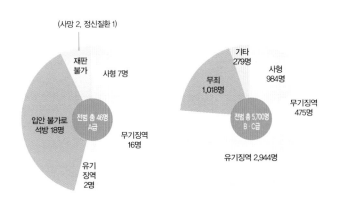

(사망 2, 정신질환 1)

재판 불가

사형 7명

입안 불가로 석방 18명

전범 총 46명 A급

무기징역 16명

유기 징역 2명

기타 279명

사형 984명

무죄 1,018명

전범 총 5,700명 B·C급

무기징역 475명

유기징역 2,944명

판소 조례 제6조에서 '국제 군사 재판소의 관할 범죄'로 A항에 침략 전쟁의 계획·준비·수행 등의 평화에 대한 죄, B항에 통상의 전쟁 범죄, 즉 전쟁 법규 또는 관례의 위반, C항에 인도(人道)에 대한 죄 등을 규정한 데에서 유래한 것입니다.

한편 천황제의 유지 여부에 대해서는 논란이 많았는데 전쟁 책임을 물어 처벌해야 한다는 세계 여론에도 불구하고 연합국총사령관 맥아더는 원만한 점령 정책을 수행하기 위해 천황제를 유지하기로 결정하였습니다. 그리고 천황의 인간 선언과 천황이 정치에 간섭하지 못하도록 하는 이른바 '상징적 천황제'를 행하는 것으로 일단락되었습니다.

다음으로 GHQ는 민주화를 위한 개혁 방안으로 여성 참정권 부여, 노조 결성의 민주화, 교육의 민주화, 인권 탄압 기구 폐지, 경제 기구의 민주화 등 '5대 개혁 지침'을 내놓았습니다.

그러나 냉전 구도가 심화되고 중국 대륙이 공산화(1949)될 것이 확실해지면서, 미국으로선 아시아에서 공산주의 세력 확산을 막을 수 있는 방파제가 필요하였습니다. 일본을 그 방파제로 정한 미국은 일본 점령 정책의 목표를 '비군사화, 민주화'에서 '일본의 재무장과 경제 부흥'으로 수정하게 되는데, 이것을 '역코스(Reverse Course)'라고 합니다.

중국 대륙, 붉은 별*이 뜨다

항일 전쟁을 공동으로 수행하였던 국민당과 공산당은 일본의 패망으로 전쟁이 종결되자 중국 대륙의 주도권을 놓고 대립하였습니다. 이 대립은 1945년 10월 10일 미국의 중재로 국민당과 공산당이 '국공 쌍방 대표회담 기록 요강(쌍십협정)'을 체결하여 내전 중지와 통일 정권 수립에 합의함으로써 해소되는 듯하였습니다. 그러나 1946년 6월 26일 국민당이 공산당 점령 지역을 대대적으로 공격하고, 이에 공산당의 반격이 전개되면서

*붉은 별: 에드거 스노의 『중국의 붉은 별(Red Star Over China)』에서 따온 말이다. 미국 신문 기지인 그는 홍군의 근거지에 들어가 1934년 10월부터 1년간 18개의 사막을 넘고 24개의 강을 건너는 1만 킬로미터의 대장정 과정을 생생하게 기록했다(1937).

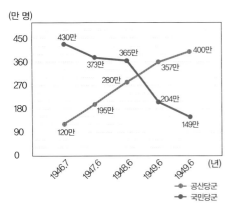

(만 명)

450 — 430만
360 — 365만
         373만
270 — 280만
         357만
180 — 195만   204만
90 — 120만   149만
0

1946.7 1947.6 1948.6 1949.6 1949.6 (년)

● 공산당군
● 국민당군

국공 내전 시기 병력 증감 비교

다시 국공 내전에 돌입하게 됩니다. 내전 초기 장제스의 국민당군은 430만 명으로 공산당군보다 수적으로 훨씬 우세하였습니다. 그럼에도 불구하고 전세가 역전되어 결국 공산당에 패한 이유는 무엇일까요?

가장 큰 요인은 국민당의 심각한 부정부패였습니다. 실화에 바탕을 둔 영화 〈Back to 1942〉를 보면 국민당 정권 아래서 중국인들이 얼마나 힘들게 살았는지를 짐작할 수 있습니다. 중국 허난 성은 화이안커우 사건*(1938)에서 비롯된 1942년 대기근으로 인해 농작물 생산이 크게 줄어들었습니다. 허난 성은 중·일 전쟁에서 중요한 지역이었는데, 일본이 일부 지역을 점령하자 허난 성 주둔군의 식량 수송이 어려워졌습니다. 이에 국민당 정부는 군대의 식량과 물자를 현지에서 직접 징발하였는데, 이 과정에서 온갖 비리가 일어났습니다. 60년치 토지세를 선납으로 받아 갔으며 뇌물을 줄 경우 군인 징집에서 제외시켰습니다. 1942년부터 1943년까지 인구 3천 만 정도의 허난 성 국민당 통치 지역에서만 무려 300만 명이 굶어 죽은 것으로 추정됩니다. 허난 성 정부는 문책이 두려워 이 끔찍한 상황을 사실대로 보고하지 않았습니다. 장제스도 나중에는 이를 알게 되었지만, 국민당 군대의 사기 저하를 우려하여 더 이상 언급하지 말라며 외면하였습니다. 당시 중국인들은 점령군 일본보다 징발하는 국민당군을 더 무서워할 정도였다고 합니다.

반면 공산당은 그들의 점령지 내에서 농민에게 토지를 재분배하고, 치안 유지에 힘썼으며 새롭게 '인민폐'를 발행하여 단시일 내에 '위안권'을 새로운 화폐로 교환할 수 있도록 하는 등 물가 안정에 주력하였습니다. 공산당은 부패한 국민당 정부에 비해 군사적·경제적 열세에도 불구하고

196

점차 중국 인민의 지지를 얻으며 세력을 확장할 수 있었습니다.

국공 내전에서 승리한 마오쩌둥은 1949년 9월 말 베이징을 중국의 수도로 정하고 10월 1일 톈안먼에서 중화 인민 공화국의 건국을 공식적으로 선포하였습니다. 그리고 1949년 12월 장제스는 난징에 있던 중화민국 정부를 타이완으로 이전하였습니다.

한반도, 열전*의 장이 되다

제2차 세계 대전에서 소련은 주로 독일을 상대로 한 유럽에서의 전쟁에 주력하였고, 1941년 일본과 중립 조약을 체결한 상태였습니다. 따라서 미국은 아시아에서 거의 단독으로 일본과 싸웠습니다. 그러나 소련이 얄타 회담(1945)에서 참전 의사를 밝힌 뒤 만주에 주둔한 일본군을 공격하여 만주를 점령하고 한반도까지 깊숙이 내려왔습니다. 이후 일본군의 무장 해제를 명목으로 생겨난 38선을 두고 남한에는 미군이, 북한에는 소련군이 주둔하게 됩니다.

한편 해방을 맞은 한반도에서는 새로 수립될 정부와 국가를 자본주의 체제로 할 것인지 공산주의 체제로 할 것인지를 놓고 심각한 갈등과 대립이 있었습니다. 이러한 갈등 양상은 '모스크바 3상 회의 결정 사항*'에 대한 대립으로 더욱 첨예하게 드러났습니다. 결국 1948년 8월에 38도선 이남에서는 대한민국 정부(이하 남한)가 수립되고, 9월에 38도선 이북 지역에서는 조선 민주주의 인민 공화국(북한)이 세워짐으로써 통일 정부를 구성하지 못한 채 남북이 분단되고 말았습니다.

1950년 6월 25일 북한의 인민군이 무력 통일을 목표로 남한을 공격하면서 6·25 전쟁이 발발하였습니다. 유엔 안전보장이사회에서는 북한의 공격을 침략으로 규정하고 유엔군 파병을 결정하였습니다. 북한의 공격으로 낙동강까지 밀려났던 국군은 9월 15일 유엔군의 인천 상륙 작

*열전: 열전(熱戰, Hot War)은 무력을 사용하는 전쟁이라는 의미로, 냉전(冷戰, Cold War)과 비교되는 말이다. 제2차 세계 대전 이후부터 1991년까지 미국으로 대표되는 자본주의 진영과 소련으로 대표되는 공산주의 세력 간 갈등, 긴장, 경쟁 상태가 이어졌다.

*모스크바 3상 회의 결정 사항: ①한반도에 임시 조선 민주주의 정부를 수립한다. ②미·소 공동 위원회를 설치한다. ③미·영·중·소 4개국이 공동 관리하는 최고 5년 기한의 신탁통치를 실시한다.

1950년 12월, 남쪽으로 피난을 가기 위해 흥남 부두에서 배에 오르는 피난민의 모습. 국군과 유엔군은 마지막 철수선이 떠난 12월 24일 부두를 폭파하였다.

전 성공에 힘입어 전세를 역전시켰고, 10월 19일 평양을 점령하였습니다. 유엔군이 38도선을 넘어 북진을 계속하자, 중국의 저우언라이 수상은 '이웃인 북한이 침공당하는 것을 좌시하지 않을 것'이라며 전쟁에 개입하였습니다.

국군과 유엔군은 중국군의 개입으로 전세가 불리해지자 중국군의 추격을 저지하고자 1950년 겨울, 함경도 함흥 부근에 위치한 흥남 부두를 폭파하기로 결정합니다. 중국군의 참전 이후 전쟁은 38도선 부근에서 공방전을 벌이다 교착 상태에 빠졌고, 1953년 7월 27일 판문점에서 정전 협정을 체결하면서 휴전 상태에 놓이게 되었습니다.

소련의 핵 개발(1949), 중국의 공산화(1949), 그리고 6·25 전쟁 발발(1950) 등으로 미국은 아시아 지역에 관한 정책을 수정하고 1951년 9월 4일부터 5일 동안 샌프란시스코에서 국제회의를 개최하였습니다. 여기서 체결된 대일 평화 조약으로 일본은 국제 사회에서 지위를 회복하였고, 특히 미·일 동맹 관계가 강화되면서 동아시아는 미국을 중심으로 한 한국·일본·타이완의 자본주의 세력과 소련과 중국·북한을 중심으로 한 공산주의 세력으로 양분되어 냉전 속 열전은 더욱 심화되었습니다.

대일 평화 조약, 누구를 위한 것인가?

　1951년 9월 4일부터 5일 동안 미국 샌프란시스코에서 아시아·태평양 전쟁의 전후 처리를 위한 국제회의가 개최되었다. 여기서 체결된 대일 평화 조약(샌프란시스코 강화 조약)은 일본 침략 전쟁으로 인한 피해 배상 범위를 정하고, 일본을 주권 국가로 국제 사회에 복귀시키기 위한 것이었다.

　하지만 회의에 참여한 연합국 52개 나라 중 전쟁으로 인해 가장 큰 피해를 입은 중국, 타이완, 남한, 북한 정부는 이 회의에 초대받지 못하였다. 중국과 타이완은 미국과 영국이 초청하지 않기로 타협하였고, 한국과 북한은 패전국(일본)의 식민지로서 연합국의 일원이 아니라는 이유로 제외되었다. 또한 미국 주도의 대일 평화 조약에 반감을 가졌던 소련·폴란드·체코슬로바키아 3개국은 조약안에 서명하지 않았다.

　결국 일본과의 교전국 중에서 소련·중국을 포함한 사회주의 세력을 배제한 채 미국을 중심으로 한 서방 진영과만 체결(단독 강화)하는 형태였다.

　같은 날 미국은 미·일 안보 조약(일본과 미국 간의 안전 보장 조약)을 체결하여 '극동

샌프란시스코에서 열린 회담에서 강화 조약에 서명하는 일본의 요시다 총리.

의 평화와 안전을 위해' 일본의 영토를 미군 군사 기지로 제공하도록 하였다. 이러한 미·일 동맹 강화를 통해 일본은 자국의 방위 부담을 줄여 오로지 경제 부흥에만 집중할 수 있었고, 미국은 일본을 반공 기지로 삼아 아시아에서 영향력을 확대하고 세력을 유지할 수 있었다.

일본이 일으킨 전쟁에 대한 책임을 묻고 평화와 화해 정착을 지향하고자 체결된 대일 평화 조약(Treaty of Peace with Japan)은, 동아시아의 냉전 심화 속에서 미국 주도 아래 불완전하고 성급하게 마무리되고 말았다.

구분	국가	배상·보상 상황
회의 참가국	연합국 중 45개국(미국·영국 등)	배상 청구권 포기
	필리핀, 인도네시아, 남베트남	배상(경제 협력, 무역)
	소련, 폴란드, 체코슬로바키아	서명 거부 소련은 일·소 공동 선언(1956)으로 배상 청구권 포기
조약 비참가국	미얀마	강화 회의 후 배상 협정(경제 협력, 무역)
	중화 인민 공화국 타이완	중·일 공동 선언(1972)에서 국가의 배상 청구권 포기 일·화 평화 조약(1952)에서 배상 단념
	대한민국	한·일 기본 조약(1965)에서 경제 협력
	북한	일본과의 국교가 아직 정상화되지 않음

샌프란시스코 강화 조약의 배상·보상 상황

24 _ 베트남 전쟁이 남긴 것은 무엇일까?

베트남 전쟁이 끝나 가던 1972년, 미군이 투하한 네이팜탄이 베트남 남부 사이공 근교 마을에 떨어졌습니다. 마을은 삽시간에 불바다가 되었습니다. 사진은 폭격 당시 불붙은 옷을 벗어던지고 울부짖으며 달아나는 소녀를 촬영한 것입니다. 소녀의 이름은 '판 티 킴 푹(Phan Ti Kim Phuc)'. 다행히 소녀는 목숨을 건졌고, 현재는 평화운동가로 활동하고 있습니다. 이 사진은 당시 나체 사진을 싣지 못한다는 미국 AP통신의 규정에도 불구하고 전쟁의 참혹함과 잔인함을 강력히 호소한다고 판단하여 신문에 실렸습니다.

이토록 참혹한 베트남 전쟁은 왜 일어났고, 이 전쟁이 남긴 것은 과연 무엇일까요?

베트남, 독립을 선포하다

＊호찌민(1890~1969): 베트남의 공산주의 혁명가이자 독립 운동가, 정치인이다. 베트남에서는 호 아저씨로 불리며, 호찌민이라는 이름은 깨우치는 자라는 뜻을 지녔다. 베트남의 독립을 위해 일생을 바쳤으나 통일을 보지 못한 채 심장 질환으로 사망하였다.

베트남은 프랑스의 식민 지배를 받다가 1940년부터 일본군의 점령지가 되었습니다. 일본 패망 이후, 1945년 9월 2일 호찌민＊은 하노이 바딘 광장에서 베트남의 독립을 선언하고 베트남 민주 공화국을 수립하였습니다. 그러나 미국·영국·소련은 베트남의 독립 선언을 인정하지 않고 라오스·캄보디아와 함께 프랑스 식민지로 둘 것에 합의하였습니다. 호찌민이 조직한 베트남 독립 동맹 (베트민＊)은 베트남 독립을 주장하며 프랑스 점령에 대한 저항을 시작하였습니다.

＊베트민: 1941년 5월 호찌민이 중국에서 결성한 조직. 주로 공산주의자들이 주도하지만 정치적 입장을 달리하는 다양한 정파에게도 가입을 개방하는 민족 전선 조직으로 운영되었다.

1953년 5월 프랑스 장군 앙리 나바르는 베트민의 북부 거점인 통킹 북부와 라오스를 잇는 산악 지역의 중간에 위치한 디엔비엔푸를 전략적 거점으로 만들어 베트민을 분열시키려는 작전을 구상하였습니다. 1953년 11월 프랑스군은 디엔비엔푸에 비행장을 건설하고 공수 부대를 투입하여 요새를 구축하였습니다. 프랑스는 디엔비엔푸가 지리적으로 험한 산악과 밀림 한가운데 있어 비행기가 없는 베트민군이 공격할 수 없을 것이라고 판단하였습니다. 그러나 베트민군은 기관총과 각종 대포 등을 부품별로 분해하여 산 중턱까지 머리에 이거나 등에 지고 끌면서 병력과 물자를 집중시켜 프랑스군을 포위하였습니다. 프랑스가 전투기를 띄워 베트민군을 공격하려고 하면 그들은 대포를 쏘고 재빨리 분해하여 정글 속으로 숨어 버렸습니다. 결국 1954년 5월 7일 기지는 함락되었고, 프랑스군 5천여 명이 전사하고 1만여 명이 포로로 잡히는 참패를 당하였습니다.

이후 스위스 제네바에서 정전 협정이 체결(1954)되어 프랑스군이 철수하였고, 베트남은 북위 17도선을 경계로 남북이 분할되었습니다. 베트남 민주 공화국은 북위 17도선 위쪽만 지배하게 되었고, 남부는 자본주의를 지향하는 베트남 공화국이 수립되었습니다.

베트남, 통일을 외치다

1954년 휴전 협정 이후 베트남 공화국은 남쪽에 남아 있던 공산주의 세력을 철저하게 탄압하였습니다. 남베트남 지역의 공산당 세력은 1960년 남베트남 민족 해방 전선(이하 베트콩)을 조직하고, 베트남 공화국에 대하여 선전 포고를 하였습니다.

미국은 베트남에 공산주의 통일 정부가 들어서는 것에 반대하여 대규모 군사 고문단을 파견하고, 군사 개입을 확대하였습니다. 1964년 8월, 미국은 통킹 만 사건*을 빌미로 북베트남을 폭격하고 남베트남에 미군 전투 부대를 파병하여 베트남 전쟁에 본격적으로 개입하였습니다.

자본주의 진영과 공산주의 진영의 대리전이 되어 버린 베트남 전쟁에는 한국을 비롯한 자본주의 진영 국가들도 참전하였습니다.

미국은 베트남 전쟁에서 약 800만 톤 이상의 폭탄을 투하하였는데, 이것은 제2차 세계 대전에서 참전국 전체가 사용한 폭탄보다 무려 3배나 많은 양입니다.

1968년 1월 30일 베트콩과 북베트남군은 베트남 음력 설날 명절인 뗏(Tet) 휴일에 이틀간의 휴전 약속을 깨고 100여 곳이 넘는 도시를 중심으로 남베트남 전역에 기습 공격을 감행하였습니다. 뗏 공세 초기에 미군은 심각한 타격을 받았지만 막강한 군사력으로 전세를 역전시켰습니다. 그러나 참혹한 전투 장면이 미국 전 지역에 방송되면서 전쟁에 대해 낙관적 전망만을 보도했던 정부에 대한

*통킹 만 사건: 1964년 8월 2일과 4일, 미군이 통킹 만에서 북베트남군의 공격을 받아 이를 격퇴하였다고 보고된 사건. 그러나 2005년 비밀 문건이 공개되었을 때, 8월 4일 교전 당시 북베트남 함정이 없었다고 되어 있어 미국이 통킹 만 사건을 조작했다는 것이 드러나게 되었다.

1954년 7월~1960년 베트남

연도 국가	1964	1965	1966	1967	1968	1969	1970	1971	1972
미국	17,200	161,100	388,568	497,498	548,383	475,678	344,674	156,975	29,655
한국	140	20,541	45,605	48,839	49,869	49,755	48,512	45,694	37,438
타이	0	16	244	2,205	6,005	11,568	11,586	6,265	38
필리핀	17	72	2,061	2,020	1,576	189	74	57	49
오스트레일리아	200	1,557	4,525	6,818	7,661	7,672	6,763	1,816	128
뉴질랜드	30	119	155	534	516	552	441	60	53
타이완	20	20	23	31	29	29	31	31	31
에스파냐	0	0	13	13	12	10	7	0	0
계	17,607	183,425	441,194	557,958	614,051	545,453	412,088	210,898	67,392

베트남 전쟁 당시 베트남 공화국을 지원한 미국과 동맹국의 파병 규모.

(단위: 명)

미국인들의 신뢰가 추락하고 오랜 전쟁으로 인한 경제적 부담이 커지면서 미국에서는 반전 시위가 거세게 일어났습니다.*

전쟁이 장기화되면서 부담을 느낀 미국은 베트남 전쟁과 같은 직접적·군사적 개입을 피한다는 닉슨 독트린(1969)을 발표하였습니다. 이후 1973년 파리 평화 협정(베트남 평화 협정)을 체결하여 베트남에서 군대를 철수하였고, 베트남 공화국은 수도 사이공이 북베트남 정부군에게 함락되면서 몰락하였습니다. 제2차 베트남 전쟁(1964~1975)이 종결된 것입니다.

베트남 전쟁은 냉전 체제 속에서 국제전으로 확대되었으나, 미국의 패배로 미국 중심의 패권주의에 타격을 주는 한편, 냉전 대립 구도를 완화시켜 이른바 데탕트(Détente)로 가는 중요한 계기가 되었습니다. 데탕트는 '긴장 완화'를 뜻하는 프랑스어로, 1960년대 말부터 1970년대 이후 냉전 양극 체제가 다극 체제로 전환되면서 미국과 소련 간의 긴장이 완화되던 현상을 말합니다.

*1969년 10월 15일. 전쟁에 동원되는 청년들의 주도로 '베트남 반전 시위의 날'로 정해진 이날. 워싱턴을 중심으로 미국 전역에서 반전 시위가 일어났다. 당시 세계 헤비급 권투 챔피언이던 무하마드 알리는 자신에게 베트남 전쟁 징집 영장이 발부되자 참전을 반대하며 징집을 거부하였다. 이로 인해 그는 헤비급 챔피언 타이틀 및 3년간 프로 권투 선수 자격을 박탈당하는 보복을 당하였다.

베트남 전쟁, 동아시아 국제 질서를 변화시키다

1971년 7월 8일 베트남에서 인도를 거쳐 파키스탄을 찾은 헨리 키신저 미국 국무 장관은 몸이 안 좋아 쉬겠다며 파키스탄에서의 공식 일정을 모두 취소하였습니다. 하지만 그는 극비리에 중국 베이징에서 중국 공산당 총리를 만났고 며칠 뒤 미국의 닉슨 대통령은 TV를 통해 중국의 초대로 베이징을 방문할 것이라고 발표합니다.

당시 미국은 해외 원조와 베트남 전쟁 비용 지출로 인한 재정 위기를 극복하기 위해서 새로운 미·중·소의 외교 관계 형성이 필요하다고 생각하였습니다. 한편 중국은 건국 초기부터 소련의 원조에 의존하여 공업, 통신망, 전력 공급 등의 산업 기반 시설을 확충하는 등 소련과 밀착된 관계를 유지하고 있었습니다. 그런데 스탈린* 사망 후 서방 세력과의 평화 공존을 지향하는 흐루시초프가 집권하고 소련의 중국 지원이 중단되면서 1960년대를 전후로 중·소 관계는 점차 벌어졌습니다.

마오쩌둥*은 흐루시초프의 노선을 '수정주의'라고 비난하여 사회주의 내에서의 소련의 영향력을 축소하려 하였습니다. 1960년 여름, 소련은 중국에서 일하고 있던 1천 390명의 전문가와 고문을 전원 철수시킬 뜻을 발표하고, 그동안 연구해 온 모든 성과를 파기한 채 본국으로 돌아오도록 하였습니다. 1969년에는 중·소 국경인 우수리 강 근처에서 두 차례나 무력 충돌이 발생하였습니다. 중국은 소련과의 관계가 악화되자 미국과의 관계 개선을 모색하지 않을 수 없었습니다.

이런 가운데 미·중 관계 개선의 물꼬를 튼 것은 마오쩌둥이 1971년 4월 일본 세계 탁구 선수권 대회에 참가한 미국 탁구 선수난 15명을 중국으로 초청한 것이었습니다. 탁구를 통해 국제 관계를 개선한 이 사례를 두고 '핑퐁 외교'라고도 합니다.

1972년 2월 닉슨 대통령은 중국에서 마오쩌둥을 만나 미·중 관계 개

*스탈린(1879~1953): 러시아의 정치가로 1924년 1월 21일부터 1953년 3월 5일까지 소련(소비에트 연방)의 최고 권력자였다. 그는 집권하자마자 경제 개발 정책을 추진하여 세계에서 가장 가난한 농업 국가 중 하나였던 소련을 산업화하였다. 경제 발전과 계속된 승전 등의 성과를 바탕으로 우상화되었으나 사후 독재자로 비판받고 격하당하였다.

*마오쩌둥(1893~1976): 중국의 군인, 투쟁가, 혁명가로 초기 중국 공산당의 최고 지도자였으며, 1945년 제2차 세계 대전이 끝난 뒤 국공 내전에서 승리를 거두고 1949년 중국 대륙에 중화 인민 공화국을 수립하였다. 중국 대륙에 공산주의 국가를 건설한 혁명가이자 전략가로 평가되지만, 대약진 운동 실패와 문화 대혁명으로 약 2천 500만 명이 목숨을 잃었다.

악수하는 마오쩌둥과 닉슨(왼쪽). 핑퐁 외교를 풍자한 미국 잡지 『리전(LEGION)』(오른쪽).

중국과 미국은
왜 서로가 필요했을까?

선을 위한 회담을 가졌습니다. 미·중 수교에서 베트남 전쟁과 타이완 정부에 대한 양국의 입장 차이는 반드시 해결되어야 할 장애물이었습니다. 베트남 전쟁에 대한 갈등은 미군이 베트남에서 철수하면서 해결되었지만, 타이완을 둘러싼 갈등은 간단히 정리될 수 있는 것이 아니었습니다. 미국은 그동안 타이완을 동아시아의 반공 기지로 삼아 군사적·경제적 원조를 제공하며 돈독한 우호 관계를 유지하여 왔습니다. 하지만 중국은 타이완을 단독 정부로 인정하지 않고 타이완에 설치된 미군 기지를 당장 철수할 것을 요구하였습니다. 결국 미국이 타이완을 중국의 일부로 인정하고 타이완에서 미군 병력을 점차 줄여 나가겠다고 약속하면서 이 문제는 일단락되었고, 1979년 미·중 국교가 수립되었습니다.

닉슨 대통령이 중국을 방문한 이후, 일본도 중국과 국교를 수립하고 중·일 공동 성명을 발표하였습니다(1972). 중국은 일본의 사과를 받는 대신 전쟁 피해 배상을 위한 청구권을 포기하였고, 일본은 중국과 수교하는 한편 1952년 체결하였던 타이완과의 평화 조약을 폐지하고 외교 관계를 끊었습니다. 중국이 일본·미국 등과 국교를 수립하자, 한국도 중국과의 관계 개선이 경제적으로 이로울 뿐 아니라 동아시아 평화 정착에도 도움이 된다고 판단하여 1992년 8월 중국과 국교를 수립하였습니다. 이후 한국과 타이완은 '중국은 하나'라는 중국의 외교 원칙에 따라 외교 관계가 단절되었으나 최근에는 민간 차원의 교류가 이루어지고 있습니다.

베트남은 전쟁이 종결된 이후 국제 사회에서 꾸준히 활동을 계속하여 1976년 9월 국제 통화 기금(IMF) 및 국제 부흥 개발 은행(IBRD)에 가입하였으며 1995년 7월에는 동남아시아국가연합*(Association of South-East Asian Nations, ASEAN, 이하 아세안)의 회원국이 되었습니다. 1992년 베트남은 일본과 외교 관계를 수립하고, 3억 7천만 달러의 경제 원조를 제공받았습니다. 같은 해 한국과도 베트남 전쟁 참전의 불편한 과거사를 극복하고 국교를 수립하였습니다.

*동남아시아국가연합: 1967년에 설립된 동남아시아의 정치, 경제, 문화 공동체로 매년 11월에 정상 회의를 개최한다. 유럽 연합과 같은 정치·경제 통합체를 지향하고, 회원국 간의 분쟁이나 갈등을 평화적으로 해결하려고 노력한다.

COLUMN

끝나지 않은 베트남 전쟁의 비극

　　왼쪽 사진은 비행기로 고엽제를 살포하는 장면이다. 미군은 정글 속에 숨어 있는 베트콩 게릴라의 은신처를 찾기 위해 나무를 말라 죽게 하는 약인 고엽제를 대량 사용하였다. 그런데 고엽제를 만들 때 첨가되는 독극물인 다이옥신은 우리 몸에 들어오면 분해되지 않고 쌓여서 10~15년이 지난 뒤에도 신경계에 이상을 일으키며 각종 기형을 유발한다.

　　오른쪽 사진은 베트남 전쟁 고엽제 후유증으로 장애를 갖고 태어난 아들을 안고 있는 엄마의 모습이다. 현재 약 500만 명이 고엽제 후유증으로 고통받고 있으며 그중 약 100만 명은 어린이로 알려져 있다. 고엽제 여파로 매년 전체 신생아의 2퍼센트 정도인 약 2만 5천 명이 골격 이상과 다운증후군 등 심각한 기형을 안고 태어난다. 베트남 파병 한국군 중 고엽제 피해를 입은 사람도 2만 5천 명으로 추산된다.

　　베트남 전쟁은 여러 가지로 참담한 결과를 초래한, 아직까지도 그 신음 소리가 멈추지 않고 있는 현대사의 비극이라고 할 수 있다.

25 __ 동아시아 경제는
어떻게 변하고 있을까?

—— 사진은 서울 명동 거리에 설치된 광고판과 붐비는 사람들의 모습입니다. 광고판은 중국
어와 일본어로 적혀 있는데, 한국인뿐 아니라 중국인과 일본인 관광객이 많다는 얘기일
것입니다. 2015년에는 중동호흡기증후군(메르스) 사태로 관광객의 발길이 끊기면서 한국
경제가 큰 타격을 받기도 했습니다.

동아시아는 정치적·역사적으로 대립하기도 하지만 경제적으로는 서로 밀접한 관계를 맺
고 있습니다. 동아시아 경제는 1945년 이후 어떠한 변화를 겪었고, 현재 어떠한 상태에
있는 것일까요?

냉전 속에 두 개의 경제 체제가 각축을 벌이다

제2차 세계 대전이 끝난 후 세계는 미국을 중심으로 하는 자본주의 세력과 소련을 축으로 하는 사회주의 세력으로 나뉘었습니다. 두 세력은 같은 세력끼리 서로 긴밀하게 협력하면서 체제 경쟁을 하였습니다. 이러한 경쟁은 경제적인 면에서도 나타났습니다. 자신들의 사회가 살기 좋다고 해야 지지를 받고 결속력을 다질 수 있었기 때문입니다.

1945년 패전으로 일본은 국내의 교통, 통신, 금융 등 생산 관련 인프라가 파괴되었고, 소비재가 부족하여 인플레이션이 극심했습니다. 미국은 일본의 경제 재건을 위하여 많은 자금을 투자하였습니다. 그럼에도 살아나지 않던 일본의 경제는 1950년 6·25 전쟁으로 전환의 계기를 마련하였습니다. 전쟁 물자 보급 기지가 되면서 각종 군수품 생산과 섬유·금속 산업이 호황을 누리는 이른바 '전쟁 특수'를 맞은 것입니다.

한편 광복을 맞이한 한반도는 식량 부족, 남북한 산업 간 불균형, 자금과 기술 부족 등으로 어려움을 겪었습니다. 남북이 분단된 가운데 정부가 수립되었으나 경제는 쉽게 좋아지지 않았습니다. 더욱이 6·25 전쟁으로 경제는 파탄에 이르렀습니다. 그러나 전쟁이 끝난 후 남북한은 스스로의 노력과 각각의 우방 지원에 힘입어 1950년대 중반을 지나며 전쟁 이전의 상황으로 복구하였습니다. 남한에서는 미국과 유엔의 지원을 받아 경공업 중심의 산업이 발달하였고 자본주의 체제가 자리를 잡았습니다. 북한은 소련·중국을 비롯한 동유럽 국가들의 지원과 자구 노력으로 사회주의 체제로의 전환을 강화하였습니다.

중국 공산당이 수립한 중화 인민 공화국은 강력한 사회주의 경제 정책을 실시하였습니다. 중국은 전체 노동자 중 농업 종사자가 86.7퍼센트를 차지할 정도로 농업 위주의 경제 구조를 갖고 있었습니다. 그런데 소련을 모델로 한 공업화 위주의 경제 정책을 추진하다 보니 농업과 중공업 분야

사이에서 심각한 불균형이 나타났습니다.

대표적인 것이 중국 정부가 1958년부터 실시한 대약진 운동입니다. 대규모 관개 사업, 기술·자원 개발을 통해 생산량 증대를 추진한 대약진 운동은 인민공사를 통해 전개되었습니다. 인민공사란 공산당, 정부, 공장, 군대 등 4개 조직을 하나로 통합한 정치 조직이자 생산 및 군사 조직으로, 집단생활을 통해 생산량을 달성하기 위한 것이었습니다. 그러나 일방적 지시에 의한 통제와 비효율성으로 서민 생활은 오히려 피폐해지고 노동 의욕을 감퇴시켜 결과적으로 농업 생산력이 떨어지는 부작용을 초래하였습니다. 여기에 자연재해까지 겹쳐 1959~1962년까지 무려 2천만 명이 굶주림으로 목숨을 잃었습니다.

대약진 운동의 실패로 이를 추진한 마오쩌둥의 위상도 흔들렸습니다. 마오쩌둥은 좁아진 정치적 입지를 만회하기 위해 개혁 세력을 자본주의자라 비판하며 반대파를 숙청하는 문화 대혁명을 전개하였습니다. 이 시기 중국의 정치, 경제, 사회, 문화는 큰 혼란을 맞았습니다.

타이완의 국민당 정부는 반공 이데올로기를 강조하면서 미국의 원조와 군사적 보호 아래 국가 주도의 수출 지향적 경제 발전을 추진하였습니다. 1950~1960년대에 민간 방직업자들은 생산과 가공에만 전념하고 원료, 자금, 시장 등의 문제는 정부가 통제하고 관리하는 방식으로 산업의 토대를 마련하였습니다. 그리고 재벌 중심으로 경제 발전을 추진한 일본이나 한국과 달리 중소기업 중심의 산업 구조를 지향하였습니다.

수출만이 살 길이다

냉전이 완화된 1960년대 이후 동아시아는 이념보다는 경제 성장을 위해 노력하였습니다. 경제가 가장 발전한 나라는 일본이었습니다. 일본은 1950년대의 성장을 발판으로 1960년대 들어 실질 성장률이 평균 10퍼센트 대에 달하는 고도성장을 이룩하였습니다. 1968년에는 국민 총생산이 서독을 뛰어넘으면서 세계 2위의 경제 대국으로 부상하게 됩니다. 또한 아시아에서는 최초로 도쿄 올림픽(1964)을 개최하고, 같은 해에 경제 협력 개발 기구(OECD)에도 가입하였습니다. 이러한 고도성장의 배경에는 기술 혁신, 풍부한 상품 구매력, 원활한 자금 투자 및 우수한 노동력이 있었지만, 정부가 여러 가지 경제 정책으로 기업의 수출을 독려한 것도 유효하였습니다. 미·일 안전 보장 조약에 따라 미군이 군사적 역할을 대신해 주어서 군사비 부담을 덜고 경제 발전에 힘을 쏟을 수 있었던 것도 한 요인입니다.

한국에서는 1961년 5·16 군사 정변으로 등장한 박정희 정권이 권력을 유지하기 위해 민생 안정과 자주 경제 건설을 내세웠습니다. 1962년부터 5년 단위로 추진된 경제 개발 5개년 계획은 정부가 기업을 지원하여 수출을 통한 경제 성장을 이룩하는 일본의 경제 발전 모델을 따랐습니다. 이 과정에서 상품의 가격 경쟁력을 갖추기 위해 노동자는 저임금을 강요받고, 이에 저항하는 노동 운동은 정부에 의해 탄압받았습니다.

그때나 지금이나
저임금은 변함없네.

인간다운 생활을 할 수 없었던 노동자들의 현실을 절규로 보여 준 것이 1970년 22세 청년 전태일의 분신자살입니다. 한편 저임금 도시 노동자가 기본적인 생계를 유지할 수 있도록 농산물 가격을 낮게 책정함에 따라 농민의 삶 또한 어려웠습니다. 경제 개발 계획은 초기에는 경공업 중심이었으나 1970년대 들어서는 화학, 철강, 기계 산업 등의 중화학 공업 육성을 목표로 추진되었습니다. 1962년 당시 82달러 수준이었던 1인당 국민 소득이 1995년에는 1만 달러에 이르는 고도성장을 이루었습니다. 이러한 눈부신 경제 발전을 '한강의 기적'이라 합니다.

경제 개발을 위한 공장이나 도로 건설에는 많은 자금이 필요하였습니다. 이러한 자금은 한·일 국교 정상화 이후 일본에서 차관을 도입하고,

미국을 비롯한 유럽 국가들로부터 차관을 받아 충당하였습니다. 1964년부터는 베트남 전쟁에 군대를 파병하고 미국으로부터 1억 5천만 달러의 차관과 베트남 내 건설 사업 참여권을 확보하는 등의 방법으로 자금을 마련하고, 미국 내 한국 상품 수출을 증대하였습니다. 1970년대 한국은 두 차례 석유 파동으로 경제적 어려움을 겪었으나 1980년대 '3저 현상'을 기반으로 이를 극복하고, 경제적으로 재도약할 수 있었습니다.

이념보다 경제다

중국에서는 마오쩌둥 사망 후 문화 대혁명이 끝나고 덩샤오핑이 정권을 잡았습니다. 그는 농업, 공업, 국방, 과학 기술의 '4대 현대화'를 추진하며 개혁 개방 정책을 추진하였습니다. 덩샤오핑은 '검은 고양이든 흰 고양이든 쥐만 잘 잡으면 된다(흑묘백묘론).'라고 하며, 사회주의 경제 체제를 고집하지 않고 이념을 넘어서 경제를 살리기 위한 실용주의 노선을 취하였습니다.

농민들에게는 개별 농지 사용과 자율적인 처분을 허락하였는데, 이는 생산량의 증대로 이어졌습니다. 또한 여러 도시를 경제 특구로 지정하여 외국 기업의 투자 및 합작을 허용한 것은 물론 토지 사용, 소득세 등에서 우대 조치를 취하였습니다. 이러한 개혁 개방 정책 이후 중국 경제는 놀랍게 성장하여 2009년에는 8.7퍼센트의 높은 경제 성장률로 독일을 제치고 세계 최대의 수출국이 되었습니다. 특히 2010년 국내 총생산(GDP)은 일본을 넘어 세계 2위로 도약하여, 경제적으로도 세계 2대 강국(G2)으로 주목을 받고 있습니다.

중국 경제의 성장

	1978년		2014년
국내 총생산 (GDP, 억 위안)	36.5 (元)	174배 ⇨	6,361.4 (元)
1인당 GDP (위안)	382 (元)	122배 ⇨	46,629 (元)
무역액 (억 달러)	206.4 ($)	208배 ⇨	43,015 ($)
외환 보유액 (억 달러)	1.67 ($)	23,012배 ⇨	38,430.2 ($)

베트남은 1976년 7월 통일된 정부를 수립하였습니다. 통일 후 정부는 강력한 사회주의 정책을 실시하여 생산 수단을 국유화하고, 경제 관리를 중앙으로 집중시켰으며, 농업 생산량 증대를 추진하였습니다. 그러나 1977년부터 4년 연속 태풍·홍수 등의 극심한 자연재해를 겪은 데다 캄보디아·중국과의 전쟁으로 인한 과다한 군사비 지출 등으로 베트남 경제는 위기를 맞게 되었습니다. 이를 해결하기 위해 계획 경제 체제에서 자유화·개방화를 통한 시장 경제 체제로 대변혁이 실시되는데, 이것이 바로 도이머이(Doi Moi) 정책입니다. 도이머이란 '쇄신' 즉, '새롭게 개혁한다'는 뜻의 베트남어로 1986년부터 베트남의 경제적·사회적 안정을 목표로 실시된 개혁·개방 위주의 경제 정책을 말합니다.

1989년 이후 도이머이 정책은 확실한 효과를 거두기 시작하였습니다. 물가 상승률은 점차 안정을 이루었고, 1989년 이래 연평균 8퍼센트 이상의 높은 성장률을 달성하였습니다. 그러나 빠른 경제 발전의 후유증도 동반되었는데, 높은 인플레이션과 취약한 인프라, 공공 부문의 부패 등과 같은 문제는 여전히 남아 있습니다.

새롭게 발전하는 베트남 하노이 시가지(2016).

북한은 6·25 전쟁 후 전개된 사회주의 경제 정책이 안정을 거두고, 1950년대 말 시작한 천리마 운동이 성공을 거두는 듯 보였습니다. 그러나 천리마 운동은 목표의 초과 달성에만 급급했고, 군수 산업 중심의 중공업 정책은 산업 간 불균형을 심화시켰습니다. 경제 발전의 혜택은 저마다 벌어들인 소

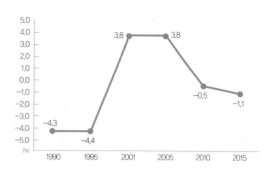

북한의 연도별 국내 총생산 변화율. 2015년 북한의 국내 총생산이 1.1퍼센트 감소하였다. 김정은 정권이 들어선 이후 2014년까지 3년간 1퍼센트 대를 유지했으나, 처음으로 마이너스 성장률을 기록하였다. 강력한 대북 제재로 교역 규모가 축소되고, 연이은 자연 재해로 자국 내 주요 산업 생산도 크게 줄었기 때문이라고 추정된다.

득을 갖거나 소비하면서 산업과 생활 수준이 향상되는 것입니다. 그러나 군수 산업의 혜택은 일반 시민들에게는 거의 돌아가지 않았기 때문에 생활 향상을 이루지 못했습니다. 남한의 경제 발전이 텔레비전·냉장고 등의 가전제품에서 이후 자동차·휴대 전화 같은 제품의 대중화로 생활수준의 향상을 가져온 것과 비교하면 잘 알 수 있을 것입니다. 게다가 냉전 완화로 북한의 주력 수출품이었던 소총·대포 등의 재래식 무기 수출은 줄어들 수밖에 없었습니다. 또한 석유를 국제 가격의 절반에 공급해 주던 소련이 무너진 데다 과도한 군사비 지출과 홍수와 가뭄이 번갈아 나타나는 자연재해로 1990년대에는 마이너스 성장을 기록하였습니다.

경제를 살리기 위해 북한은 외국인 투자를 일부 허용하는 합영법, 나진·선봉 지역의 자유 경제 무역 지대 개방, 금강산 관광 특구 지정 등을 통한 발전을 추진하고자 하였습니다. 또한 2000년을 전후하여 금강산 관광과 개성 공단 조성 등 남북한 경제 협력 시도도 있었습니다. 그러나 북한의 핵무기 보유로 남북 관계가 경색되고, 미국을 비롯한 여러 나라들이 북한과 경제 관계를 끊고, 경제 제재 조치를 취하면서 경제적 어려움을 겪고 있습니다.

• 한 · 중 · 일 3국의 수출입 총액

중국에 대한 한국의 수출 비중은 26퍼센트, 일본은 21.9퍼센트로 대중국 규모가 큼을 알 수 있다.

자료: 한국 무역 협회, 2016
국제 통화 기금(IMF), 2016

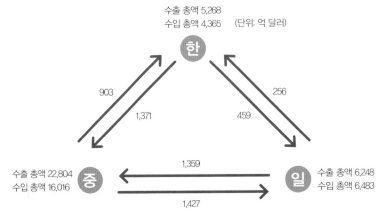

'너' 없이는 살기 어렵다

오늘날 세계 경제는 교역과 교류가 증가하면서 개개 국가 단위보다 유럽연합(EU), 동남아시아국가연합(ASEAN)과 같이 지역을 중심으로 한 정치·경제·문화적 협력이 강화되는 추세에 있습니다. 동아시아에서도 1997년 동남아시아국가연합이 금융 위기를 다루기 위한 비공식 정상 회의에 한·중·일 3국을 초대하면서, 아세안(ASEAN)+3 체제가 형성되었습니다.

동아시아는 공동 화폐 사용 등을 논의하며 경제 협력 강화, 무역 확대를 위해 노력하고 있습니다. 자본주의나 사회주의 체제를 넘어 상호 교류와 의존이 확대되고 있는 것입니다.

한·중·일을 비롯한 동아시아 국가들 간의 교역량도 늘어나고 있습니다. 위의 자료에서 보듯이 한국과 일본의 역내 교역량은 전체 교역량의 3분의 1 정도를 차지하고 있습니다. 중국은 세계 각 지역으로 교역을 확대하는 반면 한국과 일본은 현재 중국 경제에 큰 영향을 받고 있습니다. 중국은 한국이나 일본이 없더라도 활로를 찾을 수 있다고 큰소리치는 형국입니다. 그러니 여기에 어떻게 대처할 것인가가 중요합니다.

교역량이 증가할수록 상대국에 더 의지하게 됩니다. 그리고 무역은 서로 필요한 것을 구하는 과정이므로 침략과 수탈의 형식이 아닌 상호 보완이어야 할 것입니다. 2015년 한국은 중국과의 교역에서 468억 달러 흑자를 보았습니다. 2015년 총 무역 수지 흑자가 902억 달러인 것을 감안할 때 절반 이상이 중국과의 무역에서 이루어진 것입니다. 무역 의존율이 높아지는 한국의 입장에서 중국의 존재를 실감할 수 있습니다.

2016년부터 한국에서는 북한의 미사일 방어를 위해 고고도 미사일 방어 체계(THAAD. 이하 사드)를 한국 내 배치하는 것을 두고 국내는 물론 중국·러시아와도 외교 문제가 커지고 있습니다. 특히 중국은 사드가 자국을 목표로 한 것이라며 강력하게 항의하고 있습니다. 더불어 한국 여행 억제, 한류 프로그램 및 연예인 활동 제한, 한국 기업 및 한국 상품에 대한 제재 등을 강화하고 있습니다. 이처럼 군사 문제는 경제 문제와 직접 연결되기도 합니다.

그러나 국제 관계와 세계 경제에서 자유로운 무역 확대만이 능사라고는 할 수 없습니다. 자유 무역이 확대되는 가운데 한국의 농촌 경제는 중국의 값싼 농수산물 때문에 점점 어려워지고 있습니다. 따라서 공동의 번영과 지속 가능한 발전이 어떤 것인지는 각국이 서로 이해하고 협력하는 가운데 찾을 수 있을 것입니다.

우아, 경제 의존도가 엄청 크구나!

'3저 현상'과 한국의 경제 발전

3저 현상은 '저유가, 저달러, 저금리'를 뜻하는 말이다. 석유값이 폭등한 1, 2차 석유 파동으로 어려움을 겪은 석유 수입국은 에너지 절약 및 대체 에너지 개발을 적극적으로 추진하였다. 이로 인해 석유 수출이 줄어들자 일부 산유국이 공식 가격 이하로 원유 판매를 늘리면서 원유 공급이 늘어나 원유 가격이 내려갔다. 이를 '저유가' 현상이라고 한다.

1980년대 중반 미국은 재정 적자와 무역 수지 적자가 심각해지자 달러 가치를 낮추어 수출 경쟁력을 회복시켜 적자를 줄이고자 하였다. 이런 과정에서 일본 엔화의 가치가 올라갔다. 1985년 1달러에 250엔대였던 것이 1987년 초에는 120엔까지 떨어졌다. '저달러' 정책으로 달러 가치가 하락하고 엔화 가치가 올라감에 따라 일본 상품의 미국 수출이 어려워지고 대신 한국 상품의 수출은 늘었다.

미국은 자국 기업에게 유리한 투자 조건을 마련하기 위해 '저금리' 정책을 실시하였는데, 투자 자금을 해외에서 많이 빌려야 했던 한국 기업으로선 대출금에 대한 이자 부담을 줄일 수 있었다.

이러한 3저 현상이 한국의 경제 발전에 호재로 작용했음은 물론이다.

저유가로 석유를
싸게 사 올 수 있었어.

일본 상품이 비싸져서
미국에 한국 상품을
많이 팔았지.

이자 부담도 줄어서
경제 발전에
도움이 되었다고.

26_ 동아시아는 어떤 문제로 몸살을 앓고 있을까?

──── 사진은 2011년 3월 일본 후쿠시마에서 규모 9.0의 대지진이 일어나 원자력 발전소가 폭발한 뒤의 모습입니다. 지진의 여파로 15미터 높이의 쓰나미가 이 지역을 덮치면서 발전소가 멈추었습니다. 전기 공급 중단으로 뜨거운 원자로를 냉각시킬 수 없게 되어 폭발이 일어난 것입니다. 그 후로 몇 년이 지났지만 아직도 방사성 물질이 지하수로 스며들어서, 오염된 물이 바다로 흘러들어 가고 있습니다. 지금도, 그리고 앞으로도 큰 피해가 우려됩니다. 이 문제를 해결하기 위해 동아시아 각국은 어떠한 공동의 노력을 전개하고 있을까요? 이 밖에 동아시아 국가들의 공통적인 사회 문제는 어떤 것들이 있을까요?

저출산·고령화의 늪에 빠지다

한국의 인구 변동 및 연령별 구성

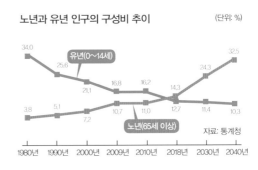

나도 마음은
청춘인데.

우리나라는 최근 인구 증가율이 급감하여 2015년에는 2010년보다 0.1퍼센트 포인트 하락하였습니다. 출산 억제를 위해 산아 제한 정책을 펼친 결과입니다. 합계 출산율은 지속적으로 하락하여 2001년에는 1.3명에 그치는 초저출산국이 되었습니다. 인구 구성비 그래프에서 보듯이 노년과 유년의 인구 구성도 크게 달라졌습니다. 1990년대에는 유년 인구가 훨씬 많다가 2010년대 중반을 넘기면서부터는 유년과 노년의 인구 비율이 역전됩니다. 이후 노년 인구가 급속도로 많아지는데 이는 저출산·고령화의 인구 변화를 잘 보여 주고 있습니다. 이렇게 되면 전체적으로 젊은 층의 부양 부담이 커질 수밖에 없습니다.

저출산·고령화로 인한 노동력 감소를 걱정하는 것은 한국만이 아니라 중국도 마찬가지입니다. 2010년 실시된 중국 인구 주택 총조사(센서스) 통계에 따르면 65세 이상 노인 인구 비율이 1982년 7.6퍼센트에서 13.2퍼센트로 두 배 가까이 증가한 반면, 0~14세 비율은 33.5퍼센트에서 16.6퍼센트로 급락하였습니다. 그래서 중국은 1980년 이래 시행해 온 1가정 1자녀 정책(2명 이상의 자녀를 낳으면 막대한 세금을 강제했던 정책)을 35년 만에 폐지하고 2자녀 정책으로 전환하였습니다.

일본의 상황은 어떨까요? 일본의 인구 역시 2008년 1억 2천 808만 명으로 최고치에 이른 뒤 계속 감소 추세로, 고령화 비율이 급속히 증가하고 있습니다. 이를 해결하기 위해 일본은 2003년부터 '저출산사회대책기본법'을 제정하여 저출산 개선 정책이 법적인 근거를 가지고 체계적으로 추진되도록 노력하고 있습니다.

하지만 인구 감소 및 고령화 현상이 회복되는 데에는 일정 시간이 필요하기 때문에, 노동 인구의 감소 현상은 당분간 지속될 것입니다. 그래서

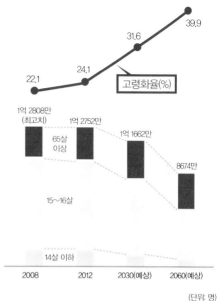

(단위: 명)

일본의 인구 변동 예측(일본 후생노동성, 2014).

한국과 일본에는 인건비가 비교적 저렴한 지역으로부터 이주 노동자가 꾸준히 유입되었습니다. 현재 일본은 외국인 노동자 수가 200만 명을 넘어섰고, 한국도 150만 명이 넘는 것으로 추산되고 있습니다. 외국인 노동자와 현지인의 결혼 사례가 증가하면서 다문화 가정도 많아졌습니다. 그러나 외국인 근로자 임금 체불과 열악한 근로 환경, 의사소통의 문제, 다문화 가정 자녀의 취학이나 학교 부적응 문제 등 외국인 노동자와 다문화 가정이 겪고 있는 문제에 대한 사회적 관심과 정책은 부족한 상황입니다.

침묵의 살인자 '미세먼지'를 잡아라

얼마 전까지만 해도 우리는 일기예보에서 '황사'라는 말을 자주 접했는데, 이제는 황사 대신 '미세먼지' 혹은 '초미세먼지'라는 말이 더 익숙합니다.

미세먼지는 먼지에 질산염, 암모늄, 황산염 등의 유해 성분이 붙어서 발생합니다. 봄이면 기승을 부리는 황사는 중국 북부나 몽골의 사막 지역

221

방독면을 쓴 예비 부부. 중국에서 한 예비 부부가 방독면을 쓴 채로 웨딩 촬영을 하여 온라인상에서 화제가 되었다. 이는 베이징을 비롯한 도시의 심각한 스모그를 우회적으로 항의하기 위한 것이었다.

에서 모래와 먼지가 편서풍을 타고 날아온 자연현상입니다. 이에 반해 미세먼지는 자동차나 공장·가정 등에서 석탄이나 석유가 연소되면서 배출된 인위적인 오염 물질입니다. 미세먼지는 크기가 매우 작아서 코, 구강, 기관지에서 걸러지지 않고 몸에 축적되어 각종 질병을 유발합니다. 중국 대도시에서는 석탄을 이용한 겨울 난방이 시작되는 10월이 되면 스모그 현상이 더욱 심해집니다. 스모그가 심해지면 학교에는 휴교령이 내려지고 차량 2부제 실시 및 공장 조업 중단 조치가 취해질 정도입니다. 그뿐 아니라 중국의 심각한 스모그는 한국의 미세먼지 농도에도 영향을 줍니다. 이렇듯 환경 오염은 더 이상 해당 국가만의 문제로 끝나지 않습니다.

2011년 후쿠시마 원자력 발전소(이하 원전) 폭발과 방사능 유출로 인한 피해 역시 더 이상 일본만의 문제가 아니라 환태평양 지역 전체의 문제가 되고 있습니다. 후쿠시마 원전 사고 당시 미국, 프랑스, 독일, 러시아, 중국 정부는 방사능 누출로 인한 피해를 막기 위해 자국민들에게 도쿄를 떠나라고 권고하였습니다. 일본 정부도 후쿠시마 반경 20킬로미터 구역을 '경계 구역'으로 지정해 주민의 출입을 법적으로 금지하였습니다. 지금도 후쿠시마 원전 사태를 복구하기 위한 노력이 이루어지고 있지만, 이 지역의 기형아 출산율 및 암 발병률 증가, 지질 및 수질 오염 그리고 복구 과정에서 드러난 방사능 오염수 부실 관리, 피폭자에 대한 보상 문제 등은 여전히 해결되지 않고 있습니다. "원자로 노심이 녹아 버렸고 사용 후 핵연료가 위험하게 드러나 있는 상태에서 후쿠시마 원전 사고를 수습하려면 앞으로 100년 이상이 걸릴 것"이라는 일본의 원전 전문가 고이데 히로

경제적이지도, 안전하지도 않은 월성1호기 폐쇄하라!

노후원전 월성1호기 수명연장 중단 촉구 기자회견

2015년 1월 15일 10시 30분 | 원자력안전위원회 앞 | 주최: 핵없는사회를위한공동행동 노동당 녹색당 정의당 월성1호기수명연장반대□

지역주민 다죽이는 월□
폐쇄하라!

월성 1호기 수명 연장 반대 시위. 이와 같은 시민 단체의 노력으로, 2017년 2월, 수명 연장을 취소하라는 판결이 내려졌다.

아키 교수의 분석은 일본을 비롯한 동아시아 각국의 지속적인 협력과 관심이 절실하다는 것을 말해 줍니다.

참여하는 시민이 건강한 사회를 만든다

한국의 원자력안전위원회가 노후 원전 월성 1호기의 수명 연장 여부에 대한 심의회를 열자, 이에 반대하여 다양한 시민 단체와 월성 지역 주민이 모여 수명 연장 중단을 요구하는 기자 회견을 하였습니다.

한국 정부는 원자력 발전이 석유나 석탄을 이용한 화력 발전에 비해 비싸지도 않고, 환경 오염도 적다고 홍보합니다. 그러나 노후 원전의 안전 대책 미흡이나 원전 냉각수 처리를 위해 사용되는 유해 물질 및 폐연료 처리, 발전소 폐쇄에 드는 비용을 합하면 그리 경제적이지도 않습니다. 그래서 독일은 2011년 후쿠시마 원전 사태를 계기로 17개의 원전 가운데 8개를 폐쇄하였고, 2020년까지 자국 내 모든 원전을 폐쇄하기로 하였습니다. 하지만 한국 정부는 여전히 원자력이 환경 친화적 에너지이며 비축 효과가 뛰어나다는 점을 강조하면서 월성 1호기와 같이 노후한 원전을 연장 가동하려 합니다. 이에 따라 한국에서는 원전 반대 시위 등이 지속적

인천환경원탁회의가 몽골에서 진행한 나무 심기 행사(2008). 사막화를 막기 위해 동아시아 여러 나라가 협력하고 있다.

으로 전개되고 있으며, 시민 단체가 연대하여 원전 반대 운동을 전개하기도 합니다.

현대 사회에는 정치, 경제, 사회, 문화의 다양한 방면에서 사회 문제 해결에 적극적으로 나서는 시민운동이 활발하게 전개됩니다. 초기의 시민운동은 주로 정치적 민주화를 요구하면서 전개되었으나 점차 교육, 재활용, 정보 공개, 자치권 확대, 언론 감시, 인권 및 환경 보호 등의 다양한 분야로 확산되고 있습니다.

최근에는 국제적으로 원전 반대 운동 이외에도 황사·스모그 등의 환경 문제를 해결하기 위한 연대 움직임도 일어나고 있습니다. 한·중·일은 2008년부터 지속적으로 매년 환경 장관 회의를 열어 함께 공동 대책을 논의하고 있습니다. 한국의 시민 단체들은 중국·몽골의 정부와 연합하여 황사 발생을 억제하고 사막화를 막기 위해 노력하고 있습니다. 대표적인 활동이 사막화되는 지역에 나무를 심어 푸른 산을 만드는 운동입니다. 이러한 노력은 동아시아 각국의 시민들이 공동의 문제를 해결하기 위해, 자발적으로 참여하고 함께 대처하는 모습을 잘 보여 줍니다.

'농민공'이 뭐예요?

　최근 농민공 문제가 중국 최대의 사회 문제로 대두하고 있다. 농민공(農民工)이란 농촌 출신으로 도시에 와서 일을 하는 노동자를 가리키는 말이다.

　1950년대 말 대약진 운동 당시 경제 침체와 함께 식량 부족 사태가 일어나자 중국 정부는 안정적인 농업 생산량을 확보하기 위해 1958년 '호구 등기 조례'를 만들어 농민과 도시민을 구별하고 거주지의 자유로운 이동을 금지하였다. 호구(戶口)란 호적을 말하는 것으로 태어난 지역에 따라 농촌과 도시, 두 종류가 있다.

　1980년대 개혁 개방 정책 이후 산업화 과정에서 도시에 일자리가 많아지고 상대적으로 농촌의 경제 사정이 안 좋아지자, 많은 농민들이 일거리를 찾아 도시로 이동하였다. 이에 중국 정부는 인구가 도시로 몰리면서 나타날 폐해를 우려하여 농민과 도시민을 구별한 기존의 법을 그대로 유지하였다. 그럼에도 불구하고 인구의 도시 유입은 급증하여, 중국 국가 통계국의 발표에 따르면 "2011년 말 현재 도시 거주 인구는 약 6억 9천 80만 명으로 전체 인구의 51.27퍼센트를 차지"한다. 베이징 인구는 2012년 1월, 2천만 명을 넘었는데, 이 가운데 베이징 호구를 가진 사람은 1천 200만 명이다.

　농민공은 도시에 거주하지만 호구가 농촌에 있어 많은 불이익을 감당해야 한다. 호구가 없으면 자동차나 집을 살 수도 없어서 2008년에 베이징 암시장에서 베이징 호구가 무려 30만 위안(약 5천 250만 원)에 팔린다는 뉴스가 보도되기도 하였다. 또한 농민공의 임금 수준은 도시 거주 노동자 임금의 3분의 1에 불과하며, 임금이 체불되어도 농민공의 노동은 대부분 불법이기 때문에 법적 세세를 요구하기도 어려운 실정이다. 중국이 현재 G2의 경제 대국으로 급부상하는 시점에서 이러한 사회적 갈등을 어떻게 풀어 갈 것인지 매우 중요한 문제가 아닐 수 없다.

27 ㅡ 동아시아의 헌법 제1조는 실천되고 있을까?

한국

제1조 ① 대한민국은 민주공화국이다.

② 대한민국의 주권은 국민에게 있고, 모든 권력은 국민으로부터 나온다.

일본

제1조 천황은 일본국의 상징이고, 국민 통합의 상징이며, 그 지위는 주권을 가지는 일본 국민의 총의에 터 잡은 것이다.

중국

제1조 중화 인민 공화국은 노동자 계급이 영도하고, 농공 연맹에 기초한 인민 민주 전정의 사회주의 국가이다.

북한

제1조 조선 민주주의 인민 공화국은 전체 인민의 리익을 대표하는 자주적인 사회주의 국가이다.

ㅡㅡㅡ 동아시아 각국의 헌법 제1조들입니다. 모든 나라는 헌법 제1조에서 나라의 주인이 국민이며, 그 국민을 위해 국가가 존재한다는 것을 선언하고 있습니다. 그런데 '국민이 주인'이라 외치며 집회에 참가한 어린 학생들을 보니 그렇지 않은 경우도 많은 것 같습니다. 동아시아 각국은 헌법에 어울리는 사회를 만들고 있을까요? 민주주의를 수호하기 위해 어떤 노력을 하였을까요?

'타는 목마름으로' 민주주의를 노래하다

광복 직후 좌우 이념 대립이 극심하였던 한국은, 정부 수립과 6·25 전쟁을 거치면서 남북한의 이념을 내세운 체제 대결이 더욱 가속화되었습니다. 이런 상황에서 남한 정부는 북한의 침략 가능성을 수시로 경고하면서 진보 인사들을 처벌하고 민주주의를 탄압하였습니다. 북한 정권은 미국과 남한이 북한을 침략할 것이라 선전하면서 내부의 반대 세력을 숙청하였습니다. 이런 과정에서 시민의 인권과 민주주의는 후퇴할 수밖에 없었습니다.

6·25 전쟁을 거친 후 남한의 이승만 정권은 반공을 빌미로 민주화를 요구하는 세력을 강력하게 탄압하였으나 1960년 4·19 혁명으로 퇴진하였습니다. 잠시 찾아온 민주주의는 제대로 꽃을 피우지도 못한 채 5·16 군사 정변으로 무너졌습니다. 군사 정변을 통해 대통령에 당선된 박정희는 경제 개발을 추진하는 한편 자신의 집권 체제를 강화하였습니다. 대통령을 두 번밖에 할 수 없게 한 헌법을 바꾸어 세 번까지 할 수 있도록 하였으며, 1972년에는 유신 헌법을 만들어 영구 집권의 토대를 만들었습니다. 유신 정권은 대통령이 내리는 긴급 조치를 통해 국민의 기본권을 유린하고 박정희 1인 체제를 강화하였습니다.

1979년 박정희가 부하의 총탄에 사망한 후 민주화 운동이 활발하게 전개되었습니다. 1980년은 '서울의 봄'이라 할 정도로 민주주의에 대한 갈망이 넘쳐났습니다. 그러나 1979년 12·12 사건으로 권력을 장악한 전두환은 광주를 비롯하여 각지에서 일어난 민주화 운동을 무력으로 진압하였습니다. 그는 민주화 운동을 탄압하며 대통령에 취임하였으나 민주화를 향한 국민의 열망을 막지는 못하였습니다. 경찰력을 앞세워 국민을 탄압하였던 정권은 1987년 시민들의 저항에 굴복하고 말았습니다.

1987년 시민과 학생들은 국민의 손으로 직접 대통령을 뽑는 대통령 직

이한열 영결식(왼쪽)과 광화문 광장의 촛불 집회(오른쪽) 모습. 1987년 6월 항쟁 당시 경찰의 최루탄을 맞고 사망한 이한열의 장례식이 광화문 거리에서 진행되었다. 30년의 시간이 흐른 2016년에는 같은 장소에서 대통령의 퇴진을 요구하는 촛불 집회가 열렸다.

선제를 주장하며 민주적 개혁을 요구하였습니다. 그러나 전두환 정부가 개헌을 거부하자 민주화 운동은 더욱 거세졌습니다. 마침내 정부가 시민의 요구를 받아들이면서 한국 민주주의는 새로운 장을 열게 되었습니다.

1987년 6월 민주 항쟁 이후 민주주의는 확산되어 김영삼 정부에서는 지방 자치제, 금융 실명제 등이 실시되었고, 인사 청문회 등을 통하여 고위 공직자의 능력과 도덕성을 검증하였습니다. 1997년 대통령 선거에서는 야당의 김대중 후보가 당선되어 평화적 정권 교체를 이루었습니다. 이처럼 격변의 시기를 거치면서 주민을 위한 행정 서비스가 확대되고, 인권이 강화되어 인신 구속의 남용이나 정치적 억압도 줄어들었습니다. 특히 국가 인권 위원회 및 국민 권익 위원회 등이 설치되어 국민의 기본권을 보호하는 사회적 분위기가 조성되었습니다. 국민이 주인이 되는 나라를 만들려는 노력은 곡절을 겪으며 아직도 진행 중입니다.

2016년 하반기는 대통령의 권한 행사가 민간인에 의해서 영향을 받았다는 사실이 드러나면서 대규모의 촛불 집회가 열렸습니다. 집회에 참가한 사람들은 나라의 주인은 국민이며, 국민에게 위임받은 권한을 대통령이 제대로 사용하지 못하였으므로 반환하라는 요구를 하였습니다.

자민당 중심의 55년 체제가 무너지다

1945년 일본이 패전한 뒤 미국은 일본을 전쟁을 할 수 없는 나라로 만들려 하였습니다. 그러나 중국 대륙이 공산화되자 미국은 공산주의 확산을 저지한다는 명분을 우선시하였습니다. 한국에서 6·25 전쟁이 일어나자 미 군정은 노조를 탄압하고 사회주의자를 처벌하였습니다. 이어 1951년 6·25 전쟁이 진행되던 중에 미국은 일본을 독립시켜 미국의 군사 기지로서 역할을 하도록 하였습니다. 이때 일본을 독립시키는 샌프란시스코 강화 조약이 연합국과 일본 사이에 체결되었습니다. 그날 오후에는 미국과 일본 사이에 미·일 안전 보장 조약도 체결되었습니다. 미군이 일본 내에서 군사 기지 등을 사용할 수 있도록 한 것입니다. 일본이 독립한 이후에도 오키나와 지역은 계속해서 미 군정의 점령 아래 있다가 베트남 전쟁이 끝나 가던 1972년이 되어서야 일본에 반환되었습니다. 이 과정에서 일본은 미국의 동아시아 지역의 반공 기지 역할을 하였습니다.

이렇게 되자 일본 내각에서도 우파의 세력이 강해졌습니다. 또한 1955년 실시된 27회 중의원* 총선거 결과 우파가 의석을 많이 차지하자, 이에 대응하기 위해 분열되어 있던 사회당의 좌파와 우파는 통합하여 사회당을 결성하였습니다. 우파 정당인 자유당과 민주당 역시 통합을 하여 자유민주당(자민당)을 창당하였습니다. 자민당은 이후 국회 의석을 거의 3분의 2 가까이 차지하면서 일본의 정치를 주도하게 되었습니다. 사회당은 자민당에 이은 제2당으로 자민당의 독주를 견제하는 역할을 맡았습니다. 1955년 등장한 이 정치 체제를 '55년 체제'라 부릅니다.

자민당은 어떻게 이렇게 오랫동안 집권할 수 있었을까요? 그것은 자민당이 집권한 이후 일본의 경제 성장이

*중의원: 일본 의회는 중의원과 참의원으로 되어 있으나 실질적인 권한은 하원 격에 해당하는 중의원 중심으로 운영되고 있다.

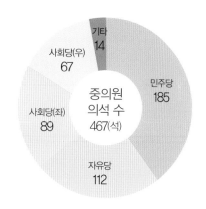

기타 14
사회당(우) 67
민주당 185
사회당(좌) 89
자유당 112

중의원 의석 수 467(석)

1955년 중의원 총선거 결과

계속되었기 때문입니다. 일본은 국방을 미국에 의존하면서 1960년대 수출 주도형 산업을 강화하여 고속 성장을 달성하였습니다. 전쟁에 패한 후 궁핍한 생활을 겪었던 일본 국민들은 정치적으로 일부 불만이 있더라도 큰 변화를 요구하지 않았습니다. 1970년대 석유 파동 등으로 자민당이 과반을 얻지 못한 경우도 있었지만 집권은 계속되었습니다.

그러나 1990년대 초 소위 '버블경제'의 붕괴라 하여 일본 경제가 침몰하였습니다. 국민들은 경제 붕괴 상태를 만든 자민당을 지지하지 않았습니다. 결국 자민당은 1993년 선거에서 38년간의 집권을 끝내고, 호소카와 연립 세력에게 정권을 내주고 말았습니다. 자민당은 이후 사회당 또는 공명당과 연합하여 정권은 유지하였으나, 2009년 선거에서는 민주당에 패하여 정권을 내주었습니다.

2009년 등장한 민주당 정권은 주변국과 친선을 다지는 등 개혁을 단행하였습니다. 그러나 경제 상황을 개선시키지 못한 데다 2011년 3월 발생한 동일본 대지진과 원자력 발전소 문제를 제대로 처리하지 못해 신뢰를 잃었습니다. 이에 따라 2012년 12월에 실시된 선거에서는 다시 자민당이 정권을 장악하였습니다. 자민당 후보로 총리에 당선된 아베는 이후 선거에서 계속 승리하며 전쟁을 부정하고 일본 민주주의를 꽃피우는 역할을 한 '평화 헌법'을 개정하려는 시도를 하고 있습니다.

중국과 북한의 민주화, 걸음마조차 하지 못하다

마오쩌둥은 문화 대혁명을 일으켜 정적이었던 류사오치와 그의 지지자들을 처형하거나 추방하였습니다. 문화 대혁명은 1966년부터 1976년까지 10여 년간 전개된 사회주의 사상 정화 운동으로, 부르주아 세력을 몰아내고 진정한 사회주의 국가를 만든다는 취지였습니다. 이들은 홍위병이라 불리는 젊은 학생들을 충동질하여 무기로 삼았습니다. 홍위병들은 정부와 민간을 가리지 않고 폭력과 무소불위의 힘을 휘두르며 나라를 혼란에 빠뜨렸습니다. 혼란의 시대에 민주주의가 싹을 틔우기란 불가능하였습니다.

문화 대혁명은 결국 1976년 마오쩌둥 사망으로 끝을 맺었습니다. 새로 지도자가 된 덩샤오핑은 개혁과 개방을 추진하며 경제 성장을 이끌었고, 경제가 성장하면서 중국 시민은 이에 걸맞은 정치 개혁을 주장하였습니다.

1989년 정치적 자유 확대를 추진하다가 총서기에서 쫓겨났던 후야오방 총리가 사망하였습니다. 그를 추모하기 위해 베이징의 톈안먼 광장에 모였던 시민과 학생들의 집회는 민주화를 요구하는 대규모 시위로 발전하였습니다. 당시 총리였던 자오즈양은 시위대 앞에서 정부의 잘못을 인정하고, 민주 개혁을 추진하겠다고 약속하였습니다. 그러나 중국 정부는 시위대를 반혁명 폭동으로 규정하고 군대를 동원하여 강제 진압하였습니다. 이어 자오즈양도 총리직에서 해임되었고 2005년 사망할 때까지 자신의 집 밖으로 나오지 못하였습니다. 덩샤오핑을 비롯한 공산당 원로들이 민주화 요구가 자신들의 체제를 무너뜨릴 것이라 우려했기 때문입니다. 이후 중국의 정치는 크게 발전한 모습을 보이지 않으니, 중국 헌법에서 말하는 노동자들의 나라는 멀게만 보입니다.

문화 대혁명 포스터. 자본주의적 요소가 있는 구시대를 타도하고, 사회주의 사상에 입각한 새로운 사회를 만들자는 내용을 담고 있다.

북한의 경우도 1950~1960년대를 지나면서 김일성 1인 독재의 유일사상 체제를 확립하였습니다. 1950년대 이후 소련과 중국은 사회주의 주도권을 차지하기 위하여 대립하였습니다. 이때를 이용하여 김일성은 자신만의 유일 체제를 확립하였습니다. 김일성이 죽자 김정일이 정권을 이어받았고, 이어 김정은이 자리를 계승하면서 3대에 걸친 부자 세습을 이루었습니다. 북한은 공산당과 군을 중심으로 한 소수의 특권 세력이 정권을 장악하고 있고, 자신들의 특권을 유지하기 위하여 폐쇄적인 사회를 유지하고 있습니다. 이러한 현상은 결국 집권층의 부정부패로 이어지고, 국민의 불만을 자아내는 요소가 됩니다. 이런 나라가 '전체 인민의 이익을 대표'한다고 할 수 있을까요?

타이완, 종신 총통과 '만년 국회'가 폐지되다

중국 대륙에서 쫓겨난 장제스의 국민당 정부는 타이완에 들어온 후 현지 주민을 탄압하고, 대륙에서 온 사람들이 주축이 된 국민당 정권을 유지하였습니다. 국민당 정권은 '반공'과 '대륙 복귀'를 내세우며 계엄령을 내리고, 정당 결성을 허가하지 않았습니다. 집권자 장제스에 반대하는 어떠한 것도 허용되지 않는 일당 독재였습니다. 1975년 장제스가 사망한 후에는 그의 아들 장징궈가 총통의 지위를 세습하였습니다.

1986년 계엄 아래에서 새로운 정당인 민주진보당(민진당)이 만들어졌습니다. 거센 민주화 요구에 따라 계엄령을 해제하고 복수 정당제도 도입하였습니다(1987). 일당 독재 체제를 벗어난 것입니다.

1988년 장징궈 총통이 사망하자 부총통이었던 리덩후이가 총통에 올랐습니다. 타이완 출신의 리덩후이는 1991년 40년간 중국과 전쟁 상태라고 규정해 온 법을 폐기하고 정치 개혁안을 승인하였습니다. 이어 '만년 국회'를 폐지하였습니다. 타이완 국회인 입법원의 선거는 1948년 중국 본토에서 실시된 이후 1992년까지 한 번도 실시되지 않았습니다. 전쟁 상태라는 이유로 1948년에 선출된 입법 의원이 죽을 때까지 지위를 유지하였기 때문입니다. 의원이 사망한 7번만 보궐 선거를 치렀기에 이를 만년 국회라 합니다. 국민이 직접 국회의원을 뽑지 않으니 기본적으로 민주 국가라 할 수 없을 것입니다.

만년 국회라니…
어떻게 이럴 수 있지?

차이잉원 타이완 총통 취임식. 취임식에서 차이잉원(앞줄 박수 치고 있는 여성)이 타이완의 민주주의를 상징하는 노래 〈메이리다오〉를 함께 부르고 있다.

2000년 치러진 총통 선거에서 타이완의 독립을 주장하는 민진당의 천수이볜 후보가 총통에 당선되면서 반세기 동안 이어진 국민당 집권이 끝났습니다. 국민당은 중국 대륙에서 온 사람들이 중심이었기 때문에 타이완 원주민들의 정서와는 차이가 있었습니다. 민주주의가 성장하면서 타이완 사람들의 인식도 직접 정치에 참여하려는 쪽으로 변화하였고, 이러한 변화에 힘입어 천수이볜이 총통의 자리에 오를 수 있었습니다. 그러나 경제의 상당 부분을 중국에 의존하고 있던 터라 중국과 대립하는 정책은 모순이기도 했습니다. 결국 천수이볜이 물러나고 국민당이 재집권하게 되었습니다. 하지만 2016년 선거에서는 다시 타이완의 독립을 주장하는 차이잉원이 총통에 당선되었습니다.

평화 헌법과 아베 정권

2016년 현재 일본의 정권을 잡고 있는 아베 신조 총리는 이전부터 평화 헌법을 개정하겠다고 공언하였다. 패전 직후 만들어진 일본 헌법 제9조는 '전쟁과 무력에 의한 위협 또는 무력의 행사를 영구히 포기'하고 '국가의 교전권(交戰權, 전쟁하는 권리)을 인정하지 않는다.'고 명시하고 있다. 이런 이유로 '평화 헌법'이라고 불린다.

그런데 아베는 총리가 된 이후 집요하게 헌법을 개정하여 '보통 국가'가 되어야 한다고 주장하였다. '보통 국가'란 주권을 가진 일반적인 나라로, 일본도 그런 나라들처럼 군대를 갖고, 세계 평화에 이바지해야 한다는 것이다. 하지만 주변국들은 일본의 군사 대국화를 우려하고 있다.

2014년 『아사히신문』의 여론 조사에 의하면 일본 국민들은 64퍼센트가 헌법 유지를 주장하고 있다. 일본 국민들은 아시아·태평양 전쟁 과정에서 너무나 큰 피해를 보았기 때문에 전쟁이라면 반대를 하고 있는 것이다.

그런데도 아베의 헌법 개정 의지는 식을 줄을 모른다. 또한 미국도 이를 지지하고 있다. 급격히 성장한 중국이 미국의 이익을 침해한다고 판단하기 때문이다. 미국은 중국을 견제하기 위해 일본의 군사 대국화를 지지하고, 아베는 이러한 미국의 지지를 바탕으로 일본을 전쟁할 수 있는 국가로 만들려 하는 것이다.

28 __ 갈등의 동아시아, 화해는 가능할까?

2014년 6월 20일 일본 정부는 1993년 발표한 고노 담화의 검증 내용을 발표하였습니다. 한국 정부는 주한 일본 대사를 소환하여 강력히 항의하였습니다. 중국의 외교부도 "고노 담화를 조사한 것은 일본이 역사를 직시하기를 원하지 않는다는 것과 침략의 잘못을 미화하고, 진실을 부인하려는 의도를 보여 준다."라고 비판하였습니다.

2015년 12월 한국과 일본 정부가 일본군 '위안부' 문제 협상을 타결하자 많은 학생, 시민들이 이에 반대하는 집회를 이어 가고 있습니다. 그 이유는 무엇일까요? 한·중·일 사이에 갈등은 또 어떤 것이 있으며, 이러한 갈등을 극복하고 화해에 이를 수 있을까요?

소녀, 여성 운동과 인권의 상징이 되다

1931년 만주 사변을 일으켜 본격적인 대륙 침략을 감행한 일본군은 중·일 전쟁, 아시아·태평양 전쟁까지 15년 동안 전쟁을 계속하였습니다. 만주 사변 이후인 1932년부터 일본군은 점령 지역 여성에 대한 병사들의 성폭행, 성병으로 인한 전투력 손실 등을 방지한다는 미명 아래 군부대의 위안소 경영을 허용하였습니다. 위안소에서는 조선과 중국 등에서 끌려간 많은 여성들이 고통을 당하였습니다. 위안소는 군대만 아니라 산업 현장에도 있었습니다.

전쟁 기간 동안 조선과 중국을 비롯한 동아시아의 많은 여성들은 일본 정부와 군의 조직적인 통제와 강압 아래 일본군이 주둔하는 중국, 인도네시아, 싱가포르, 오키나와 등 각지에 끌려가 성노예로 힘겨운 삶을 살았습니다. 일본군 '위안부'로 동원된 여성의 규모는 적게는 5만 명에서 많게는 20만 명에 이른다고 합니다.

그럼에도 불구하고 일본군 '위안부' 문제는 1980년대까지 일반인들에게 거의 알려지지 않았습니다. 사회와 국가적 차원에서 관심이 없었고, 생존자들의 사실 규명 요구도 없었기 때문입니다. 생존자들은 고통스러웠던 과거를 스스로 들춰내길 원치 않았습니다. 한국에서는 1980년대 들

중국 상하이에 있던 육군 위안소.

어 민주화 운동의 일환으로 인권 운동, 여성 운동이 활발해지고 국가 권력에 의한 여성 인권 유린이 사회 문제가 되면서 일본군 '위안부' 문제가 거론되기 시작하였습니다. 여성 단체를 중심으로 일본 정부에 진상을 요구하였으나 일본 정부는 '위안부'의 존재에 대하여 계속해서 발뺌하였습니다.

그러던 1991년 8월, 김학순 할머니가 자신이 일본군 '위안부'였음을 증언하는 역사적 사건이 일어났습

니다. 이후 피해자들의 증언이 이어지고, 네덜란드 출신으로 인도네시아에서 피해를 입었던 얀 오헤른 할머니가 도쿄에서 기자 회견을 하자 일본 정부는 조사를 실시할 수밖에 없었습니다. 1993년 고노 요헤이 장관은 일본군이 위안소를 설치하고 운영에 관여한 것을 인정하고, 이에 대해 사죄한다는 담화를 발표하였습니다. 이것이 이른바 '고노 담화'입니다.

그러나 1990년대 후반 이후 우경화한 일본에서는 '위안부'에 관한 역사적 사실을 부정하려고 하였습니다. 2012년 이후 아베 총리는 일본군 '위안부' 모집에 강제성이 있었다는 것이 사실이 아니라며 고노 담화의 내용을 수정하려고 하였습니다. 이 같은 행동은 한국·중국의 시민과 정부는 물론 미국을 비롯한 세계 각국으로부터 강한 비판을 받았습니다.

문제 해결을 논의하던 한국과 일본 정부는 2015년 12월 정부 차원에서 타결을 보았습니다. 그러나 일본군 '위안부' 피해자들은 자신들의 의사가 반영되지 않은 합의에 동의할 수 없으며, 일본 정부의 공식적인 사죄가 없는 한 타결은 인정할 수 없다는 입장을 취하고 있습니다. 유엔 여성차별철폐위원회도 한일 정부 간 합의를 "피해자 중심의 접근을 충분히 채택하지 않았다."고 평가하면서 일본 정부가 피해자들에게 공식 사과와 배상을 해야 한다고 권고하였습니다.

역사 교과서, 침략을 왜곡하다

일본의 역사 교과서 왜곡도 갈등을 만들고 있습니다. 역사 교과서 논란은 크게 두 차례 있었습니다. 먼저 일본 정부는 1982년 중학교 역사 교과서 검정 과정에서 일본의 '침략'이라는 용어를 '진출'로 바꾸도록 하고, 한국의 3·1 운동을 '폭동'으로 고치도록 하였습니다. 중국과 한국이 강력하게 항의하자 일본 정부는 이러한 지침을 내린 것에 사과를 하고, 앞으로 교과서를 서술할 때는 주변국의 정서를 고려하겠다는 '근린 제국 조항'을

일본의 역사 교과서 왜곡에 반대하는 한국 시민 단체의 기자 회견.

발표하였습니다. 그 뒤로 일본의 교과서는 상당히 개선되는 모습을 보였습니다. 하지만 얼마 후 교과서 왜곡은 다시 시작되었습니다.

55년 체제가 무너지면서 일본 정부는 과거 침략 전쟁에 대하여 반성하는 자세를 취하였습니다. 그 결과 1993년 고노 담화가 발표되었고, 1995년 일본의 침략 전쟁에 대하여 반성하는 무라야마 담화가 나왔습니다. 무라야마 총리는 패전 50주년을 맞이하여 일본의 침략 전쟁과 식민 지배로 아시아인들에 고통을 준 것에 사과하고, 이런 일을 반복하지 않도록 노력하겠다고 하였습니다. 이와 함께 교과서에도 일본군 '위안부' 피해 문제 등이 실리게 되었습니다.

그러나 이를 비판하는 우익 정치가들과 일부 학자들은 일본의 역사 교과서를 공격하였습니다. 이들은 기존의 교과서들이 일본의 역사를 부정적으로 서술하는 '자학 사관'에 빠져 있다고 비판하였습니다. 즉, 자신들의 조상을 침략 전쟁을 일으키고 여성의 인권을 유린한 못된 사람들로 기록하고 있다는 것입니다. 그러한 교과서를 본 어린 학생들이 일본 역사를 수치스럽게 생각할 수 있다고 주장하였습니다. 따라서 이들은 자신들이 제대로 된 교과서를 만들겠다며 '새로운 역사 교과서를 만드는 모임'을 조직하고, 2001년 중학교 역사 교과서를 개발하여 검정을 통과하였습니다.

이 교과서는 난징 대학살과 일본군 '위안부' 피해 문제는 날조된 것이며, 아시아·태평양 전쟁이 아시아의 민중을 서양 열강의 식민 지배와 억압에서 벗어나게 해 준 해방 전쟁이었다고 주장하며 다음과 같이 서술하였습니다.

모든 물자가 부족하였는데, 사찰의 종 등 금속은 전쟁을 위해 공출되어 생활 용품은 매우 궁핍하였다. 그러나 이러한 곤란 속에서 많은 국민들은 열심히 일했고 열심히 싸웠다. 이것은 전쟁의 승리를 바라고 한 행동이었다.

일본의 '새로운 역사 교과서를 만드는 모임'에서 집필한 우익 성향의 후소샤 교과서.

전쟁에 대한 반성보다 그 전쟁을 합리화하고, 전쟁에 참여한 당시 국민을 칭송한 것입니다. 또한 일본의 우익 정치가와 신문의 지원을 받아 각 지역에서 교과서를 채택하도록 압력을 넣었습니다. 그럼에도 불구하고 채택률은 0.039퍼센트에 불과하였습니다. 그러나 2005년에는 0.39퍼센트로 높아졌고, 2009년 1.7퍼센트, 2011에는 4퍼센트까지 채택률이 높아졌습니다. 2015년에는 6.3퍼센트에 이르렀습니다.

이와 함께 일본 정부는 2006년 교육 기본법을 개정하여 애국심을 고취하고자 하였습니다. 여기서 말하는 애국심이란 단순히 '나라를 사랑하는 마음'이 아니라 다른 나라는 외면한 채 침략 전쟁을 미화하고 자국 중심주의적 태도를 키우는 것입니다.

일본의 시민·교육 단체들은 이러한 교육 기본법 개정에 반대하였습니다. '국가'의 이름으로 자행된 전쟁과 학살, 수탈을 다시 반복해서는 안 된다는 이유였습니다. 그러나 의회의 다수를 차지했던 자민당은 개정을 강행하였습니다. 교육 기본법에 따라 학습 지도 요령(교육 과정)이 개정되었고, 이에 기초해 만들어진 초·중·고 교과서는 2013년부터 검정이 진행되어 학교 현장에서 사용되고 있습니다. 지금의 일본 중학교 역사 교과서는 단 한 권을 제외하고는 일본군 '위안부' 피해 문제가 기술되어 있지 않습니다.

양심과 인권의 목소리가 울려 퍼지다

일본 정부는 1993년 고노 담화로 일본군 '위안부'에 과거 일본군의 관여를 인정하였지만, 정부 차원의 명확한 진상 규명과 배상은 이루어지지 않았습니다. 그러던 2000년 일본 도쿄에서는 각국의 일본군 '위안부' 전문가들이 모여 일본의 전쟁 책임, 일본 정부와 고위 관료들의 책임을 규명하는 민간 법정을 열었습니다. 이 법정은 국가가 아닌 민간이 개최한 것으로 실제로 처벌을 할 수 있는 것은 아니지만, 피해자의 증언, 재판관의 판결까지 법정과 같은 형식으로 진행되었습니다. 이 재판에서는 침략 전쟁 당시의 쇼와 천황과 일본 정부 책임자들에게 유죄 판결을 내렸고, 일본의 전쟁 책임 등을 명확히 하였습니다.

　재판을 주도한 것은 일본의 양심 세력들이었습니다. 자신들의 역사에서 잘못된 과거를 들추어 과오를 다시 범하지 않겠다는 반성으로 법정을 열었던 것입니다. 이를 계기로 여성의 인권 문제, 전시 성폭력 문제 등에 세계의 관심이 커졌습니다.

　세계 각국은 일본 정부에 반성과 배상을 요구하였습니다. 미국 의회는 일본 정부가 일본군 '위안부' 문제 해결에 적극 노력하라는 결의안을 통과시켰습니다. 그뿐만 아니라 각지에 할머니들을 위로하는 기림비를 세웠

미국 글렌데일에 세워진 소녀상. 미국의 여러 곳에는 소녀상과 함께 일본군 '위안부' 피해자를 기리는 기림비가 세워져 있다.

습니다. 이러한 노력은 과거의 성폭력과 전쟁이 다시 일어나지 않게 하겠다는 다짐이기도 한 것입니다.

한국은 1960년대 베트남 전쟁에 참가하여 많은 베트남 사람들에게 고통을 주었습니다. 그러나 반성의 태도는 부족하다고 할 수 있습니다. 진전된 모습으로는 1998년 베트남을 방문한 김대중 대통령이 호찌민 묘에 참배하고 불행한 과거에 대해 진심으로 사죄한 것입니다. 2004년 노무현 대통령도 베트남을 방문하여 "우리 국민들은 마음에 빚이 있다. 그래서 베트남의 성공을 간절히 바라고 있음"을 표명하였습니다. 또한 한국은 베트남에 무상 지원과 경제 협력을 위한 노력을 전개하고 있습니다. 우리의 잘못을 용기 있게 반성하고 사죄할 때, 우리도 일본에게 이를 요구할 수 있을 것입니다.

함께 쓰는 역사, 함께하는 동아시아

역사를 보는 시각은 자신이 처한 입장과 인식에 따라 달라질 수 있습니다. 같은 나라에서도 시대와 공간에 따라 달라질 수 있습니다.

그런데 한국·중국의 시민과 학자들은 왜 일본의 역사 교과서를 비판하는 것일까요? 일본이 자신들이 일으킨 전쟁에 대하여 변명을 하고, 피해를 입은 사람들에게 사죄하거나 반성하는 모습을 보이지 않기 때문입니다.

과거의 잘못을 인정하고 교과서에 기록하는 것은 독자나 필자에게 수치스러울 수 있습니다. 그런데도 그렇게 서술해야 한다면 왜일까요? 일본은 식민지 지배와 침략 전쟁을 통해 다른 나라뿐 아니라 자국 국민들도 전쟁터에서 죽거나 부상을 당하거나 행방불명이 되는 등 피해를 입혔습니다. 일본의 대도시들은 폭격을 당하였고, 많은 어린이들이 굶주림에 허덕이다 죽었습니다. 또한 히로시마와 나가사키는 원자폭탄 투하로 참담

한·중·일 또는 한·일 간에
함께 만든 공동 역사 교재들.

한 피해를 입었습니다. 침략 전쟁의 잘못을 덮어
두고 외면하며 제대로 반성하지 않는다면 그런
일이 반복될 수 있습니다.

우익 교과서가 출현하자 동아시아의 학자, 교
사, 시민 들은 평화를 지향하는 교재를 집필하
였습니다. 교재는 여러 종류가 있습니다. 고대부터 현대까지 양국의 관계
사를 다룬 교재, 근현대의 침략과 저항을 중심으로 서술한 교재도 있습니
다. 여성의 입장에서 역사를 들여다보거나 통신사를 통한 교류를 서술한
책도 있습니다. 침략과 저항을 강조하기보다 양국의 문화를 마주 보고자
하는 교재도 있습니다.

역사 인식을 함께하기에는 넘어야 할 산이 많지만 평화를 이루는 것이
나와 너, 모두에게 이롭다는 인식은 할 수 있을 것입니다. 그 공감대가 이
루어질 때 역사 왜곡은 힘을 잃을 것입니다. 시민들이 나서서 일본의 역
사 교과서 왜곡에 반대한 것이 일본의 잘못에 대한 질책이었다면, 공동
교재 집필과 역사 대화 전개는 보다 적극적인 해결책을 모색하는 것이라
할 수 있습니다.

한·중·일 청소년, 동아시아의 미래를 열다

한·중·일 청소년들이 표현한 '평화'(2014)

위 사진은 2014년 '동아시아 청소년 역사 체험 캠프'에 참여한 아이들이 그린 그림이다. 캠프는 각국의 시민 단체가 주관하여 한국·중국·일본을 한 해씩 돌아가며 개최한다. 캠프에서는 삼국 모두와 관계 있는 역사 강연을 듣고 답사와 수업을 진행한다. 줄넘기와 축구도 하고, 달리기도 한다. 즐겁게 같이 놀 때, 이들은 국경과 언어를 뛰어넘어 친구일 뿐이다.

2014년 캠프에 참가한 청소년들은 공동으로 청·일 전쟁에 관한 교과서를 써 보았다. 청·일 전쟁은 한·중·일 삼국이 공통으로 연관된 매우 중요한 역사였지만 각국 교과서의 서술은 조금씩 달랐다. 한국은 청·일 전쟁보다 동학 농민 운동을 강조하였고, 중국은 일본의 침략을 강조하였다. 일본은 자신들의 침략을 합리화하는 듯한 서술을 보였다. 청소년들은 삼국의 교과서를 보고 국가가 아닌 동아시아 지역의 입장에서 교과서를 다시 써 보았다. 그 일부는 다음과 같다.

청·일 전쟁이 끝난 후 … 중국에서는 일본에 대한 배상금과 불평등한 조약에 따라 경제

난에 빠진다. 심지어 1895년 4월 시모노세키 조약으로 서양 열강에 의한 반식민지화가 크게 진행되었다. 조선에서는 청·일 전쟁으로 한반도에 거주하던 국민들이 어이없는 죽음을 당하고 국민들은 피폐해졌다.

교과서를 함께 써 본 학생은 나중에 이런 감상을 남겼다.

우리는 필드워크를 바탕으로 토론하여 공동 교과서를 작성하였습니다. 그 과정에서 의견이 충돌하고 대립하기도 하였습니다. 긴 시간의 토론이었지만 우리는 결국 타협하고 화합하여 자기 나라의 입장만이 아닌 삼국의 입장을 최대한 존중하여 공동 교과서를 작성하였습니다. 대립과 충돌, 어쩌면 당연한 것일지도 모릅니다. 하지만 우리는 그 모든 것을 뛰어넘고 서로 화합할 수 있다는 것을 두 눈으로 보았습니다.

사람과의 만남은 상대를 이해할 기회를 준다. 그런 점에서 수학여행, 체험 학습 또는 상호 교류와 만남 확대는 동아시아의 화해를 위한 중요한 자양분이다. 그 만남은 자신을 내려놓거나 성찰하는 계기가 되기도 한다.

전쟁과 고통을 좋아하는 사람들이 얼마나 될까? 평화와 우호를 바라고 민주주의를 실천하는 동아시아인들이 많아지고, 갈등을 이용하는 정치인들을 비판할 수 있을 때, 동아시아의 화해는 가능할 것이다.

나도
같이 가자!

나도
청소년 역사 체험
캠프 간다!

동아시아 연표

	한국		중국		일본		베트남 · 몽골
	8000년경 신석기 문화	10000년경	신석기 문화	7500년경	조몬 토기(줄무늬 토기) 사용	257	반랑 멸망, 어우 락 건설
	2333 단군, 고조선 건국	2500년경	중국 문명 형성	300년경	야요이 토기, 청동기 벼 농사 시작	209	흉노(~93)
	2000년경 청동기 문화 보급	1600년경	은왕조 성립			207	남비엣 건국
	400년경 철기 문화 보급	1100년경	주 건국			179	어우 락 멸망
	194 위만, 고조선 왕 즉위	770년경	주의 동천, 춘추 시대 시작			111	남비엣 멸망, 한 군현 설치
	108 고조선 멸망	403	전국 시대(~221)				
	57 신라 건국	221	진, 중국 통일				
기원전	37 고구려 건국	206	한 건국				
	18 백제 건국	183년경	장건, 비단길 개척				
기원후	42 수로왕, 가락국 건국	25	후한 성립	57	왜노국 후한에 조공	1~3세기	선비
		184	황건적의 난	250년경	나라 현에 전방후원분 출현	248	바찌에우 대중 항전 시작
		220	후한 멸망, 삼국 시대 시작				
		280	진, 중국 통일				
	372 고구려, 불교 수용 · 태학 설립	316	5호 16국 시대 시작(~439)			4세기 전반 유연 등장	
300	384 백제, 불교 수용	317	동진 건국				
~	405 백제, 일본에 한학 전함	439	남북조 성립				
400	427 고구려, 평양 천도						
	433 나 · 제 동맹 결성						
	475 백제, 웅진 천도						
	520 신라, 율령 반포	589	수, 중국 통일	538	백제에서 불교 전래	552	유연 멸망, 돌궐 건국
	527 신라, 불교 공인			587	소가 씨 권력 장악		
500	660 백제 멸망	618	당 건국	604	쇼토쿠 태자 법령 17개조 제정		
~	668 고구려 멸망	629	현장의 인도 여행	607	호류 사 건립(아스카 문화)		
600	676 신라, 삼국 통일			630	1차 견당사 파견		
	698 대조영, 발해 건국			645	다이카 개신		
	788 독서삼품과 설치	755	당, 안사의 난	710	나라 시대 시작	744	돌궐 멸망, 위구르 건국
700	828 장보고, 청해진 설치	875	당, 황소의 난	752	도다이 사 대불 완성	767	곤룬사파 하노이 공격
~				794	헤이안 시대 시작	840	위구르 멸망
800				894	견당사 파견 중지		
	900 견훤, 후백제 건국	907	당 멸망, 5대 시작(~960)			916	거란 건국
	901 궁예, 후고구려 건국	916	거란 건국			939	응오 왕조 성립(~944)
	918 왕건, 고려 건국	946	거란, 국호를 '요'라 함			966	딘 왕조 성립(~980)
	926 발해 멸망	960	중국, (북)송 건국			981	송군 격퇴
900	935 신라 멸망					986	전기 레 왕조 성립(~1009)
	936 후백제 멸망						
	고려, 후삼국 통일						
	958 과거제 실시						

	한국	중국	일본	베트남 · 몽골
1000	1019 강감찬, 귀주대첩	1069 송, 왕안석의 신법 시행		1009 리 왕조 성립(~1225) 1010 탕롱 천도 1070 문묘 건설 1075 과거제 도입 1076 국자감 설치
1100	1107 윤관, 여진 정벌 1126 이자겸의 난 1135 묘청, 서경 천도 운동 1145 김부식, 『삼국사기』 편찬 1170 무신 정변	1115 금 건국 1125 거란 멸망 1127 북송 멸망, 남송 시작 1177 주희, 『사서집주』 완성	1180 미나모토노 요리토모 거병 1192 가마쿠라 막부 시작	
1200	1231 몽골의 1차 침입 1270 개경 환도, 삼별초 항쟁	1206 칭기즈 칸, 몽골 통일 1234 몽골, 금 멸망시킴 1271 원 제국 성립 1279 남송 멸망, 원 중국 통일	1274 몽골 1차 침입 1281 몽골 2차 침입 1336 남북조 대립 시작 1338 무로마치 막부 성립	1206 대몽골국 수립 1225 쩐 왕조 성립(~1400) 1227 탕구트 정복, 칭기즈 칸 사망 1260 쿠빌라이 칸 즉위 1271 원 제국 성립 1272 『대월사기』 편찬 1274 일본 원정 실패(~1281)
1300	1359 홍건적의 침입(~1361) 1388 이성계, 위화도 회군 1392 고려 멸망, 조선 건국	1368 원 멸망, 명 건국	1392 남북조 통일	1368 원 제국 붕괴
1400	1446 훈민정음 반포 1485 『경국대전』 완성	1408 명, 『영락대전』 완성 1429 명, 베이징 천도 1449 토목보의 변	1404 명과 감합 무역 실시 1467 오닌의 난, 센코쿠 시대 시작	1400 호 왕조 성립(~1407) 1407 명의 베트남 점령 1428 후기 레 왕조 성립 (~1788)
1500	1503 회취법 발명 1510 3포 왜란 1592 임진 전쟁 1597 정유 전쟁	1573 명, 일조편법 시행	1526 이와미 은산 개발 1533 회취법 도입 1543 조총 전래 1573 오다 노부나가, 마지막 무로마치 쇼군 추방 1590 도요토미 히데요시, 센코쿠 시대 통일	1527 막 왕조 성립(~1592) 1550 알딘 칸, 베이징 포위 1558 남북 분리 시작
1600	1609 일본과 국교 회복(기유약조) 1619 강홍립 부대 파병 1623 인조반정 1627 정묘 전쟁 1636 병자 전쟁	1616 후금(청) 건국 1631 명, 이자성의 난 1636 후금, 국호를 청으로 바꿈 1644 명 멸망 1661 청 강희제 즉위, 천계령 시행 1683 정성공 세력 멸망 1684 천계령 해제	1600 세키가하라 전투 1603 도쿠가와 이에야스, 에도 막부 시작 1609 기유약조 체결 1635 산킨코타이제 제정 1681 우키요에 화풍 등장	1636 내몽골, 만주(청)에 정복됨

한국	중국	일본	베트남 · 몽골
1700 1725 영조, 탕평책 실시 1750 균역법 실시	1722 청, 옹정제 즉위 1735 청, 건륭제 즉위 1796 청, 백련교의 난	1710 인삼대왕고은 주조 1732 교호 대기근 1782 덴메이 대기근	1771 떠이 썬 왕조 성립 (~1802)
1800 1811 홍경래의 난 1862 임술 농민 봉기 1863 고종 즉위, 흥선 대원군 집권 1866 병인양요 1871 신미양요 1873 흥선 대원군 실각 1875 운요호 사건 1876 강화도 조약 체결 1882 조 · 미 수호 통상 조약, 임오군란 1884 갑신정변 1894 동학 농민 운동, 갑오개혁 1895 을미사변, 을미개혁 고종 교육입국조서 발표 1866 독립 협회 설립 1897 대한 제국 성립 1899 경인선 개통	1840 제1차 아편 전쟁(~1842) 1842 난징 조약 1851 청, 태평천국 운동 1856 애로호 사건 1857 제2차 아편 전쟁 (~1860) 1860 베이징 조약 체결 1862 청, 양무운동 시작 1871 청 · 일 수호 조규 1884 청 · 프 전쟁(~1885) 1885 톈진 조약 1888 북양 해군 창설 1898 청, 변법자강 운동 1899 청, 의화단 운동(~1901)	1833 덴포 대기근 1853 페리 제독 내항 1854 미 · 일 화친조약 체결 1858 미 · 일 수호 통상 조약 체결 1868 메이지 유신 1871 이와쿠라 사절단 파견 (~73) 1873 정한론 대두 1876 조선과 수호 조약 체결 1890 교육 칙어 공포 1894 청 · 일 전쟁 1895 시모노세키 조약	1802 응우옌 왕조 성립 (~1945) 1859 프랑스, 사이공 점령 1862 1차 사이공 조약 체결 1867 프랑스군, 코친차이나 점령 1874 2차 사이공 조약 체결 1885 근왕 운동 1887 프랑스령 인도차이나 성립
1900 1904 제1차 한일 협약 1905 을사늑약 1907 국채 보상 운동, 헤이그 특사 파견 1910 국권 피탈 1912 토지 조사령 공포 1919 3 · 1 운동, 대한민국임시정부 수립 1920 봉오동 전투, 청산리 대첩 1926 6 · 10 만세 운동 1927 신간회 조직 1940 한국 광복군 창설 1945 8 · 15 광복 1948 대한민국 정부 수립 조선 민주주의 인민 공화국 수립 1950 6 · 25 전쟁 발발 1953 휴전 협정 조인 한 · 미 상호 방위 조약 체결 1960 4 · 19 혁명	1901 신축조약 1911 신해혁명 1912 중화민국 성립 1915 신문화 운동 1919 5 · 4 운동 1921 중국 공산당 성립 1924 제1차 국공 합작 1927 난징에 국민 정부 수립 1931 만주 사변 1934 중국 공산당 대장정 (~1936) 1936 시안 사건 1937 제2차 국공 합작 1945 쌍십협정 1946 국공 내전 1949 중화 인민 공화국 성립 장제스 국민당 타이완 이동 1958 대약진 운동 시작 (~1961) 1959 중국 · 인도 국경 분쟁 1966 문화 대혁명 시작(~1976)	1904 러 · 일 전쟁 1905 포츠머스 조약 1910 한국 병합 1912 다이쇼 시대 시작 1915 중국에 21개조 요구 제출 1923 관동 대지진 발생 1926 쇼와 시대 시작 1928 보통 선거 실시 1932 만주국 건국 1937 중 · 일 전쟁 1939 제2차 세계 대전 1941 아시아 · 태평양 전쟁 1945 히로시마, 나가사키 원자폭탄 투하 1946 도쿄 재판(~1948) 평화 헌법 공포 1951 샌프란시스코 강화 조약 체결, 미 · 일 안보 조약 체결 1952 일 · 화 평화 조약(일본–타이완) 1954 방위청, 자위대 정식 발족	1905 동유 운동 전개 1907 통킹의숙 개설 1911 몽골, 청으로부터 독립 선언 1912 몽골 · 러시아 협정 서명 베트남 광복회 결성 1915 카흐트 협정(몽골–중화 민국–러시아) 1924 몽골 인민 공화국 선포 1930 베트남 공산당 결성 1940 일본군, 베트남 진주 1941 베트남 독립 동맹 결성 1945 9월, 16도선 이남에 영국군과 프랑스군, 이북에 중국군 진주 베트남 민주 공화국 수립 1946 프랑스와 베트남 간 전쟁 발발 1946 중국 국민당 정부, 몽골 인민 공화국 독립 인정 1949 프랑스 베트남국 수립 1951 베트남 노동당 결성

한국		중국		일본		베트남 · 몽골	
	장면 내각 수립	1968	류샤오치 숙청	1955	55년 체제 성립	1954	디엔비엔푸 전투
1961	5 · 16 군사 정변	1969	중국 · 소련 국경 분쟁	1964	도쿄 올림픽 대회		제네바 협정 조인
1962	제1차 경제 개발 5개년	1972	닉슨의 중국 방문	1965	한 · 일 기본 조약 조인	1960	북베트남 신헌법 공포
	계획	1976	마오쩌둥 사망	1972	일본 · 중국 수교, 오키		베트남 민족 해방 전선
1963	박정희 정부 수립	1978	덩샤오핑 개혁 개방 정		나와 반환		(베트콩) 결성
1965	한국군, 베트남 파병		책	1976	록히드 사건	1961	몽골 인민 공화국 국제
1972	7 · 4 남북 공동 성명, 10	1979	미 · 중 국교 수립	1982	나카소네 내각 출범		연합 가입
	월 유신	1987	타이완 계엄령 해제	1986	버블경제(~1991)	1963	응오딘지엠 정권 붕괴
1973	제1차 석유 파동	1989	톈안먼 사건	1989	아키히토 천황 즉위	1964	통킹 만 사건, 미군 파병
1978	제2차 석유 파동	1993	장쩌민 국가 주석 취임		헤이세이 시대 시작	1968	뗏(구정) 공세
1979	10 · 26 사태, 12 · 12 사태	1997	영국, 홍콩을 중국에 반	1993	55년 체제 붕괴, 고노	1969	남베트남 임시 혁명 정
	서울의 봄		환		담화		부 수립
	(1979.10~1980.5)	1999	포르투갈, 마카오를 중	1995	무라야마 담화	1973	파리 평화 협정 조인
1980	5 · 18 광주 민주화 운동		국에 반환			1975	베트남 전쟁 종결
1981	전두환 정부 수립					1976	베트남 사회주의 공화
1987	6월 민주 항쟁						국 수립
1988	노태우 정부 수립					1977	국제 연합 가입
	서울 올림픽 대회					1978	캄보디아 침공
1991	남북한 국제 연합 동시					1979	베트남 · 중국 전쟁
	가입					1986	도이머이 정책 실시
1992	중국과 국교 수립					1991	중국과 국교 수립
1993	김영삼 정부 수립					1992	한국과 국교 수립
1994	북한, 김일성 사망					1995	미국과 국교 수립
1997	IMF 외환 위기 발생						동남아시아 국가 연합
1998	김대중 정부 수립						(ASEAN) 가입
						1998	아시아 태평양 경제 협
							력체(APEC) 가입
2000	남북 정상 회담	2000	타이완 민진당 정부 출범	2001	고이즈미 내각 출범		
2002	한 · 일 월드컵 대회	2002	동북공정 사업(~2007)	2005	다케시마의 날 제정		
2003	노무현 정부 출범	2008	베이징 올림픽 대회	2009	하토야마 내각 출범(민		
2008	이명박 정부 출범				주당)		
2013	박근혜 정부 출범			2011	동일본 대지진(후쿠시마		
2014	세월호 참사				원전 사고)		
				2012	아베 내각 출범		

1900

2000

참고 문헌 및 소장처

『역사비평』 편집위원회, 『역사용어 바로쓰기』, 역사비평, 2006.
P.B.이브리, 『송대 중국 여성의 결혼과 생활』, 한국학술정보, 2009.
고희영, 『다큐멘터리 차이나』, 나남출판, 2014.
공준원, 『우리 쌀 오천년』, 우인북스, 2014.
곽차섭, 『조선 청년 안토니오 꼬레아, 루벤스를 만나다』, 푸른역사, 2004.
구본학 외, 『새 몽골이 온다』, 기파랑, 2006.
구자옥, 『우리 농업의 역사 산책』, 이담북스, 2011.
구태훈, 『일본 무사도』, 태학사, 2005.
구태훈, 『일본 제국, 일어나다』, 재팬리서치, 2010.
국사편찬위원회, 『쌀은 우리에게 무엇이었나』, 두산동아, 2009.
김성수, 『동아시아 역사 속의 여행1』, 산처럼, 2008.
김아네스 외, 『고교생이 알아야 할 한국사 스페셜』, 신원문화사, 2002.
김재선, 『모택동과 문화대혁명』, 한국학술정보, 2009.
김종래, 『유목민 이야기』, 꿈엔들, 2016.
김향수, 『일본은 한국이더라』, 문화수첩, 1995.
김호동, 『몽골제국과 고려』, 서울대학교출판문화원, 2015.
김호동, 『몽골제국과 세계사의 탄생』, 돌베개, 2010.
도미야 이타루, 임대희·임병덕 옮김, 『유골의 증언』, 서경문화사, 1999.
동북아역사재단, 『만주 이야기』, 2013.
동북아역사재단, 『동아시아사 교과서 집필 안내서』, 동북아역사재단, 2012.
동북아역사재단, 『동아시아의 역사』, 동북아역사재단, 2012.
마고사키 우케루, 양기호 옮김, 『미국은 동아시아를 어떻게 지배했나』, 메디치미디어, 2013.
문승용, 『중국 역사와 문화 들여다보기』, 한국외국어대출판부, 2012.
박노자, 『거꾸로 보는 고대사』, 한겨레출판, 2010
박중현, 『청소년을 위한 동아시아사』, 두리미디어, 2012.
박태균, 『베트남 전쟁-잊혀진 전쟁, 반쪽의 기억』, 한겨레출판, 2015.
박한제 외, 『아틀라스 중국사』, 사계절, 2015.
박호석, 『상용어 지명 사전』, 불광출판사, 2011.
사토 요우이치로, 김치영 옮김, 『쌀의 세계사』, 좋은책만들기, 2014.
석혜원, 『대한민국 경제사』, 미래의창, 2012.
송기호, 『동아시아의 역사 분쟁』, 솔출판사, 2007.
수호지진묘죽간정리소조, 『수호지진묘죽간 역주』, 소명출판, 2010.
신동원, 『나는 중국에서 자본주의를 만났다』, 참돌, 2012.
신성곤 외, 『한국인을 위한 중국사』, 서해문집, 2004.
신주백 외, 『처음 읽는 동아시아사1』, 휴머니스트, 2016.
신현덕, 『몽골』, 휘슬러, 2005.
쑹훙빙, 홍순도 옮김, 『화폐전쟁3』, 랜덤하우스, 2011.
아라사키 모리테루, 백영서·이한결 옮김, 『오끼나와 구조적 차별과 저항의 현장』, 창비, 2013.
아사오 나오히로 엮음, 연민수 외 옮김, 『새로 쓴 일본사』, 창비, 2003.
안병우, 『고려와 송의 상호인식과 교섭』, 『역사와 현실43』, 2002.
에드워드 슐츠, 김범 옮김, 『무신과 문신』, 글항아리, 2014.
연민수, 『일본 역사』, 보고사, 1998.

오금성, 『명청시대 사회경제사』, 이산, 2007.
원용희, 『음식으로 찾아가는 47개국 문화여행』, 자작나무, 2007.
유인선, 『베트남과 그 이웃 중국』, 창비, 2012.
유인선, 『베트남의 역사』, 이산, 2002.
유홍준, 『나의 문화유산 답사기 일본편1-규슈』, 창비, 2013.
윤영인, 『10~18세기 북방민족과 정복왕조 연구』, 동북아역사재단, 2009.
윤태옥, 『길 위에서 읽는 중국현대사 대장정』, 책과함께, 2014.
융이, 류방승 옮김, 『백은비사』, 알에이치코리아, 2013.
이경훈, 『분노하기 전에 알아야 할 쟁점한일사』, 북멘토, 2016.
이삼성, 『동아시아의 전쟁과 평화1』, 한길사, 2012.
이승곤, 『미국 외교 정책이 걸어온 길』, 기파랑, 2007.
이우평, 『모자이크 세계지리』, 현암사, 2011.
이진로, 「일본 후쿠시마 원자력발전소 사고와 사회적 소통」, 한국소통학회, 2011, Vol.16.
이화승, 『상인 이야기』, 행성B잎새, 2013.
이훈, 「만주족 이야기」, 웹진 〈민연〉 연재물, 고려대학교민족문화연구원.
일본사학회, 『아틀라스 일본사』, 사계절, 2011.
전국역사교사모임, 『처음 읽는 일본사』, 휴머니스트, 2013.
전국역사교사모임, 『처음 읽는 중국사』, 휴머니스트, 2014.
전국역사교사모임·일본역사교육자협의회, 『마주 보는 한일사』, 사계절, 2006.
전국지리교사연합회, 『살아있는 지리 교과서』, 휴머니스트, 2011.
정문길 외, 『발견으로서의 동아시아』, 문학과지성사, 2000.
정수일, 『실크로드 사전』, 창비, 2013.
정운영, 『정운영의 중국경제산책』, 생각의나무, 2001.
정창권, 『홀로 벼슬하며 그대를 생각하노라』, 사계절, 2003.
정혜선, 『한국인의 일본사』, 현암사, 2008.
조관희, 『조관희 교수의 중국현대사 강의』, 궁리출판, 2013.
조너선 스펜서, 김희교 옮김, 『현대 중국을 찾아서2』, 이산, 1998.
조너선 닐, 정병선 옮김, 『미국의 베트남 전쟁』, 책갈피, 2004.
조영현, 『대운하와 중국 상인』, 민음사, 2011.
최병욱, 『베트남 근현대사』, 산인, 2016.
최창근 외, 『대만-우리가 잠시 잊은 가까운 이웃』, 대선, 2012.
최창근, 『대만, 거대한 역사를 품은 작은 행복의 나라』, 리수, 2013.
패멀라 카일크로슬리, 양휘웅 옮김, 『만주족의 역사』, 돌베개, 2013.
하야시 히로후미, 현대일본사회연구회 옮김, 『일본의 평화주의를 묻는다』, 논형, 2014.
한도 가즈토시, 박현미 옮김, 『쇼와사2』, 루비박스, 2010.
한명기, 『병자호란』, 푸른역사, 2013.
한일관계사연구논집 편찬위원회, 『임진왜란과 한일관계』, 경인문화사, 2005.
한중일3국공동역사편찬위원회·아시아평화와역사교육연대, 『한중일이 함께 쓴 동아시아 근현대사』, 휴머니스트, 2012.

16쪽 판문점 공동경비구역　위키피디아 / Henrik Ishihara Globaljuggler
17쪽 내몽골 사막　위키피디아 / 摩游乐
17쪽 윈난성 다랑이논　위키피디아 / Jialiang Gao
17쪽 중국 텐진 공업 지대　위키피디아 / Shubert Ciencia
18쪽 구마모토 지진 피해　필자 제공
23쪽 농경문 청동기　국립중앙박물관
23쪽 따비　국립중앙박물관
26쪽 아마테라스 오미카미　위키피디아
26쪽 밭을 가는 신농　위키피디아
27쪽 다윈커우 토기　위키피디아
27쪽 빗살무늬 토기　국립중앙박물관
27쪽 조몬 토기　위키피디아 / Morio
28쪽 〈모내기〉　한국민족문화대백과
29쪽 게르　위키피디아
29쪽 초가집　북앤포토
30쪽 게르를 만드는 몽골인　위키피디아 / Vadas Róbert
32쪽 나담 축제　위키피디아 / Taylor Weidman
34쪽 톤유쿠크 장군 비　국립민속박물관
35쪽 만리장성　위키피디아 / Samxli
36쪽 사모무방정　위키피디아 / Mlogic
37쪽 요시노가리 유적 복원도　佐賀県教育庁文化財課
38쪽 갑골문　위키피디아
39쪽 야요이 토기　위키피디아
40쪽 다이센 고분　Ministry of Land, Infrastructure, Transport and Tourism
41쪽 동탁　위키피디아 / PHGCOM
41쪽 청동 북　국립중앙박물관
46쪽 고마 신사　필자 제공
47쪽 다호리 오수전과 붓　국립중앙박물관
47쪽 스에키 토기　위키피디아 / Kinori
48쪽 백제왕 신사　북앤포토
52쪽 윈강 석굴　위키피디아 / Zhangzhugang
55쪽 도다이 사 대불전　위키피디아 / Oren Rozen
58쪽 당률소의　대만 동하이대학교
58쪽 경국대전　규장각 한국학연구원
58쪽 나폴레옹 법전　위키피디아
60쪽 수호지 진묘 죽간　위키피디아
63쪽 기시형　위키피디아
66쪽 금인　위키피디아
72쪽 왕소군　위키피디아 / sailko
73쪽 송첸캄포와 문성공주　위키피디아
74쪽 요나라 귀족 무덤 벽화　북앤포토
83쪽 쿠빌라이 칸　위키피디이
85쪽 호라즘을 공격하는 몽골군　Yoonig Images / UIG
91쪽 벚꽃 사진　위키피디아 / Tyoron2
97쪽 닌자　위키피디아
104쪽 전족　위키피디아
107쪽 토목보　FOTOE
113쪽 자금문 현판　위키피디아
115쪽 울산성 전투도　公益財団法人鍋島報效会 所蔵
120쪽 조선학교 교과서　필자 제공
120쪽 일본 중학교 역사교과서　필자 제공
122쪽 〈한복 입은 남자〉　위키피디아
125쪽 〈서간집〉　국립진주박물관
127쪽 도조 이삼평 비　위키피디아 / STA3816
129쪽 〈장터길〉　국립중앙박물관
136쪽 〈고소번화도〉　북앤포토
138쪽 에치고야　위키피디아
139쪽 푸젠 토루　위키피디아
143쪽 마제은　한국조폐공사 화폐박물관
147쪽 데지마　필자 제공
148쪽 인삼대왕고은　日本銀行金融研究所貨幣博物館

152쪽 에도 시대 나카무라 극장　위키피디아
153쪽 우키요에　위키피디아 / Tōshūsai Sharaku
157쪽 〈평양도〉　서울대학교박물관
158쪽 〈까치호랑이〉　국립중앙박물관
158쪽 〈어해도〉　조선민화박물관
158쪽 〈궁모란〉　조선민화박물관
159쪽 〈탕기 영감의 초상〉　위키피디아
160쪽 난징 조약 체결　위키피디아
162쪽 오시오의 난　위키피디아
165쪽 철갑선 '정원(定遠)'　위키피디아
166쪽 고로카쿠　위키피디아 / See berow
169쪽 시모노세키 조약 체결　필자 제공
173쪽 공원의 각 나라 아이들　민족문제연구소
178쪽 난징 공격 소식에 환호하는 일본인　「내 가족의 역사」, 북멘토, 2015.
182쪽 하세가와 데루　위키피디아
183쪽 사이토 타카오의 연설　위키피디아
186쪽 류치(柳池)초등학교　류치초등학교 홈페이지
187쪽 런던 만국 박람회 견학, 일본 사절단　위키피디아
188쪽 한성 사범학교　민족문화대백과
193쪽 하늘에서 떨어진 선물　필자 제공
198쪽 흥남 부두　위키피디아
199쪽 샌프란시스코 강화 조약　북앤포토
201쪽 판 티 킴푹　연합뉴스
206쪽 닉슨과 마오쩌둥　위키피디아
208쪽 베트남 고엽제 살포　위키피디아
208쪽 고엽제 후유증 아동　위키피디아 / Alexis Duclos
209쪽 명동 거리　연합뉴스
214쪽 하노이 시내　필자 제공
219쪽 후쿠시마 원자력 발전소 폭발　연합뉴스
222쪽 중국 방독면 웨딩 촬영　연합뉴스
223쪽 월성1호기 연장 반대　연합뉴스
224쪽 몽골 나무 심기　연합뉴스
226쪽 촛불 집회에 참가한 가족　필자 제공
228쪽 이한열 노제　연합뉴스
228쪽 박근혜 대통령 퇴진 촛불 집회　필자 제공
231쪽 문화 대혁명 포스터　위키피디아
233쪽 차이잉원 타이완 총통 취임식　위키피디아 / 總統府
235쪽 위안부 협상 반대 시위　연합뉴스
236쪽 상하이 육군 위안소　일본군위안부 피해자 e-역사관
238쪽 일본 역사교과서 왜곡 반대 기자 회견　민중의 소리
239쪽 일본 후쇼샤 교과서　필자 제공
240쪽 미국 글렌데일의 소녀상　연합뉴스
241쪽 한·중·일 공동 역사 교재　필자 제공
243쪽 한·중·일 청소년들의 평화 그림　필자 제공

*이 책에 사용한 사진은 박물관과 저작권자의 허가를 받아 게재한 것입니다. 허가를 받지 못한 일부 사진에 대해서는 저작권자가 확인되는 대로 게재 허가를 받고 사용료를 지불하겠습니다.

찾아보기

고진아

고양 성사고등학교에서 역사를 가르친다. 역사 수업을 통해 사회를 바꿀 수 있는 시야와 힘을 길렀으면 하는 바람으로 이제껏 학생들과 함께 해 왔다. 우연한 기회로 조금 일찍 동아시아사에 대한 고민을 하였고 동아시아사로 '평화'를 만들 수 있다는 희망을 갖게 되었다. 그 길이 쉽지는 않겠지만 한 걸음씩이라도 천천히 나아가야 한다는 다짐을 해 본다. 생각보다 오래 걸렸던 이 작업을 끝까지 함께 해 주신 저자 선생님들께 진심으로 감사드리며 부족하지만 이 책이 동아시아 평화와 공존의 꿈을 더 구체화하는 데 도움이 되길 바란다.

박중현

서울 잠일고등학교에서 역사를 함께 공부하고 있다. 공무원인 아버지를 따라 전학을 다닌 경력이 쌓이며 역사가 나의 삶이 되었다. 일본군 '위안부' 수업을 시작하면서 역사 전쟁 속에 들어가게 되었다. '평화로운 동아시아가 가능할까' 하는 의문을 가지면서도 그러리라는 믿음을 잃지 않고 살려 한다.

설혜민

부천 중원고등학교에서 역사를 가르친다. 어떻게 하면 역사를 재미있고 쉽게 가르칠 수 있는지를 고민하면서 여러 선생님들과 오랜 시간을 공부하였다. 그리고 그 결과물로 한 권의 책이 나오게 되었다. 이 책을 통해 학생들이 역사를 조금이라도 더 친숙하게 느끼고 역사의 다양한 모습들을 접할 수 있기를 희망한다.

손석영

시흥 장곡고등학교에서 학생들과 함께 한국사, 동아시아사를 나누고 있다. 동아시아사를 통해 학생들이 민족과 국가를 넘는 평화의 모습을 그려 갔으면 하는 바람을 가지고 수업에 임한다.

이경훈

용인 서천고등학교에서 역사를 가르친다. 동아시아 지역의 평화와 안정에 청소년의 생각과 활동이 중요하다고 생각하고, 동아시아 청소년들이 국경을 넘어 함께 이야기하고 미래를 설계하는 꿈을 꾼다. 현재 한중일3국공동역사편찬위원회 한국 위원, 동아시아청소년역사체험캠프 실행 위원으로 활동하고 있다.

이동욱

현재 수원 숙지고등학교에서 학생들과 함께 수업을 만들어 가고 있다. '과거를 어떻게 기억할 것인가?'라는 화두로 학생들이 스스로 고민하고 토론하면서 고정 관념에 대해 성찰하는 능력, 역사 내러티브에 대한 비판적 사고력, 과거 역사를 현재 문제에 적용하여 재해석하는 역량 등을 기르는 수업을 지향한다.

이윤선

대학에서 역사 교육을 공부하고 교사가 되었다. 여러 중·고등학교를 거쳐 지금은 양재고등학교에서 역사 수업을 하고 있다. 역사는 사회의 모습과 개인의 삶을 비추는 거울이라고 생각하고, 학생들이 역사 공부를 통해 각자 자기의 거울을 가지고 스스로를 비추어 보며 성찰할 수 있는 사람이 되도록 돕고 있다.

위지숙

16년째 중·고등학교에서 역사를 가르쳐 왔고, 현재 관양고등학교에 근무하고 있다. 제자들이 한국사를 세계사적 관점에서 바라보고 자부심과 긍지를 갖되 균형 잡힌 시각으로 자신과 세상을 바라볼 수 있기를 소망하며 오늘도 교단에 서고 있다. 이 책이 친절하지 않은 글이 될 수도 있겠지만, 이로 인해 갖게 된 의문점들이 독자들을 더 재미있고 깊이 있는 역사의 세계로 안내할 것을 믿는다.

역사 선생님이 들려주는
친절한 동아시아사

1판 1쇄 발행일 2017년 3월 24일 **1판 6쇄 발행일** 2024년 4월 9일

글쓴이 전국역사교사모임 **그린이** 유영주 **펴낸곳** (주)도서출판 북멘토 **펴낸이** 김태완

편집주간 이은아 **편집** 김경란, 조정우 **교정교열** 김란영 **디자인** su:, 안상준 **마케팅** 강보람, 민지원, 염승연

출판등록 제6-800호.(2006. 6. 13.)

주소 03990 서울시 마포구 월드컵북로 6길 69(연남동 567-11) IK빌딩 3층

전화 02-332-4885 **팩스** 02-6021-4885

🔺 bookmentorbooks.co.kr ✉ bookmentorbooks@hanmail.net

📷 bookmentorbooks__ Ⓑ blog.naver.com/bookmentorbook

ISBN 978-89-6319-223-9 43910

이 도서의 국립중앙도서관 출판예정도서목록(CIP)은 서지정보유통지원시스템
홈페이지(http://seoji.nl.go.kr)와 국가자료공동목록시스템(http://www.nl.go.kr/kolisnet)에서
이용하실 수 있습니다.(CIP제어번호: CIP 2017004975)